근대
조선과
세계

근대
조선과
세계

이양선의 출현부터
한일병합까지,
1866-1910

최덕수 지음

이 책은 고려대학교 문과대학 박준구기금 인문 교양 저서 지원으로 출간했습니다.

일러두기
1. 양력 표기를 기준으로 하되, 필요한 경우 음력을 병기했다.
2. 국호는 1897년 10월 12일 이후는 한국(대한제국)으로 표기하고 그 이전은 조선으로 표기했다.
3. 인용문 가운데 필자가 강조한 것은 볼드로 처리했다.

이 책은 실로 꿰매어 제본하는 정통적인 사철 방식으로 만들어졌습니다.
사철 방식으로 제본된 책은 오랫동안 보관해도 손상되지 않습니다.

머리말
지금 같은 세계의 시작

　2021년 6월 12일, 영국의 휴양지 콘월에서 G7 정상 회의가 개최되었다. 주최국인 영국을 비롯하여 미국과 프랑스, 독일, 이탈리아, 캐나다, 일본 등 7개 회원국과 한국, 남아프리카공화국, 인도, 오스트레일리아가 초청되어 참석했다.

　120여 년 정도 시간을 되돌려 보자. 1900년 6월 20일, 〈부청멸양(扶淸滅洋)〉을 명분으로 봉기했던 의화단이 베이징의 열강 공사관 구역을 포위했다. 이에 자국민 보호를 명분으로 연합군을 결성한 열강은 55일 만인 8월 14일 의화단을 진압했다. 베이징에 진입한 연합군에 참여한 8개 국가는 영국, 미국, 프랑스, 독일, 이탈리아, 일본, 오스트리아-헝가리 제국, 러시아였다.

　베이징과 콘월에 집결한 국가들의 면면은 19세기 말과 21세기 초 세계를 움직이는 강대국이 어떤 나라인지를 잘 보여 준다. 120년이란 시간의 흐름에도 불구하고 G7 혹은 G8(2014년 크림 위기 이전에는 러시아까지 포함했음)의 구성원은 오스트리아-헝가리 제국을 대신해 캐나다가 들어간 것을 제외하면 어느 나라도 변하지 않았다. 그때부터 지금까지 세계는 G7(혹은 G8)의 시대였다.

　19세기 중엽부터 20세기 초, 한반도의 운명을 결정한 국제 정세의 변화와 이에 조응한 조선의 결정은 여러 국면이 있었다. 간략하게 그려 보자면 아래와 같이 네 번의 시기 정도로 나눌 수 있을 것 같다.

1. 19세기 중반, 조선은 무력을 앞세운 서구 각국의 개방 압력에 직면
했다. 동아시아는 이미 중국과 일본이 서구 열강의 무력 위협에 문호 개
방을 당한 상태였다. 아편전쟁의 결과, 〈난징 조약〉(1842)을 통해 중국
의 빗장이 열리기 시작한 이래, 일본도 태평양을 마주 보는 미국의 페리
제독이 이끄는 〈흑선〉의 무력시위로 국내 시장을 개방했다(〈미일화친
조약〉, 1854).

같은 시기 조선도 지리적으로 인접 지역이었기에 서양 열강의 접근
은 지속적으로 이어졌다. 하지만 중국, 일본과 달리 조선은 그들의 개방
압력에 치열하게 저항했다. 중국이 연안 지역을 넘어 양쯔강 중류까지
개방을 허용했던 1860년대에 들어서도 조선은 나폴레옹의 영광을 재현
하려는 프랑스(병인양요, 1866), 남북전쟁을 거친 미국(신미양요, 1871)
과 수도 서울의 근접 지역에서 전쟁을 치르면서도 끝내 개방을 거부했
다. 중국과 일본에 주재하는 열강의 외교관들은 그 정도의 무력을 동원
하면 조선이 개방을 받아들일 것으로 예측하고 있었다. 하지만 조선은
그들의 예상과는 달리 기존의 체제를 유지했다.

2. 외부로부터의 개방 압력에 저항하던 조선도 홀로 세계사의 거센
흐름을 언제까지나 거부할 수는 없었다. 1876년 일본, 1882년 미국과
수호 통상 조약을 체결하게 되었다. 조약을 통해 새로운 세계와 만났지
만, 조선의 세계관은 오랜 기간 굴곡을 거듭했다. 중국의 중재로 미국과
조약을 체결했던 한 달 뒤 〈개방을 거부하던 세력〉의 저항이 임오군란

(1882)이었고, 그로부터 2년 뒤에는 〈개방을 적극적으로 추진하던 세력〉에 의한 정변(갑신정변, 1884)으로 조선을 둘러싼 대내외 정세는 크게 변화했다.

1882년 임오군란 이후 중국과 일본은 조선 내부의 소란을 막고 자국민을 보호한다는 명분으로 군대를 주둔시켰다. 수도 서울에 외국군이 주둔하는 현실은 조선 정부 내의 정치적 대립과 갈등이 고조되었을 때 외국 군대의 개입을 불러왔다. 갑신정변 발발과 동시에 중일 양군이 개입하여 전투를 벌였다. 중국과 일본이 정변 당시의 충돌에 대해 협상을 진행하던 시기, 세계 최강의 해군을 보유한 영국은 그들의 세계 전략의 일환으로 거문도에 상륙하여 기지를 건설했다(1885. 4). 이미 세계의 바다를 제패함으로써 해가 지지 않는 제국을 건설한 영국이 유라시아 대륙을 횡단하고 해양으로 진출하려는 러시아를 막기 위해 한반도 남단의 작은 섬 거문도를 점령한 것이었다. 이 시기부터 현재까지 한반도는 열강들의 세력이 첨예하게 부딪치는 분쟁지가 되었다.

3. 조선을 둘러싼 중국과 일본의 대치 상황은 1894년 동학농민전쟁을 계기로 폭발했다. 양국은 대규모 군대를 파견하였고, 마침내 동아시아 전역이 전화에 휩싸였다. 중국과 일본의 전쟁이었지만, 전쟁터는 서울의 경복궁과 서해 아산만 그리고 한반도 전역이었다. 그 결과, 중국 중심의 전통적인 동아시아 질서가 해체되었고 배상금, 영토 획득 등의 전리품까지 얻어 낸 일본이 중국의 자리를 대신할 것처럼 보였다.

하지만 이번에는 러시아, 독일, 프랑스가 군사적 개입을 시사하며 외교적 간섭(1895)을 감행했다. 삼국 간섭의 명분은 〈동양 평화〉와 〈조선

의 자주독립〉이었다. 청일전쟁 결과로 체결된 시모노세키 조약 제1조
가 〈청국은 조선이 완전무결한 자주독립국임을 확인한다〉였다. 일본의
전쟁 명분인 선전 포고문에서 강조한 〈동양 평화〉를 위협하는 것이므로
한반도와 인접한 랴오둥반도는 반환되어야 한다는 것이었다. 애초에
일본의 의도는 중국을 조선으로부터 분리시키기 위한 것이었다. 그러
나 중국과의 대결이 끝난 직후, 열강에 날린 전쟁 명분은 부메랑이 되어
일본을 공격했다. 그 주인공은 바로 러시아였다.

삼국 간섭 이후 서구 열강은 중국 연안의 전략적 요충지, 만주와 조선
을 두고 세력권 확보에 집중했다. 1900년의 의화단 봉기는 이 시기 가
중되는 열강의 침략에 저항한 것이었다. 의화단 진압을 위한 8개국 연
합군 가운데 지리적으로 가까운 러시아와 일본이 가장 많은 병력을 동
원했다. 러시아는 만주에 진출했던 러시아군의 점진적인 철병을 열강
과 약속했으나 이행하지 않았다. 러시아의 만주에 대한 욕심이 드러난
것이다. 만주와 조선에서 러시아 영향력이 증대하자 이에 대항하여 제
국주의 열강의 앞자리를 차지한 영국과 가장 늦게 제국주의 대열에 끼
어든 일본이 군사 동맹을 체결했다(영일 동맹, 1902). 이것은 러시아와
의 전쟁에 대비한 동맹 조약이었다.

4. 청일전쟁으로부터 10년, 영일 동맹으로부터 2년 뒤 결국 러시아와
일본의 전쟁이 이번에는 제물포에서 시작되어 한반도를 관통했다. 러
시아와의 전쟁에서 우위를 점한 일본은 영일 동맹(제2차 영일 동맹,
1905)을 갱신하며 영국으로부터 조선 지배에 대한 동의를 얻어 냈다.
같은 시기 미국으로부터도 조선의 지배에 대한 동의(가쓰라-태프트 밀

약)를 받아 냈다. 그리고 전쟁이 끝난 뒤 일본은 조선을 상대로 외교권을 빼앗는 조약을 체결했다(〈을사늑약〉, 1905. 11. 17). 이 조약을 계기로 조선은 국제 무대에서 발언권을 상실했다. 〈주권자의 동의 없이 강압적인 상황에서 체결된 조약은 무효〉라는 국제법 원칙에 근거하여 을사늑약의 무효를 주장하며 조선은 헤이그에서 열렸던 제2차 만국평화회의(1907)에 참석하고자 노력했다. 열강들의 잔치였던 만국평화회의에 대한제국이 특사를 파견한 것이었다. 그러자 일본은 한일 간 외교 협약에 대한 중대한 위반이라고 트집을 잡아 고종을 강제 퇴위시켰다. 동시에 한국 군대의 해산과, 통감이 관리 임명권을 행사하는 등 사실상 통치권을 이양하는 내용의 조약(〈정미조약〉, 1907. 7. 24)을 강제로 체결했다. 정미조약으로 조선은 실질적인 통감의 지배 체제에 들어갔다. 1910년 〈병합조약〉은 조선 왕조의 멸망을 확인하는 요식적인 절차에 지나지 않았다.

조선은 서세동점의 본격화가 이루어지는 19세기 중엽부터 대략 10년 단위의 무력 충돌에 직면했다. 수교를 거부하며 결사 항전했던 병인양요(1866), 일본이 군사력으로 도발했던 운요호 사건(1875), 러시아의 남진을 막기 위한 명분으로 감행되었던 영국의 거문도 점령 사건(1885~1887), 한반도를 두고 벌인 중국과 일본의 마지막 무력 대결이었던 청일전쟁(1894~1895), 러시아와 일본이 한반도의 주도권을 장악하기 위해 충돌한 러일전쟁(1904~1905) 등이 이어졌다. 무력 충돌과 전쟁의 당사국은 조선이 아니었지만 전화의 피해는 고스란히 한반도에 살고 있는 주민의 몫이었다. 프랑스, 미국, 일본, 영국, 중국, 러시아. 조선이 경험한 40년 국제 환경은 당시 한반도가 감당하기에는 너무 큰 변곡점으로 가득 찼고, 결국 국제 사회에서 탈락하고 말았다.

한편 좁은 해협을 두고 마주 보는 일본이 걸어온 길은 조선과는 달랐다. 1875년 운요호 사건을 도발한 이래 거의 10년을 주기로 전쟁(청일전쟁)과 전쟁(러일전쟁)을 거듭하며 제국주의 국가의 반열에 들어섰다. 전쟁 상대국은 중국과 일본이었지만 전쟁은 서울의 경복궁과 아산만에서 시작되었고, 러시아와 일본의 전쟁 또한 인천항의 공격으로 시작했다. 청일전쟁과 러일전쟁 당시 일본이 선전 포고문에서 강조한 전쟁 명분은 언제나 조선의 〈자주독립〉과 〈동양 평화〉였다. 시모노세키 조약 제1조는 〈청국은 조선국이 완전무결한 자주독립국임을 확인한다〉였고, 러일전쟁 초기 한일 간에 맺었던 한일의정서에서도 일본은 〈대한제국의 독립과 황실과 영토 보전〉을 공언했다. 일본의 군사적, 무력적 성장에는 언제나 조선이라는 발판이 있었다.

조선에 대한 주도권 싸움의 최대 경쟁자였던 중국과 러시아가 전쟁을 통해 떨어져 나간 후 새로운 문제에 직면했다. 그동안 일본은 지속적으로 열강과 세계에 대하여 〈조선의 자주와 독립〉을 공언했다. 그랬던 일본이 조선을 식민지로 편입시키기 위해 이를 부인해야만 했던 것이다. 그러나 일본은 동아시아와 한반도에서 열강들의 이익을 최대한 보장하는 조건을 제시하면서 조선을 식민지로 만드는 데 성공했다. 일본 외교의 승리였다고 할 수 있다. 하지만 조선의 입장에서는 35년 뼈아픈 식민지 통치의 시작이었다.

다시 현재로 돌아와 보자. 2021년 G7 정상 회의 기간 한국과 일본 사이에 약식 정상 회담을 하기로 잠정 합의한 상태였으나, 일본 측에서 일방적으로 취소했다는 소식이 전해졌다(「한일, G7서 약식 정상 회담 합의했지만 일본이 일방 취소」, 『연합뉴스』, 2021. 6. 14). 〈G7 개최 전부터 참여국 확대에 노골적 불쾌감을 드러낸 일본〉(「〈G8〉이었던 G7…… 체면 구긴 일(日), 끝까지 〈한국 탓〉」, 『시사저널』, 2021. 6. 14)에 대한 소식을 접하면서 여러 가지 생각을 하게 된다. 일본의 보수 정치 세력의 생각 속에는 한국에 대한 인식이 여전히 19세기 후반부터 20세기 초반의 조선/대한제국에 머물러 있는 것은 아닌가. 자신들의 전쟁, 외교의 힘에 의해 이리저리 휘둘리는 그런 대상으로 바라보고 있는 것은 아닌가.

2020년을 기점으로 한국에 대한 세계의 인식이 변하고 있다. 2021년 7월 유엔무역개발회의UNCTAD에서 한국의 지위를 〈개발도상국〉에서 〈선진국〉으로 변경한 조치는 한국의 위상 변화를 보여 주는 하나의 예시다. 한국의 성장과 주변국의 인식 변화는 환영할 만한 일이다. 하지만 이런 상황을 즐기고만 있을 수는 없다. 앞서 살펴본 것처럼 세계 정세의 흐름은 급변하고 아직 우리가 주도적으로 변화를 만들어 갈 수 있는 상황은 아니다.

과거 이 땅에서 벌어졌던 전쟁은 언제나 〈조선의 자주독립〉과 〈동양 평화〉를 명분으로 앞세웠지만, 그 전쟁으로 인하여 조선인들의 삶과 터전이 파괴당했다. 조선은 소위 제국주의 시대 최대의 희생물이었다. 제국주의 국가들 사이의 갈등이 미증유의 인명을 살상했던 제1차 대전과 제2차 대전이 끝나고 냉전 체제에 들어선 뒤에도 한반도는 한국전쟁을 피하지 못했고, 그 결과 70년이 흐른 지금까지도 전쟁 종식이 아닌 휴전 상태의 분단 국가로 남아 있다.

20세기 말 베를린 장벽이 무너지고 소련이 해체되는 모습을 바라보며, 인류는 식민 지배와 저항, 이념 갈등의 시대가 끝나는 상황을 기대했다. 국가 간의 갈등을 극복하고 지역을 단위로 한 교류와 화합이 이루어지는 지역 공동체 등을 전망하기도 했다. 그러나 21세기의 인류 사회는 2001년 9·11 사건을 시작으로 이라크 전쟁, 우크라이나 사태 등 여전히 갈등과 대결의 상황이 계속되고 있다. 게다가 인간 차원의 재앙만 존재하는 것이 아니다. 2020년 전 세계를 강타한 코로나COVID-19 팬더믹 상황은 인류의 생존을 위협하는 수준으로 강한 충격을 주었다.

그 어느 때보다 역사의 지혜가 절실한 시점이다. 물론 역사가 해결책을 제시해 주지는 않는다. 그렇지만 역사는 우리의 현재 위치를, 그리고 우리가 처한 상황의 기원을 이야기해 준다. 그것을 단초 삼아 우리는 미래를 상상할 수 있다.

세계적 차원의 대립과 화해, 그리고 새로운 갈등이 떠오른 현재까지의 자취. 한반도가 국제 세계에 편입되고 식민 체제를 겪으며, 해방과 전쟁, 민주화와 산업화를 거쳐 현재에 이르는 과정. 세계와 처음 대면했던 시기에 조선을 둘러싸고 형성되었던 원초적 관계와 구조는 세기를 넘어 오늘날에도 모습을 바꾸어 이어지고 있다. 120년 전의 G7이 2021년 현재까지도 여전히 G7인 것처럼.

이러한 과정의 출발점인 19세기 중엽의 세계와 한국의 이야기를 이 책은 다룬다. 19세기 후반 열강이 이끌어 나가던 세계 질서와 만난 조선이 외부의 압력을 극복하기 위해 고민했던 상황, 대략 1860년대부터

1910년까지 조선과 세계의 관계를 살펴보는 것이 이 책의 주요 내용이다.

이 책의 본문 곳곳에는 길게 제시된 사료들이 있다. 일반 독자들의 경우 읽고 이해하기가 어려울 수도 있다. 그러나 역사적 진실에 접근하는 가장 효율적인 방법이 그 시대의 목소리(자료)를 날것 그대로 접해 보는 것이라는 확신이 있기에 시도해 보았다. 독자들의 이해를 바란다.

2021년 8월
최덕수

차례

1 부

조선, 세계와 만나다
1866~1882

1장

〈척화비〉의 시대: 조선은 왜 〈척화비〉를 세웠나(1871)

서양 오랑캐가 침입하는데
싸우지 않으면 화해를 하는 것이며,
화해를 주장하면 나라를 파는 것이다.

우리의 만대 자손에게 경고하노라.
병인년에 짓고 신미년에 세우다.

── 척화비 비문

(1) 1866년, 서울과 평양의 이양선

1866년 8월 16일, 평양 대동강 입구에서는 장마로 인해 물이 불어난
강을 거슬러 오르는 국적 불명의 이양선이 목격되었다. 이 배는 조선 관
리의 거듭되는 제지에도 불구하고 항해를 계속하여 24일에는 평양 시
내 만경대에 상륙했다. 미국 선적의 제너럴셔먼General Sherman호였다.

그로부터 약 한 달 뒤인 9월 26일, 이번에는 한강의 양화진(楊花津)에

이양선이 닻을 내렸다. 프랑스 극동 함대 소속의 군함 프리모게Primauguet 호와 포함 타르디프Tardif호였다. 프리모게호의 갑판에는 프랑스 극동 함 대 해군 소장 로즈P. G. Roze 제독, 중국 주재 프랑스 공사 벨로네H. de Bellonet, 리델F. C. Ridel 신부 그리고 물길 안내를 맡은 조선인 천주교도 세 명이 타고 있었다. 대포로 무장한 프랑스 함대가 양화진을 거쳐 서강나 루터에 출현하자, 서울 도성에서는 피란길에 오르는 사람들이 줄을 이 었다.

미국의 무장 상선과 프랑스 군함은 한 달 전후로 중국 산둥반도의 즈 푸(芝罘), 지금의 옌타이(煙台)항에서 출항하여 대동강과 한강을 거슬러 올라 평양과 수도 서울에 출현했다. 1866년 여름에서 가을로 이어지는 시기, 조선 왕조의 심장부인 서울과 평양을 외부와 연결하는 가장 중요 한 통로였던 한강과 대동강이 무력을 동원한 서양 세력의 습격에 노출 되었던 것이다. 조선 사람들은 서양 함대의 등장을 지켜보면서 1860년 베이징에서 영·프 연합군에 의해 별궁 원명원(圓明園)이 불타고 황제가 피란했던 사건을 떠올렸을 것이다. 1866년의 위기는 그렇게 다가왔다.

우선 평양으로 들어왔던 미국 선박의 전말에 대하여 살펴보자. 제너 럴셔먼호에는 선주 프레스턴과 선장 페이지, 항해사 윌슨 등 세 명의 미 국인, 통역을 맡았던 개신교 목사 토머스와 화물 관리인 호가스 등 영국 인 두 명, 중국 및 말레이시아 선원 19명 등 모두 24명이 타고 있었다. 선주였던 프레스턴은 조선으로 떠나기 직전에 영국의 메도스 회사 Meadows and Company와 선박 사용 계약을 맺고 이 회사 물건을 싣고 조선으 로 떠났다. 특기할 점은 메도스 회사의 중국인 금은(金銀) 감식가를 동 승시킨 일이다. 화물 관리인 호가스의 요청에 따른 것이었는데, 통상이 목적이라고 내세웠지만 실제로는 평양 근처 왕릉 도굴이 목적이었다.

8월 9일 즈푸를 떠나 8월 16일 대동강 입구인 급수문에 도착한 제너 럴셔먼호는 때마침 장마 때문에 물이 불어난 대동강을 거슬러 항해를 계속했다. 조선 관리의 강한 제지에도 불구하고 항해를 지속한 셔먼호 는 8월 24일 평양성의 만경대에 상륙하였고, 8월 27일 중군 이현익을 납치하는 등 거듭된 불법 행위를 저질렀다. 8월 28일 조선 측의 요구로 대동강 한사정(閒似亭) 여울목에서 협상을 시도했으나, 이현익 석방의 조건으로 쌀 1천 석과 금, 은, 인삼을 요구하여 협상은 결렬되었다. 협상 에 실패한 셔먼호는 8월 31일 강변에 모인 주민들에게 총을 난사하여 12명의 사상자가 나왔다. 하지만 장마가 끝나 대동강의 수심이 낮아지 면서 셔먼호는 모래톱에 걸려 움직일 수 없는 상황이 되었다. 평양 감사 박규수는 미국 선박에 대해 화공을 명령했고, 9월 5일 제너럴셔먼호는 완전히 파괴되었다. 이때 배를 탈출한 토머스 목사는 군민에 의해 살해 당했고, 선원 24명 전원이 죽음을 맞았다.

조선의 입장에서 제너럴셔먼호에 대한 공격은 정당한 것이었다. 지속 적으로 통상 거부에 대한 입장을 밝히고 퇴각을 요구했지만, 제너럴셔 먼호가 막무가내로 밀고 들어왔기 때문이었다. 이런 경우는 처음이었 다. 같은 해 6월 하순 미국 국적의 범선 서프라이즈Surprise호가 한약재를 싣고 즈푸항을 떠나 류쿠(琉球) 왕국으로 향하던 중 풍랑을 만나 평안도 철산부에 표착한 일이 있었다. 당시 서프라이즈호는 조선 측에 구원을 요청하였고, 철산 부사 백낙연은 이들에게 식수와 식량을 공급하고 베 이징으로 무사히 갈 수 있도록 조치했다. 그러나 제너럴셔먼호는 서프 라이즈호와 달리 문정(問情)하는 조선 관리를 감금하고 강변의 주민들을 향해 총포를 난사하여 피해를 입혔다. 1832년 통상을 요구하며 충청도 홍성 앞바다에 나타났던 영국 선박 로드 암허스트Lord Amherst호의 출현 이후 당시까지 조선에 수많은 이양선이 등장했지만, 평양까지 진출한 이양선은 없었고 인명을 살상하는 사례도 없었다. 조선과 이양선 간의 상호 교전은 처음이었다.

그렇다면 이제 프랑스의 경우를 살펴볼 차례다. 프랑스는 왜 함대를 조선에 파견했을까. 원정 석 달 전인 7월 초, 톈진에서 로즈 제독과 벨로네 공사는 조선에서 탈출해 온 리델 신부를 통해 조선의 상황을 알게 되었다. 3월 초부터 시작된 조선 정부의 천주교도에 대한 박해로 조선 주재 프랑스 선교사 12명 가운데 주교 2명과 신부 7명이 처형되었다. 리델 신부가 체포를 피해 도망하여 7월 7일 즈푸에 도착하였고, 로즈 제독에게 조선에 남아 있는 페롱, 칼레 신부 구출을 위해 함대 파견을 요청했다.

로즈와 벨로네는 리델 신부에게 조선 원정을 약속했다. 로즈는 본국의 해군상(海軍相)에게 조선에서 벌어지는 천주교 박해에 대해 상세히 보고하면서 원정의 필요성을 제시했고, 벨로네는 프랑스를 대표하는 공사의 자격으로 중국과 접촉하여 원정에 대한 중국의 입장을 확인했다. 벨로네는 로즈 제독에게 다음과 같은 내용의 문서를 전달했다.

벨로네가 로즈에게 보내는 공식 서한[*]

친애하는 사령관, 조선에서 벌어진 천주교도 및 선교사들의 학살

* Documents relatifs à l'histoire des relations franco-coréenne, Choi Seok-Woo(崔奭祐) compilés par: (Seoul, 1986), p. 271(박병선, 『1866 병인년, 프랑스가 조선을 침노하다』, 조율, 2013, 78~80면 참조).

소식을 대하면서, 이 참혹한 능욕에 대한 처벌이 조금이라도 늦어질 경우 극동의 다른 나라들에까지도 이러한 사례가 전파될 것이고, 중국에서 선교 활동을 하고 있는 5백 명의 선교사들도 끔찍하고 심각한 위험에 처할 수 있다는 생각을 사령관께서도 확실히 하리라 믿습니다. 따라서 본인은 망설임 없이 사령관 휘하의 해군을 요청하며, 프랑스인 주교 2명과 선교사 9명이 희생된 범죄에 대해 본인의 책임하에 확실한 복수를 할 임무를 사령관의 손에 맡기며, 황제의 공사관이나 영사들이 귀하에게 하고 있는 요청들에 대해 더 이상 주저하지 말고 귀하가 가지고 있는 모든 수단을 이용해 최대한 빨리 조선에 대한 응징을 시작할 것을 부탁합니다.

중국 제국과 조선 왕국은 오랫동안 종주국과 종속국의 관계로 연결되어 있었습니다. 그 관계를 확인하고, 청국의 힘이 우리에게 범한 능욕의 책임을 묻는 데 어느 정도까지 미칠 수 있는지 알아보는 것이 본인의 의무였습니다. 그러나 청나라 정부의 해명을 통해 본인은 청나라 정부가 그 권리를 포기했음을 알게 되었고, 이후 공친왕에게 서한을 보냈습니다. 첨부한 사본에 보이는 대로 본인은 개전을 선포했고, 조선이 청나라로부터 영원히 완벽하게 분리되었으며, 조선의 왕은 폐위되었고, 프랑스 제국 황제의 뜻에 따라 조선과 공석인 왕위를 집행할 권한을 갖는다고 선언했습니다. 따라서 사령관께서는 조선의 수도와 폐위된 왕, 그리고 수렴청정을 하고 있는 선왕의 모친이 사령관의 손에 들어올 때까지 어느 누구에게도 조선에서의 권리를 인정하지 않아야 할 것입니다. 더 이상 조선에는 프랑스 황제 외에는 어떤 권력도 존재하지 않습니다.

우리 군대가 파괴할 세력을 사령관께서 차후에 회복시킬 때에는 사령관께서도 본인과 같은 생각이시겠지만, 군림해 왔던 자격이 없는 사람들의 왕좌를 대신해 종교와 문명의 승리를 위해서 용기 있는 노력을 보여 준 폐위된 왕의 아버지가 왕위를 대신하도록 하는 대담한 노력이 있어야 한다는 생각이 듭니다. 그러나 본인은 우리의 목적과 극동 문명의 미래에 있어서 성공을 위한 필수적인 조건으로 우리 황제의 보호 아래 조선 왕위를 물려받을 왕자는 천주교도여야 한다고 봅니다. 그리고 역시 같은 관점에서 존경스러운 순교자들의 친구이자 신도인 천주교도들 중 1명을 배우자로 미리 지명해 지체 없이 공개적으로 표명했으면 합니다.

서한의 내용을 살펴보면, 벨로네는 중국이 조선에 대해 종주국으로서의 권리를 포기했으므로, 중국과의 관계와 상관없이 조선에 대한 즉각적인 원정 실행을 강조했다. 또한 조선 국왕의 폐위를 선언하고, 새로 선출되는 조선 국왕과 왕비를 천주교도로 미리 지정하여 공개할 것 등을 제시하고 있다.

벨로네의 이와 같은 제안은 프랑스 본국 정부의 승인을 받은 공식적인 것은 아니었다. 하지만 벨로네는 프랑스 황제의 권한으로 조선 국왕의 폐위와 후계 왕실의 구성에 대해 공언하고 있었다. 이와 같은 사고방식은 제국주의 열강이 19세기 전 세계를 대상으로 무력을 앞세워 세력권을 확장하던 과정에서 자연스럽게 배태되었을 것이다. 20여 년에 걸쳐 중국에서 제1·2차 아편전쟁을 통한, 그리고 베트남 등을 침략하면서 체화한 인식을 상징적으로 보여 주고 있다.

프랑스 함대 사령관 로즈도 즉각적인 보복을 실행해야 한다는 입장이었으나, 때마침 베트남에서 프랑스에 대항하는 민란이 발생하였고, 프랑스령 코친차이나 총독의 긴급 구원 요청으로 베트남 원정에 군대를 동원했다. 프랑스가 캄보디아를 1863년 보호령으로 만든 뒤 베트남에 대한 지배권 확장이 당시 프랑스의 아시아 정책의 최우선 과제였기 때문이었다. 베트남 민란 진압을 마치고 로즈가 귀환한 직후, 프랑스 해군성 장관으로부터 〈본국 정부나 해군성을 연루시키지 않으면서도 보복의 성공을 확신할 때 원정을 해도 무방〉하다는 명령이 전해졌다. 로즈는 조선 원정을 2단계로 설정했다. 1차 원정은 2차 본 원정을 위한 사전 정보 수집을 위한 것이었다. 그때까지 중국에 주둔한 열강의 함정들은 서울로 이어지는 한강의 입구에 대해서만 알고 있을 뿐이었다.

1866년 9월 18일 로즈 제독이 이끄는 프랑스 함대가 즈푸에서 조선을 향해 출발했다. 기함 프리모게, 포함 타르디프, 통보함 데룰레드Deroulede 등 세 척으로 이루어진 원정대였다. 프리모게에는 2백 명의 군인과 대포 12문이 장비되어 있고, 전체 인원은 3백여 명 규모였다. 대동강에서 제너럴셔먼호가 화공으로 격침되고 15일이 지난 시점이었다.

즈푸항을 떠난 함대는 이틀 뒤 아산만에 정박하였고 덕적도와 인천 앞 물치도를 거쳐 21일 서울로 통하는 한강 입구를 발견했다. 함대는 기함 프리모게호를 물치도에 머물게 하고, 통보함 데룰레드호와 포함 타르디프호는 23일부터 염하를 거쳐 한강에 진입했다. 함대는 24일 김포 군수와 25일 양천 현령의 문정이 있었으나 양식 등을 보급받고 항해를 계속했다. 26일 양화진을 거쳐 서강에 정박할 때까지 작은 배들이 물길을 가로막은 것 외에 별다른 저항은 없었다. 함대는 한강의 수량과 수심 그리고 강변의 방어 상황 등을 조사했다. 양화진에 상륙하여 정찰을 계속하면서 하룻밤을 지낸 뒤 철수했다.

조선인 천주교도 송운오 등은 물치도로 리델 신부를 찾아와 8월 대동 강에서 발생했던 제너럴셔먼호 사건에 대한 소식을 전해 주었다. 또한 프랑스 함대의 한강 출현으로 천주교 박해가 다시 시작되었으며, 특히 지방에서는 서울에 문의하지 말고 바로 처형하라는 명령이 내려졌고 남아 있는 신부들을 탐색하고 있다고 전했다. 이에 리델은 한 척의 포함 이라도 조선에 남겨 줄 것을 요청했다. 그러나 본격적인 원정을 위한 정 보 수집이 당초 목적이었기 때문에, 소기의 목적을 달성했다고 판단한 로즈는 전 함대를 이끌고 10월 1일 물치도를 떠나 10월 3일 즈푸로 되 돌아갔다.

10월 6일 로즈는 파리의 직속상관인 해군상 샤스루로바P. de Chasseloup-Laubat에게 조선 원정을 위한 정찰이 성공적으로 끝났으며, 약 1,900여 명 의 육전대와, 곡사포와 시조포 등 2개 포병 중대면 서울을 점령할 수 있 을 것으로 보고했다. 이와 같은 판단은 1차 원정 당시 서울 도성이 보이 는 지점에 진출할 때까지 조선 측이 보여 준 소극적인 방어 태세와 리델 신부 및 조선 천주교도 등의 보고를 바탕으로 내린 것이었다.

조선은 프랑스의 1차 원정에 앞서 이미 중국으로부터 프랑스 군함이 조선으로 향할 것이라는 소식을 전달받았다. 벨로네의 조선 원정 통보 (7. 13)를 접한 뒤, 중국 예부는 프랑스의 조선 침략 계획을 조선 정부에 전달(8. 16)했다. 프랑스의 1차 원정대가 양화진에 도착한 것이 9월 26일이었으니, 실제로 경고를 전달받은 40여 일 뒤 프랑스 함대가 출현 한 것이다. 조선 입장에서는 충분히 준비할 만한 시간이 있었음에도 불 구하고 군사적 대응은 전무했다. 그로부터 1개월여의 시간이 지난 뒤 강화부가 점령당했던 2차 원정 때에도 마찬가지 대응이었다.

2차 원정을 위해 로즈는 곧바로 중국 주둔 함대 전부와 일본에 주둔해 있던 함선과 요코하마 주둔 해병대 280여 명까지 즈푸로 소집하여 원정대를 구성했다. 1차의 3척과 함께 쾌속 전투함과 중형 군함 등 4척을 보강하여 총 7척 그리고 1,460명의 육전대가 집결했다. 이와 같은 원정군의 동원 상황으로 미루어 볼 때 로즈의 2차 조선 원정은 서울 진공까지도 대비했던 것 같다.

1차 원정에서 돌아와 일주일이 되는 10월 11일 프랑스군은 즈푸를 출발하여 이틀 뒤 인천 앞 물치도에 정박하고 배수량이 큰 군함 3척은 그곳에서 대기했다. 14일 아침 6시 군함 2척과 육전대를 실은 많은 종선을 이끌고 강화도 갑곶진으로 향했다. 육전대는 정오 무렵 별다른 저항 없이 갑곶진에 상륙했다. 10월 15일 프랑스군은 갑곶진 주변과 강화읍을 정찰했고, 다음 날인 10월 16일 아침 8시 30분부터 강화 읍내로 진군했다. 프랑스군이 강화부성 남문에 접근하자 여러 발의 총격이 있었으나 별다른 저항 없이 강화부성을 점령했다. 갑곶진 상륙과 강화부성 공격에서 프랑스군의 인명 손실은 전무했고, 강화 읍내에는 〈한 명의 관리도, 한 명의 군사〉도 남아 있지 않았다. 강화읍 점령 직후 로즈는 「프랑스 분함대 사령관이 조선 국민에게 보내는 포고문」을 내걸었고, 이튿날 베이징에서는 벨로네가 공친왕과 열국 공사들에게 프랑스 해군이 서해안과 한강을 봉쇄한다는 조회문을 발송했다.

프랑스 분함대 사령관이 조선 국민에게 보내는 포고문[*]

조선 국민에게

조선 해안을 통해 당신들의 나라에 침입했지만, 우리는 여러분을 징벌하거나 굴복시키러 온 것이 아닙니다. 우리는 여러분의 친구이고 여러분이 행복하기를 바랍니다. 단지 이 모든 분노는 조선 조정에 대한 것입니다. 당신들 나라의 정부는 인류의 가장 거룩한 법을 무시한 채, 평화와 자애의 말을 전하고자 여러분에게 간 우리의 많은 형제와 동포를 무자비하게 죽였습니다. 당신들의 정부가 그처럼 불의하게 학살한 이 선량한 사람들은 우리와 같이 나폴레옹 3세를 군주로 모시는 프랑스인들입니다.

프랑스인들은 황제의 자녀들이고, 황제는 그들이 어디에 있든 그들을 염려합니다. 그래서 우리는 황제의 명령에 따라 우리의 형제를 학살한 자들을 처형하러 온 것입니다. 그러나 죄인들을 가차 없이 처벌한다 할지라도 우리의 관대한 황제께서는 이 범죄와는 무고할뿐더러 이 일을 범행한 자들의 희생물이 된 조선 국민을 보호하기를 원하십니다.

그러므로 조선 국민은 안심하십시오. 여러분의 소유지와 재산은 존중될 것입니다. 여러분은 우리를 여러분에게 구원의 손을 내미는 친구처럼 대하십시오. 그러나 여러분들 중 우리를 원수로 대하는 사람은 가장 냉혹한 벌을 받게 될 것입니다.

* Documents relatifs à l'histoire des relations franco-coréenne, Choi Seok-Woo(崔奭祐) compilé par: (Seoul, 1986), pp. 323~324(박병선, 『1866 병인년, 프랑스가 조선을 침노하다』, 조율, 2013, 136면 참조).

사령관 해군 소장, 로즈

로즈는 이번 원정이 프랑스인을 살해한 조선 정부에 대한 징벌이므로, 일반 조선인들은 그들의 생명과 재산을 보호받을 것이라고 선언했다. 아울러 만약 프랑스군을 적대시할 경우 철저히 보복할 것도 함께 밝혔다.

강화부 점령 4일 뒤 로즈 사령관이 해군상에게 점령 후 상황을 보고했다. 강화 부내에서 프랑스군은 다량의 은괴와 문서를 발견하고, 이를 반출하기 위한 조사에 착수했다. 보고서는 조선의 역사·과학·예술에 관한 주요 서책 3백 책과 당시 가격으로 20만 프랑에 해당하는 은괴 19개를 노획하여 본국으로 우송할 것이라고 보고했다.

프랑스군의 1차 원정과 2차 원정 그리고 강화부 점령으로 이어질 때까지 조선 측의 군사적 대응은 전혀 없었다. 조선은 프랑스의 1차 원정 후 퇴각을 프랑스군의 완전 철수로 받아들였다. 2차 원정으로 강화부가 점령당한 이후부터 조선의 대응이 시작되었다. 19일 저녁 로즈 사령관에게 조선 측의 문서가 전달되었다.

조선 순무영이 로즈 제독에게 보내는 격문*

……우리나라에서는 더욱 너그럽게 대하여 이름도 알 수 없고, 도리(道里)도 알 수 없는 나라 사람들이 매번 우리나라 경내에 표류해 오면, 수토지신(守土之臣)에게 명하여 영접하고 사정을 물어보면서

* 『고종실록』, 고종 3년 9월 11일.

마치 오랜 우호 관계를 수행하듯이 하였다. 굶주렸다고 하면 먹을 것을 주고, 춥다고 하면 옷을 주었고, 병들었다고 말하면 약을 지어서 치료해 주기도 하였으며, 돌아가겠다고 하면 식량까지 싸서 보내 주었다. 이것은 우리나라가 대대로 지켜 오는 법으로 지금까지 행해지고 있기 때문에 온 천하가 우리를 일컬어 〈예의지국(禮儀之國)〉이라고 부르고 있다.

만약 우리 사람들과 인연을 맺어 몰래 우리나라에 들어와서 우리의 옷으로 바꿔 입고 우리말을 배워 가지고 우리 백성과 나라를 속인다든지 우리의 예의와 풍속을 어지럽힌다면, 나라에 상법(常法)이 있는 만큼 발각되는 대로 반드시 죽인다. 이는 세상 모든 나라들의 한결같은 법인데 우리가 상법을 실행하는 것에 대해서 너희들이 무엇 때문에 성내는가? 처지를 바꾸어 생각하면 우리가 묻지도 않았는데도 지금 너희들이 이것을 트집 잡아 말하는 것은 이미 도리에 몹시 어긋나는 것이다.

일전에 너희 배가 우리 경강(京江)에 들어왔을 때는 배는 불과 2척이었고 사람도 1천 명이 못 되었으니 만약 도륙(屠戮)하고자 하였다면 어찌 방법이 없었겠는가? 하지만 몰래 침입한 자들과는 구별되었으므로 멀리 떨어져 있는 나라 사람들을 대해 주는 의리에서 차마 병력을 가하여 피해를 줄 수는 없었다. 그러므로 경내를 지나며 소나 닭 같은 것을 요구하면 그때마다 주었다. 작은 배가 왕래할 때에 말로써 물으면 먹을 것은 받으면서 돌아가라는 말은 따르지 않았으니 너희들이 우리를 배반한 것이지 우리가 어찌 너희를 배반한 것인가? 아직도 만족하지 못하고 갈수록 행패를 부려서 지금 우리 성부(城府)를 침범하고, 우리 백성들을 살해하고 재물과 가축을 약탈하는 행위가 한이 없으니 실로 하늘의 이치를 거스르고 나라 법을 어기는 자들로서 이보다 더 심한 자들은 없었다. 그러니 하늘이 이미 그들을 미워하고 사람들도 그들을 죽이려 하였다.

듣건대 너희들이 우리나라에 전교(傳敎)를 행하려고 한다는데 이는 더욱 안 될 일이다. 수레와 서책이 같지 않으며 각기 숭상하는 것이 있으니 정사곡직(正邪曲直)에 대해서는 아예 거론할 필요가 없다. 우리는 우리의 학문을 숭상하고 너희는 너희의 학문을 행하는 것은 사람마다 각기 자기 조상을 조상으로 섬기는 것과 같다. 그런데 어떻게 감히 남에게 자기 조상을 버리고 남의 조상을 조상으로 섬기라고 가르칠 수 있겠는가? 이것은 만약 죽음을 면할 수 있다면 하늘도 없다고 말할 수 있는 것과 같다.

우리는 너희를 은(殷) 탕(湯) 임금이 갈백(葛伯)에게 하듯이 대해 주었는데, 너희는 우리를 험윤(玁狁)이 주(周)나라 선왕(宣王)를 배반하듯이 포악하게 대하고 있다. 그러니 우리가 지인지덕(至仁至德)하더라도 제멋대로 난동을 부리게 내버려 둘 수는 없다. 그러므로 천만(千萬)의 대병(大兵)을 거느리고 지금 바닷가에 나와 하늘의 이치를 받들어 토벌의 뜻을 펴려고 한다. 우선 내일 이른 아침에 서로 대면하자는 약속을 급히 보내니 군사의 곡직(曲直)과 승패(勝敗)가 결정되리라. 너희들은 퇴각하여 달아나지 말고 머리를 숙이고 우리의 명령을 들어라.

병인년(1866) 9월 11일 조선국 순무영(巡撫營)

순무사 이경하가 보낸 격문에서 〈일전에 너희 배가 우리 경강에 들어왔을 때는 배는 불과 2척이었고 사람도 1천 명이 못 되었으니 만약 도륙하고자 하였다면 어찌 방법이 없었겠는가? 하지만 몰래 침입한 자들과는 구별되었으므로 멀리 떨어져 있는 나라 사람들을 대해 주는 의리에서 차마 병력을 가하여 피해를 줄 수는 없었다〉라고 1차 원정에 대해 언급하고 있다. 그러나 실제 조선군의 군사적 대응은 1차 원정 시기, 2차 원정 시기 강화부성이 점령당할 때까지 없었다. 전쟁을 치르기 위해 설치되는 임시 기구인 순무영도 격문을 보내기 겨우 사흘 전에 설치된 것이었다. 중국 예부가 자문을 통해 프랑스군의 조선 원정을 알린 것이 7월 초였기 때문에 프랑스의 침략을 충분히 예상할 수 있었지만, 조선 정부는 군사적 대응책을 강구하기보다는 천주교도 금압에 집중하고 있었다.

로즈는 순무영의 경고에 바로 회신을 보냈다. 조선에서 프랑스 선교사를 살해한 죄를 문책하고, 살해 책임자로 조선의 3대신을 처벌할 것, 전권대신을 파견하여 조약의 초안을 작성할 것을 요구했다. 만일 이에 불응하면 전쟁에서 오는 모든 책임은 조선 정부에 있다고 통지했다. 그리고 프랑스군은 서울 진공과 조선 측의 대응을 살펴보기 위해 통진 건너편 문수산성을 정찰한 뒤 갑곶진으로 물러나 진을 구축했다.

프랑스군이 문수산성을 벗어나자 조선군은 프랑스군의 목표가 서울이 아닌 강화도라고 판단하여 서울로 진입하는 행주항과 염창항에 급파했던 부대를 통진과 문수산성 쪽으로 돌렸다. 조선 측의 반격은 조용히 이루어졌다. 강화부 점령 열흘 뒤인 10월 26일 아침, 프랑스군은 약 70명의 군사를 동원하여 문수산성 정찰에 나갔다가 조선군의 기습을 받아 3명이 전사하고, 2명이 부상을 당했다. 이에 프랑스군은 강화해협의 제해권을 장악하고 장기적으로 서울로 진입하는 보급로를 막음으로써 조선 정부의 태도 변화를 기대하는 한편 강화도 지역에 산재하는 조선군의 거점을 파괴하기 시작했다.

순무영 설치 이후 전투 책임자였던 천총 양헌수는 그믐날 밤 어둠을 이용하여 한강을 건너 정족산성에 들어가 매복하며 프랑스군을 기다렸다. 강화도에 거주하는 천주교인으로부터 조선군이 야간에 강을 건너 정족산성에 들어갔다는 소식이 프랑스 측에 전달되었다. 정보를 접한 로즈 제독은 휘하 2개 중대 150여 명으로 정찰대를 구성했다.

11월 9일 아침 7시경 올리비에 중령이 지휘하는 프랑스군은 약 18킬로미터 떨어진 정족산성으로 출발하여, 11시경 정족산성 남문에 접근했다. 프랑스군의 기록은 당시 상황을 〈조선군이 있으리라고 추측할 수 있는 어떠한 징후도 없었지만 성벽 몇 미터에 이르렀을 때 갑자기 총알이 우박처럼 쏟아졌다〉고 보고하고 있다. 이것이 그 유명한 정족산성 전투다. 약 반 시간 정도 계속된 이 전투에서 프랑스는 장교 5명을 포함한 32명이 중경상을 입었으나 조선군은 전사 1명과 부상 3명이었다.

한강의 양화진까지 침입했던 1차 원정, 강화부를 점령했던 2차 원정, 그리고 외규장각의 장서와 은궤를 탈취했던 약탈의 시기까지 프랑스군은 조선군의 적극적인 저항을 겪은 적이 없었다. 그런 까닭에 프랑스군은 전투에 대비한 사전 정찰 없이 정족산성 성문을 향해 접근하고 있었다. 당시 조선은 경기도와 황해도, 평안도 등지에서 급히 모집한 엽부로 군대를 편성했다. 그들이 성문 좌우의 성벽에 몸을 숨긴 채 기다렸다가 기습을 가한 것이 바로 이 전투였다. 정족산성 전투는 프랑스를 비롯한 서구 제국주의 열강이 전 지구적으로 그들의 식민지와 세력권을 확대하는 과정에서 치렀던 수많은 전투 가운데 드물게 패전으로 기억될 만한 것이었다. 자신들의 우세한 화력만 믿고 상대를 과소평가한 결과였다.

예상외의 반격을 당한 프랑스군은 조선 정부의 태도 변화를 기대하기 어렵다는 판단하에 11월 21일 함대를 철수하여 즈푸로 되돌아갔다. 프랑스군의 조선 원정 실패의 원인에는 현지 외교 대표 기관인 공사와 현지 주둔군 사령관 사이의 갈등에서도 원인을 찾을 수 있다. 내부에서도 의견이 통일되지 않았던 것이다. 원정 직후 벨로네는 본국의 외무상에게, 로즈는 해군상에게 각기 서로를 비방하는 문서를 발송했다.

결과적으로 프랑스의 조선 원정은 군사적, 외교적으로 실패작이었다. 그럼에도 불구하고 프랑스 정부는 의회가 조선 원정 문제로 정부를 비판하자 원정은 성공적이었던 것처럼 선전했다. 원정 직후 프랑스 정부는 벨로네를 소환하고, 로즈에 대해 권한 정지 명령을 내렸다. 이후 의회의 비판이 이어지자 벨로네를 스웨덴 주재 공사로, 로즈는 인도차이나 총독 서리, 지중해 함대 사령관으로 영전시켰다. 조선 정부도 마찬가지로 사태를 호도했다. 정족산성 패배를 끝으로 프랑스가 원정을 포기하고 돌아가기는 했지만, 초기 대응의 모습을 볼 때 전혀 효과적으로 움직이지 못했다. 조선 정부는 1차 양화진 침투와 2차 원정으로 강화부가 점령당하고 철저히 약탈당할 때까지 속수무책이었다. 그럼에도 조선 정부는 오직 오랑캐를 퇴각시켰다는 점에만 초점을 맞추며 자축했다. 사실상 두 국가 모두가 패한 전쟁이었으나, 두 국가 모두 자국(自國)이 승리했다고 대내외에 선전했다.

1866년 조선에 다가온 외부의 위협은 조선 사회를 각성시켰다. 그리고 위기 국면에 상대와의 대화나 협상을 통해 그 위협을 해소하지 않고, 무력 대응을 통해 강하게 맞서 싸웠다. 조선은 왜 이러한 방식을 택했나? 이 질문에 답하기 전, 서양은 왜/언제부터 동아시아/조선에 관심을 가지고 다가오기 시작했는지를 살펴봐야 한다. 조선이 대응의 방식으로 무력을 택한 데에는 이웃 나라인 중국, 일본의 사례가 중요하게 작용했기 때문이다.

(2) 왜 조선은 전쟁을 택했는가?

1866년의 조선을 이야기하기 위해, 조금 더 멀리 거슬러 올라가 질문을 던져 보자. 19세기가 되기 전 조선에 거주했던 서양인은 누구였을까. 가장 대표적인 사람들로 네덜란드인 벨테브레이Jan Janes Weltevree와 하멜 Hendrick Hamel을 떠올릴 것이다. 두 사람은 모두 의도치 않게 조선에 표류했다는 점에서는 비슷하지만, 조선에 거주한 후 삶의 여정은 다소 상반된다. 1627년 표류한 벨테브레이는 이후 훈련도감에 근무하며 조선에 남았고, 결혼하여 아이까지 낳으며 정착했다. 우리에게는 박연(朴淵)이라는 한국 이름으로 더 익숙하다. 반면 1652년 표류한 하멜은 13년가량 조선에 거주했으나 치밀한 계획을 세워 결국 일본 나가사키(長崎)로 탈출했다. 이후 본국인 네덜란드로 돌아가 1668년 『하멜 표류기』를 출판했다. 『하멜 표류기』는 당시 유럽에 조선을 처음 소개한 책으로 베스트셀러가 되었다. 히딩크 감독과 함께 우리에게 가장 유명한 네덜란드인이라 할 수 있는 두 사람 이후 조선에 서양인이 본격적으로 등장한 것은 그로부터 한참 시간이 지난 19세기였다. 물론 개인의 몸으로 조선에 밀입국하여 선교를 시도했던 가톨릭 신부 혹은 밀수를 통해 일확천금을 노렸던 모험 상인들을 생각할 수 있겠지만, 본격적인 서양과의 만남은 통상 개방을 요구하는 이양선(異樣船)을 통해 이루어졌다.

조선에 대한 서양의 직접적인 통상 개방 요구는 1832년 영국의 동인도회사 소속 상선 로드 암허스트호에 의해 처음으로 시도되었다. 18세기 중엽 이후 네덜란드를 비롯한 유럽의 상인들은 중국의 광둥(廣東) 지역과 일본의 나가사키에 교역 근거지를 확보한 이래 교역 활동을 계속하였으나, 조선 왕조는 이들과의 접촉을 금지했다. 로드 암허스트호가 조선에 통상을 요구했던 1832년은 영국 정부가 동인도회사의 대중국 무역 독점권을 폐지하고 중국 시장의 개방을 본격적으로 추진하던 시기였다. 당시 영국은 본격적으로 세계의 패권을 차지하며 대영제국의 전성기를 열어 나가던 상황이었다. 아메리카, 아프리카, 동남아시아에서 세력을 확장하였고, 아시아의 거대 시장인 중국에 대한 야욕을 드러내고 있었다. 영국 산업 자본주의 세력이 동아시아 지역에서 전개하던 시장 개방 압력의 대상에는 조선도 예외 없이 포함되어 있었다. 영국을 비롯한 서양 자본주의 국가들의 중국 및 일본 시장에 대한 개방 요구와 동일한 시기에 조선 역시 노출되었던 것이다. 1848년의 기록을 보면, 이미 수많은 이양선이 조선 해안을 드나들었음을 알 수 있다.

이해 여름·가을 이래로 이양선이 경상·전라·황해·강원·함경 다섯 도의 대양(大洋) 가운데에 출몰하는데, 혹 널리 퍼져서 추적할 수 없었다. 혹 뭍에 내려 물을 긷기도 하고 고래를 잡아 양식으로 삼기도

하는데, 거의 그 수를 셀 수 없이 많았다.[*]

그렇다면 전통 시대 조선의 우방이었던 중국은 서양과의 관계를 어떻게 이끌어 가고 있었을까. 중국은 16~17세기부터 서양과 빈번히 교류하고 있었다. 특히 무역에서 교류가 활발했는데, 청(淸) 왕조 시기였던 18세기 후반의 경우를 보면 영국은 중국과의 교역에서 일방적인 적자를 기록하고 있었다. 중국으로부터 차, 도자기, 비단 등을 수입했지만, 영국의 입장에서는 중국에 팔 수 있는 소비재가 없었다. 이러한 적자 상황을 타개하고자 영국은 동인도회사를 이용해 영국-인도-중국 사이에 이루어지는 삼각 무역을 도모했다. 문제는 삼각 무역의 상품으로 중국에 수입되는 아편이었다. 중국에서는 이미 1796년에 아편 수입을 금지했지만 수입량은 매년 기하급수적으로 증가했다. 급기야 아편에 대한 결제 대금으로 지불하는 은 때문에 중국 경제는 타격을 입었다. 은의 유출로 인해 중국 내 은값이 급등하고, 은으로 세금을 수취하는 지정은제(地丁銀制)에 기반한 국내 경제가 붕괴 직전에 이르렀던 것이다. 이러한 지경에 이르자 1839년 6월 3일 중국은 임칙서(林則徐)를 내세워 외국 상인들의 아편 상자를 모두 폐기해 버리는 강력한 단속을 실시했다.

1840년 4월 초 영국은 자국 상인들의 아편 밀무역을 단속한 중국 정부에 대한 보복 조처를 위한 파병안을 의회에 제출했다. 하원의 일부 의원은 중국의 행위가 아편을 내다 파는 무역 행위에 대한 제재이므로 파병을 한다면 부도덕한 전쟁이 될 것이라고 반대했다. 그러나 영국 하원

[*] 『헌종실록』, 헌종 14년 12월 29일.

은 4월 7일 파병안을 통과시켰다. 정부안은 5월 12일 상원에서도 동의를 얻었고, 이에 따라 편성된 원정군이 6월에 속속 현지에 도착했다. 대포 약 540문을 탑재한 대소 군함 16척과 그에 맞먹는 지원 함대로 구성된 영국군은 그해 7월 광저우(廣州)항 봉쇄 작전 이래 북상, 방어 시설을 파괴하면서 베이징에 접근했다. 이에 중국 정부는 1841년 1월 정식으로 선전 포고를 선언하고 전쟁에 돌입했다. 그러나 최신의 무기를 탑재한 영국 해군의 포격에 닝보(寧波) 그리고 상하이(上海) 등 주요 항의 방비선은 적수가 되지 못했다. 결국 다음 해 8월 중국은 패전국이 되어 강화 조약을 체결했다[난징 조약(南京條約)]. 영국의 뒤를 이어 다른 국가들도 중국과 유사한 내용의 통상 조약을 체결했다. 1844년 중국은 미국과 〈왕샤 조약(望廈條約)〉, 프랑스와는 〈황푸 조약(黃埔條約)〉을 각기 체결하였고 광둥·상하이·닝보·푸저우(福州)·샤먼(廈門)을 차례로 개방했다. 한편 오랫동안 관계를 이어 오던 러시아와도 〈아이훈 조약(愛琿條約)〉을 체결함으로써 전통적인 교역 방식을 포기했다. 그로 인해 〈중국 중심의 동아시아 체제〉로 표현되는 지역 질서를 운영하던 중화적 세계 질서가 〈국제법에 기반한 근대적인 조약 체제〉로 전환되는 과도기적 상황에 처했다.

한편 시장 규모로 보아 일본에 비해 10배(당시 인구 비례)가 넘는 광대한 중국 시장에 영국과 프랑스 등이 집중하는 동안 신흥 자본주의 국가인 미국이 일본의 개방을 추진했다. 미국에서는 1848년 캘리포니아 지역에서 금광이 개발되어 매년 수천 명의 중국인이 상하이 등지에서 캘리포니아로 이주해 있었고, 산업혁명기 조명용 고래기름을 채취하기 위해 많은 포경선이 일본 근해에서 조업하고 있었다. 태평양을 횡단하여 중국에 이르는 항로가 절실했던 것이다.

　1853년 7월 8일 저녁 도쿄의 입구로 막부의 방위 거점이었던 우라가(浦賀)에 미국의 견일 대사 페리Matthew Perry가 이끄는 함대가 닻을 내렸다. 4척의 군함 가운데 2척이 증기선으로, 기함 서스케하나USS Susquehanna호는 2,540톤에 달하는 전함으로 당시 세계 최대·최신의 함정이었다. 반면 당시 일본이 보유한 최대의 선박은 1백 톤 전후의 것이었다. 페리는 멕시코 전쟁(1846~1848) 당시 함대 사령관을 역임하였고, 아메리카 해군의 주력함을 범선에서 증기선으로 교체하는 프로젝트를 담당했던 탁월한 명성을 가진 제독이었다. 그가 이번에는 동인도 함대 사령관 겸 견일 특사로 임명되었던 것이다. 당시 상하이는 뉴욕에서 대서양을 횡단하여 오는 데 50여 일이 걸리는 원격지였기 때문에 출항 당시 페리는 국무성으로부터 광범위한 재량권을 부여받았다. 페리는 일본 막부 지방관에게 아메리카 대통령의 서간을 막부의 고관이 접수할 것을 요구하였고, 막부는 6일 뒤 서간을 접수했다.

　페리는 다음 해 2월 중순 7척의 군함을 거느리고 도쿄만 깊숙이 가나자와(金澤)까지 진출하여 정박한 뒤 회담을 요구했다. 회담은 1854년 2월 10일부터 3월 3일까지 4차의 정식 회담을 거쳐 조약을 체결했다. 12조로 구성된 〈미일화친조약(美日和親條約)〉은 식수와 석탄 등의 공급과 표류민의 구조 및 보호, 시모다(下田)와 하코다테(函館) 등 2개 항의 개항, 영사 주재, 편무적 최혜국 대우 등을 포함하고 있었다. 협상에서 일본은 미국 측 인명 구조 조항을 수용하는 대신 교역 부문은 거부했다. 미국은 교역에 대해 일본의 요구를 받아들여 이를 강요하지 않았다. 미국으로서는 일본에 비해 10배나 큰 중국 시장 진출이 당면한 과제였기 때문이었다.

중국과 일본의 개항 과정에서 나타난 것처럼 19세기 중엽 동아시아 지역에서 자본주의 열강의 시장 개방 요구는 압도적인 무력을 배경으로 전개되었다. 결과적으로 중국과 일본은 이들의 무력행사에 굴복하여 각기 1842년(〈난징 조약〉)과 1854년(〈미일화친조약〉)에 〈불평등 조약 체제〉를 수용함으로써 국내 시장을 개방했다. 그리고 이후 더욱 심한 서양 열강의 개방 압박을 받았다. 제2차 아편전쟁을 치르며 중국은 이미 서양 열강들과 중첩적인 조약을 체결했고, 연해주 지역에서는 러시아, 조선과 국경을 맞대는 조약을 허용한 상황이었다(〈베이징 조약〉, 1860). 일본도 1858년 통상에 관한 조항을 삽입한 〈미일수호통상조약〉을 체결하며 국내적으로 정치와 외교에 대한 대규모 의견 충돌이 발생했다. 이것이 1860년대 초반까지의 상황이었다.

그러나 조선은 중국, 일본과는 비슷하면서도 다른 경로를 밟았다. 앞서 살펴보았듯이 1866년 이전 조선에 대한 서구 열강의 관심은 지속적으로 존재했다. 동아시아 국가인 중국, 일본, 조선에 대한 서양 세력의 침략은 시간문제였다. 누가 먼저 본격적인 공세를 펼칠지가 관건이었다. 하지만 중국과 일본에 비해 덜 알려져 있는 데다, 시장에 대한 매력 역시 이웃 두 나라에 비해 크지 않았기 때문에, 서양으로서는 굳이 적극적인 접근을 시도하지 않았다. 그러나 중국과 일본에 대한 문호 개방이 본격화된 이후 서양 세력은 조선으로 눈을 돌렸다. 그 결과 1866년 미국 상선, 프랑스 함대와의 충돌, 1868년 오페르트 도굴 사건, 1871년 미국 함대와의 충돌이 현실로 나타났다. 이들 사건과 관련된 선박은 모두 조선과 가까운 중국 연해나 일본 연해에 본거지를 두고 건너온 배였다.

이는 무슨 뜻인가. 중국과 일본에 충분한 근거지를 가지고 있는 상황에서, 조선에 대한 탐색/공격을 개시했다는 의미다. 중국과 일본 그리고 이후는 조선이었다. 이러한 순서의 진출이 결국 충돌까지 이어진 것이 1866년의 늦여름과 가을이었다.

19세기 중후반 〈서세동점(西勢東漸)〉이 공격적으로 구체화되었던 시기, 조선의 상황은 어떠했는가. 조선의 내부 사정을 살펴보면서, 왜 조선은 전쟁을 택했는지에 대해 생각해 보자.

이양선이 출몰하며 조선 조정을 위기감에 빠뜨리고 있던 19세기 중반이었으나, 그보다 더 급한 문제는 조선의 내부 정치 상황이었다. 흔히 세도 정치(勢道政治)로 묘사되는 정치 체제가 19세기 전반을 지배하고 있었다. 왕권보다 강한 외척(外戚)이 움직이는 조선. 그러나 철종(哲宗, 재위 1849~1863)이 재위 13년 만에 후사 없이 승하하자, 대왕대비 조씨는 왕위 후계자로 흥선군 이하응(李昰應, 1820~1898)의 둘째 아들 명복을 왕위 후계자로 지명했다. 음력으로 1863년 12월, 양력으로는 1864년 1월의 일이었다. 왕위에 오른 고종(高宗, 재위 1863~1907)은 아직 12세의 어린 나이였기 때문에, 조 대비의 수렴청정이 시작되었다. 그리고 고종의 생부인 흥선군이 대원군이란 칭호를 받고 국가의 전권을 장악했다. 이것이 곧 대원군 정권의 시작이다.

대원군이 정치의 실권을 가진 후 제일 먼저 추진한 것은 왕권 강화책이었다. 대원군은 문벌과 당색 타파를 내세우며 탐관오리를 숙청하고 내정의 일대 혁신과 당파를 초월한 인재 등용을 표방했다. 이를 위해 세도 정치 시기 주요 외척 세력인 안동 김씨 일파의 김좌근(金左根)·김병기(金炳冀)·김흥근(金興根) 등을 축출하고 조두순(趙斗淳)·김병학(金炳

學)·김세균(金世均) 등 자신의 지지 세력을 주요 직책에 임명했다. 그리고 임진왜란 이후 군사와 행정을 담당하던 권력 기구 비변사(備邊司)를 삼군부(三軍府)로 개편하고 권한을 강화시켰다. 이것은 세도 정치 시기 노론 일색의 관료 자리 독점을 타파하고, 권력의 중심을 왕권으로 모으기 위한 방안이었다. 또한 민중의 반정부 운동인 민란을 완화시키고자 제도 개혁을 모색했다. 종래 평민에게만 부과하던 군포를 양반이나 상민의 구별 없이 고루 징수하는 호포제(戶布制)를 실시하였고, 환곡 제도를 사창(社倉) 제도로 바꿔 민중에 대한 수탈을 막는 방식의 제도 변화를 모색했다. 그리고 8년여에 걸쳐 650여 개에 이르는 서원을 정리하여 47개로 줄이고, 서원에 대한 각종 면세의 특권을 박탈했다.

하지만 정권의 안위를 위한 노력은 시간이 지날수록 개혁적 의미가 퇴색했다. 예컨대 임진왜란 때 소실된 경복궁의 중건을 계획하고 진행한 것은 여러모로 민중에게 피해를 주었다. 국왕의 권위 회복이라는 명목하에 진행된 경복궁 중건을 위해 3년간 많은 민중에게 부역을 명하여 혹사시켰다. 또한 각종 명목의 세금(원납전, 결두전, 도성 통행세)을 강제로 징수하였고 심지어 인플레이션의 원인이 되었던 악화(당백전)를 남발했다.

대원군 정권에 대한 평가는 학자들 내에서도 여러 가지로 나뉜다. 그런데 잘잘못에 대한 평가보다 중요한 것은 대원군의 정책으로 인해 대원군에 맞서는 세력이 생겼다는 사실이다. 이러한 정치적 상황이 대원군의 대외 정책을 결정한 측면이 컸다. 좀 더 자세히 사정을 살펴보자.

일반적으로 대원군 정권의 외교 정책을 〈쇄국 정책〉으로 평가하는 경우가 많다. 성리학적 척화론(斥和論)에 근거하여 서양 세력에 대해 철저하게 비타협의 자세를 지켰다는 것이다. 그런데 실상을 살펴보면 매우 흥미로운 점이 많다. 흔히 쇄국 정책론자로 알려져 있는 대원군이 처음부터 서양 세력에 대해 무조건 반대의 입장을 보인 것은 아니라는 사실이다.

1860년 러시아와 중국, 조선이 국경을 맞닿게 된 이후 러시아가 통상을 요구한 적이 있었다. 이때 대원군은 조선의 천주교인을 통해 포교 활동을 벌이던 프랑스 주교와의 접촉을 건의받고, 면담을 계획하며 의견을 교환했다. 대원군은 원래 천주교에 대해 좋은 인상을 가지고 있었다. 부인 민씨 역시 천주교도였다. 대원군은 프랑스를 이용해 러시아의 남하를 막아 보려는 생각이었던 것으로 보인다. 그런데 대원군이 주교들과 면담할 것이라는 사실이 너무 빨리 시중에 알려지면서 상황이 반전되었다. 대원군 정권이 들어서면서 밀려났던 안동 김씨 세력이 정치 공세를 시작한 것이다. 대원군은 이러한 정치적 공세를 빠져나오기 위해, 거꾸로 자신과 서학 세력 사이에 연관이 없음을 보여야만 했다. 결과는 가혹한 천주교 탄압으로 나타났다. 서양 국가에 대한 서학 불가, 교섭 불가의 입장을 국시로 내세웠던 것이다. 그리고 프랑스 신부 및 조선의 천주교도 등 8천여 명 이상을 체포·처형한 사건(병인사옥)을 거치면서 대외 정책의 방향이 결정되었다.

다시 한번 물어보자. 대원군은 과연 쇄국주의자인가? 그보다는 권력 유지를 위한 현실 정치가에 가깝다고 생각한다. 왕권 강화를 위해서는 반대파를 양산할 수 있는 어떤 충격적인 정책도 동원하는 사람. 우호적으로 생각하며 이용할 생각이었던 대상(프랑스)도 언제든 자신의 필요에 따라 강력히 탄압하며 적으로 돌려 버리고 자신의 현실적 지위를 강고히 하는 사람. 이러한 모습은 이후 1882년과 1894년 조선 정계에 다시 등장할 때에 어김없이 발휘되었다.

대원군 개인의 취향과 선택만으로 대외 폐쇄 상태를 고수하는 정책이 결정된 것은 아니라는 점을 강조하고 싶다. 조선 내부의 변화와 저항의 상황에서 강경한 방향으로 대외 정책이 결정될 수밖에 없는 환경이 조성되었다는 점이 중요하다. 거기에 외부에서 들어오는 개방 압력은 조선 내부의 개방에 대한 거부감을 더욱 키워 주는 자양분이 되었다. 결국 충돌은 시간문제였다.

(3) 1871년 척화비 건립과 세계

1866년 여름과 가을로 이어지던 시기에 대동강과 한강에서 겪었던 열강의 무력 도발로 조선 내에서 서양에 대한 부정적 인식이 커지기 시작했다. 이러한 생각이 더욱 확고해졌던 시기가 1868년이다. 1868년 4월 셔먼호 선원 생존설에 근거하여 상황을 탐색하기 위해 미 군함 셰넌도어USS Shenandoah호가 내항하여 대동강 진입을 시도했고, 같은 해 5월에는 독일인 오페르트Ernst Jacob Oppert 일당이 아산만에 상륙하여 예산군 덕산면에 있는 대원군의 아버지 남연군의 묘를 도굴하려 한 사건이 발생했다.

독일 상인 오페르트는 이전에도 여러 차례 조선에 통상을 요구한 적이 있었다. 한 번은 영국 선적의 배를 타고 충청도 해미현 조금진 일대에 출현했다. 오페르트 일행은 해미 현감 김응집에게 서신을 보내 그들이 가져온 토산물을 조선 국왕에게 진상할 것을 요구하며 아울러 통상을 희망한다는 뜻을 전했다. 조선 측에서 이를 거절하자 오페르트는 다음번에는 영국 외 서구 열강의 선박들을 대거 이끌고 와서 통상을 요구할 것이라고 위협했다. 이러한 이양선들과의 일련의 접촉은 조선의 재야에 위기의식을 심어 주었다. 그러던 와중에 오페르트가 대원군의 생부인 남연군의 묘소를 도굴하려다 실패했다. 이와 같은 서양인들의 침입은 조선에 엄청난 위기감을 불러일으켰다.

한편 미국은 정부 차원에서 조선에 대한 관심을 지속적으로 유지했다. 특히 1866년 제너럴셔먼호 사건 이후 생존자 및 선박에 대한 조사를 실시했는데, 이러한 자세는 결국 조선과 통상 관계를 체결해야 한다는 결론에 이르렀다. 1869년 3월 그랜트 행정부가 출범하면서 신정부 국무장관 피시는 상하이 총영사 슈어드에게 조선과 난파선 보호 조약 체결 교섭을 지시했다. 미국은 중국을 통해 조선과 여러 차례 협상을 시도했지만 실패한 터였다.

결국 1871년 미 국무부는 대규모의 군사력을 동원하여 향후 조선 연안에서 자국인의 생명 보호와 통상을 요구하기로 했다. 조선 원정 결정 과정에서 미국은 프랑스에 공동 원정을 제안했으나, 프랑스 정부는 지난번 원정으로 만족한다며 거절했다. 원정에 임박하여 영국과 일본이 공동 참여를 희망했다. 주중 영국 공사는 공동 출병을 희망했지만 해군 사령관이 거절했고, 일본의 제안에 대해서는 미국 공사가 응하지 않았다. 러시아는 미국의 제안이 러시아에 〈특별한 이익〉이 되지 못한다며 거절했다. 이로써 미국 단독으로 조선 원정을 단행했다. 5월 16일 전함 3척과 포함 1척, 소형 함정 1척과 해병대 1,250명으로 이루어진 조선 원정군이 일본의 나가사키항을 출발했다. 미국 건국 이래 최초의 해외 원정이었고, 남북전쟁(1861~1865)을 거치면서 증강된 최신의 군함을 동원한 역대 최대 규모의 해외 원정 파견군이었다.

기함 콜로라도와 동급의 알래스카호는 3,425톤 규모로, 콜로라도호는 10인치 포 2문, 9인치 포 26문, 8인치 포 14문을, 알래스카호는 60파운드 포 1문, 11인치 할강포 1문, 9인치 포 10문을 탑재하고 있었다. 그보다 규모가 작은 슬루프형 전함 베니시아호는 2천4백 톤으로 60파운드 포 1문, 11인치 포 1문, 9인치 포 10문을 탑재하고 있었다. 포함 모노카시호는 1,370톤이었으나 60파운드 포 2문, 8인치 포 4문, 9인치 포 2문을 탑재했으며, 소형 함정이었던 팔로스호(420톤)도 24파운드 포 4문, 24파운드 강선 곡사포 2문을 보유하고 있었다. 콜로라도호와 알래스카호는 1850년대 중반에 건조되었지만 나머지 함정들은 모두 남북전쟁 직후 건조된 최신예 함정이었다. 1853년 미국의 페리 제독이 일본에 개항을 요구하면서 무력시위를 벌였던 함정이 2,450톤이었던 점을 감안하면 미국의 함대는 당시 초강대국 영국의 극동 함대를 능가하는 최신예 함대를 동원한 원정 부대였다. 사령관 로저스는 역사적인 조선 원정의 기록을 남기기 위해 이탈리아인 사진 기사 펠릭스 베아토Felix Beato도 데려왔다.

5월 16일 나가사키를 출항한 아시아 함대는 5월 19일 남양만을 지나, 26일 인천 앞바다 제부도에 도착했다. 27일 영종도의 영종 방어사와 경기 감사가 이양선 출현을 조정에 보고했다.

영종 방어사가 〈오늘 오시쯤에 이양선이 작은 배 4척을 시켜 동쪽과 서쪽의 물 깊이를 재게 하였는데 무슨 목적인지 알 수 없습니다. 그리고 본영 관할 구역 마지막 경계인 물류도(勿溜島)의 뒷바다를 지나 부평(富平) 경계에 정박하였습니다. 본영과의 거리는 7리입니다〉라고 아뢰었다. (……) 경기 감사 박영보가 〈방금 남양 부사 신철구의 첩보를 받고 상황을 알아보기 위하여 더불어 배를 타고 출발하였는데 막 바다 한가운데 들어서자 세찬 바람이 크게 일어 도저히 나아갈 수 없었습니다. (……) 글을 써서 《너희들은 어느 나라 사람이며 무슨 일로 여기에 왔는가?》라고 물었더니 그들은 웃으면서 머리를 끄덕였습니다. (……) 그 사람의 얼굴 모양은 눈이 움푹하고 콧마루는 높으며 눈썹과 머리털은 누르스름하였고 옷은 모두 검은 색깔로 확실히 서양 사람이었습니다. 자세히 알아보지 못하였으니 내일 다시 상황을 알아보려고 합니다〉라고 아뢰었다.*

이 시점까지 조선 정부는 대규모 원정군이 강화도 관문에 접근할 때까지 함대의 국적도 파악하지 못하고 있었다. 5월 28일 인천 부사는 미국 함대의 도착을 의정부에 보고하였고, 30일 조선 관리가 처음으로 기함 콜로라도호에 승선하여 문정했다. 6월 1일 미국 함대는 조선에 대한 탐사와 측량을 실시하겠다고 일방적으로 통고한 다음, 조선 측의 제지에도 불구하고 초지진을 거쳐 손돌목에 이르렀다. 이에 대해 손돌목 포대에서 포격이 있었다. 2백 문의 포대가 15분간 집중적인 포격을 가했으나 미국 함대는 거의 피해를 입지 않았다. 미국 군함은 퇴각하면서 조선군의 방위력 수준을 파악할 수 있었다. 조선 정부와 미국 함대는 율도 백사장에 꽂아 놓은 장대를 통해 의사를 전달했다. 로저스는 10일 이내

* 『고종실록』, 고종 8년 4월 8일.

에 포격에 대한 사과와 협상을 위한 대표를 파견할 것을 요구했다. 4일 대원군은 진무사 정기원을 통해 〈귀 선이 다른 나라의 규례를 아랑곳하지 않고 요새지 어귀까지 깊이 들어온 이상, 변경을 방비하는 신하들로 말하면 그 임무가 방어인데 어찌 가만히 있을 수 있겠는가? 지난번 일에 대해 괴이하게 생각하지 말기 바란다〉*는 서신을 전달했다. 조선 측의 의사를 전달받은 로저스는 48시간 이내에 강화도를 점령하는 작전 계획을 수립했다.

병인양요와 신미양요를 거친 후 병비를 대폭 강화했던 강화도의 요충지 초지진, 광성진, 덕진진에는 약 3천 명의 병력이 배치되어 있었다. 6월 10일 미국 군함 2척의 초지진 포격으로 전투가 시작되었다. 약 두 시간 동안의 포격을 통해 초지진을 초토화시킨 뒤 킴벌리L. A. Kimberly 중령의 지휘하에 10개 중대 644명이 22척의 보트에 분승하여 초지진에 상륙했다. 상륙 당시 조선군으로부터의 대응은 거의 없었다.

초지진에서 하루 야영한 부대는 다음 날 새벽 덕진진을 점령하고, 조선군 최후의 보루인 광성보에서 전투를 개시했다. 광성보는 진무중군 어재연 휘하 6백여 명이 지키고 있었다. 미군은 포격 후 광성보에 접근하여 상륙하였고, 진무중군 어재연은 광성보에서 육탄전을 벌이며 최후까지 항전했다. 이 전투에서 조선군은 350여 명이 전사하고 20명이 포로가 되었다. 미국군은 전사 3명, 부상자 10여 명이었다. 오후 1시 정각 킴벌리는 연락 장교를 기함의 로저스에게 보내 전투가 작전대로 완벽하게 끝났음을 보고했다. 뒷날 강화도 전투에 대한 미군 측 보고서를

---

* 『고종실록』, 고종 8년 4월 17일.

보면, 강화도 전투에서 병사들이 가장 힘들었던 것은 초지진 앞에 넓게 펼쳐진 갯벌에서 야포를 끌어 올리는 것이었다고 기록하고 있다.

병인년 프랑스와의 전투 이후 조선군은 방위를 강화했다고는 하지만 초지진과 덕진진의 조선군 포는 임진왜란 당시의 것이었고, 미군 함대의 함포는 남북전쟁을 계기로 획기적으로 파괴력이 강화된 최신의 무기들이었다. 단적인 예로 초지진, 덕진진 그리고 광성보 포대에서 사용한 조선 불랑기포(佛狼機砲)의 사정거리가 7백 보인 데 비해, 미 함포의 사정거리는 그 2배를 상회했다. 이날의 전투는 양측의 실력이 명확히 반영된 것이었다. 막강한 화력으로 조선군을 제압한 미군은 전투 후 당초의 계획이 달성된 것으로 보고, 다음 날 광성보에서 철수했다.

신흥 강국 미국의 막강한 무력을 확실하게 보여 주었던 전투를 끝낸 뒤 사령관 로저스는 다음 날 강화도에서 철수하여 조선 측의 교섭을 기다렸다. 그러나 끝내 조선 측의 대답은 없었다. 전투 다음 날 고종과 신하들의 대화를 살펴보면 다음과 같다.

우의정 홍순목이 아뢰기를, 〈이 오랑캐들은 원래 사나운 만큼 그 수효는 그다지 많지 않다고 들었습니다. 그런데 그 형세는 미칠 듯 날뛰며 계속 불리한 형편에 처한 보고만 오니 더욱 통분합니다〉 하니, 하교하기를, 〈이 오랑캐들이 화친하려고 하는 것이 무슨 일인지는 알 수 없으나, 수천 년 동안 예의의 나라로 이름난 우리가 어찌 금수 같은 놈들과 화친할 수 있단 말인가? 설사 몇 해 동안 서로 버티더라도 단연 거절하고야 말 것이다. 만일 화친하자고 말하는 자가 있으면 나라를 팔아먹은 율(律)을 시행하라〉 하였다.

가덕도 척화비

　홍순목이 아뢰기를, 〈우리나라가 예의의 나라라는 데 대해서는 온
세상이 다 알고 있습니다. 지금 일종의 불순한 기운이 온 세상에 해독
을 끼치고 있으나, 오직 우리나라만이 유독 순결성을 보존하는 것은
바로 예의를 지켜 왔기 때문입니다. 병인년(1866) 이후로부터 서양
놈들을 배척한 것은 온 세상에 자랑할 만한 일입니다. 지금 이 오랑캐
들이 이처럼 침범하고 있지만 화친에 대해서는 절대로 논의할 수 없습
니다. 만약 억지로 그들의 요구를 들어준다면 나라가 어찌 하루인들
나라 구실을 하며, 사람이 어찌 하루인들 사람 구실을 하겠습니까? 이
번에 성상의 하교가 엄정한 만큼 먼저 정벌하는 위엄을 보이면 모든
사람들이 다 타고난 떳떳한 의리를 가지고 있는 이상 불순한 것을 배

척하는 전하의 큰 의리에 대해 누군들 우러러 받들지 않겠습니까? 또한 저 적들이 이 소리를 듣는다면 간담이 서늘해질 것입니다〉하였다.*

강화도의 요충지 광성보가 미군의 막강한 화력 앞에 속수무책으로 파괴당한 직후 조선 정부의 대응은 무엇이었나? 전국에 척화비(斥和碑) 건립을 지시한 것이었다. 곧 〈서양 오랑캐가 침입하는데 싸우지 않으면 화해를 하는 것이며, 화해를 주장하면 나라를 파는 것이다. 우리의 만대 자손에게 경고하노라. 병인년에 짓고 신미년에 세우다(洋夷侵犯 非戰則和 主和賣國 戒我萬年子孫 丙寅作 辛未立)〉**라는 내용이었다.

중국 주재 미국 공사 로Frederick F. Low는 6월 20일 국무부에 강화도 공격 전 평화적인 교섭을 시도하였으나 조선 측의 거부로 공격했다고 보고한 뒤, 7월 3일 조선에서 철수했다. 미국은 전투에서 승리하였고, 더 이상의 출혈을 감수하면서까지 전투를 계속해야 할 이유가 없었다. 예상보다 조선의 저항이 거센 것과 미국 함대의 물자가 부족한 상태였던 것이 철수의 다른 이유였다.

전쟁을 겪은 미국의 입장을 병인양요 때의 프랑스와 비교하면서 살펴보자. 미국이 철수를 결정한 얼마 뒤 발행된 7월 17일『뉴욕 타임스』는 〈야만인에 대한 신속하고 효과적인 응징〉, 〈우리 선원에 대한 모욕은 복수되다〉라고 보도했다. 그리고 그해 12월에 진행된 그랜트 대통령의 연두교서에서 조선에 대한 공격을 〈범죄자들에 대한 응징〉으로 자찬했다. 미국은 신미양요에서 승리했는가? 확실히 전투에서 승리를 거두기

* 『고종실록』, 고종 8년 4월 25일.
** 『고종실록』, 고종 8년 4월 25일.

는 했지만 애초 목표였던 조선의 개항에는 실패했다. 하지만 미국의 국내 정치에서는 자신들의 승리만이 크게 부각되어 이용되었다.

그렇다면 조선은 어땠을까. 척화비는 비문 끝부분에 기록된 바와 같이, 병인년에 작성되고 신미년에 건립했다. 즉 병인양요를 겪은 뒤 준비되었다가 광성보가 무너진 다음 날 전국 군현에 세우게 한 것이다. 5년 간격으로 최강의 군사력을 보유하고 있던 프랑스, 그리고 미국과 전쟁을 치른 뒤에도 조선 정부는 오히려 개방 불가 선언을 내외에 공고히 했다. 만동묘 철폐와 서원 철폐 등으로 대표되는 대원군의 왕권 강화책에 저항하던 세력은, 때마침 직면한 외세의 침략 앞에 〈위정척사〉를 명분으로 전쟁을 택함으로써 체제 내에 흡수되었던 것이다.

조선 사회는 대원군 시대를 거치면서 척사 이데올로기가 사회 전반에 퍼지는 과정을 겪고 있었다. 1866년, 1871년 열강과의 전쟁은 이러한 경향을 만들어 낸 원인이자 결과였다. 중국, 일본과 비교해도 조선의 개방에 대한 거부감은 강고했다. 이러한 분위기가 만들어진 데에는 앞서 지적한 것처럼 대원군 집권기 국내 정치적인 상황이 배경으로 작용하여 대외 정책이 강경 국면으로 결정된 측면이 컸다. 대외 정책은 국내 정책의 연장이었다.

척화비를 전국 군현에 건립하여 그렇게 강고한 이데올로기를 내세우던 조선 정부는 5년 후인 1876년 초 일본과 조약을 체결하며 대외 개방을 실현한다. 조선은 왜 이렇게 짧은 시간에 자세를 바꾸고 개방으로 나아갔는가. 다음 장에서 1876년 전후 조선의 속사정을 살펴보자.

[연표 1] 대원군 집권기의 조선과 세계

연도	국내 정치	국제 관계
1864	• 비변사 폐지, 삼군부 설치, 의정부 기능 강화, 호포제 실시	• 러일화친조약(1855) • 베이징 조약(1860)
1865	• 만동묘 철폐 → 서원 철폐령 (1871)	• 미국 남북전쟁(1861~1865)
1866	• 병인사옥(1866년 봄) • 사창제 실시	• 북독일 연방 결성 (프로이센-오스트리아 전쟁, 1866~1871) • 제너럴셔먼호 사건(1866. 8~9) • 병인양요(1866. 9~11)
1868	• 충청도 내포 지방을 중심으로 천주교인 탄압	• 일본 메이지 유신(1868) • 오페르트의 남연군 묘 도굴 사건(1868. 4)
1871	• 척화비 건립 • 신미양요 이후 천주교인 탄압	• 신미양요(1871)
1872	• 경복궁 중건(1865~)	
1873	• 대원군 하야/고종 친정	• 일본 정한론

[연표 2] 병인양요

날짜	전개 과정
1866. 7. 7	리델 신부, 〈중국해 및 일본해 해군 분견대〉 사령관 해군 소장 로즈 제독에게 조선의 천주교 탄압 실상 전달
7. 10	중국 주재 프랑스 공사 벨로네, 중국에 프랑스의 조선 공격과 조선 국왕 폐위를 통보
8. 1	중국 예부, 조선에 프랑스의 침략 계획을 전달할 것을 결정(8월 16일 조선에서 접수)
9. 18	로즈, 즈푸에서 조선으로 출발(3척 함대 / 1856년 작성된 해도 휴대)
9. 20	프랑스 함대, 아산만·덕적도·물치도·강화도 및 한강 입구 정찰

9. 26	프랑스 함대, 양화진 도착 후 정박
10. 1	프랑스 함대, 퇴각
10. 11	프랑스 함대, 즈푸 출발(기존 3척+4척 보강)
10. 16	프랑스 함대, 아침 8시 30분부터 강화성 공격(11월 21일까지 점령 유지)
10. 26	프랑스 함대, 문수산 전투(프랑스군 3명 사망, 2명 부상)
11. 9	프랑스 함대, 정족산성 전투(프랑스군 30여 명 부상)
11. 21	프랑스 함대, 퇴각

[연표 3] 신미양요

날짜	전개 과정
1866. 8. 16	제너럴셔먼호, 대동강 입구 급수문에 도착
8. 31	제너럴셔먼호의 공격으로 조선인 군민 12명 사상
9. 5	화공으로 제너럴셔먼호 침몰
1870. 4. 4	미 국무장관 피시, 조선과 난파선 보호 조약 교섭 결정
1871. 5. 16	미국 아시아 함대, 나가사키 출발
5. 26	미국 함대, 인천 앞바다 제부도에 도착
5. 30	미국 함대 기함 콜로라도에서 조선인 관리와 미국 공사관 서기관 문정
6. 1	미국 함대가 강화해협을 측량하자 손돌목에서 미국 함대를 포격
6. 2	조선 정부, 미국 함대에 손돌목 포격에 대한 조선 측 입장 전달/미국 함대, 강화도 공격을 결정
6. 10	미국 해병대, 초지진·광성진·덕진진 함락(48시간 전투)
6. 12	미국 해병대, 강화도에서 자진 철수
7. 3	미국 함대, 조선 철수
7. 17	『뉴욕 타임스』, 〈야만인에 대한 신속하고 효과적인 응징〉, 〈우리 선원에 대한 모욕은 복수되다〉라는 기사 게재
12.	미국 대통령 그랜트, 의회 연두교서에서 조선에 대한 공격을 〈범죄자들에 대한 응징〉으로 자찬

2장
강화도조약과 동상이몽: 조선은 왜 〈개방〉을 했나 (1876)

군함을 파견하여 쓰시마 근해를 측량케 하면서 조선의 내홍에 편승하여 우리들의 협상에 대한 후원을 해줄 것을 청하는 일*

……상황이 그러하므로 지금 저들이 서로 싸우고 쇄국파가 아직 그 기세를 되찾지 못하고 있을 때 힘을 사용한다면 가벼운 힘의 과시로도 목적을 이루기 쉽다고 봅니다. 지금 우리 군함 한두 척을 급파하여 쓰시마와 이 나라 사이에 드나들게 하고, 숨었다 나타났다 하면서 해로를 측량하는 체 하면서 저들로 하여금 우리가 의도하는 것을 헤아리지 못하도록 하는 한편, 가끔 우리 정부가 우리 사신의 협상 처리의 지연을 힐책하는 듯한 기색을 보임으로써 저들에게 위협적으로 받아들여질 언사를 구사한다면, 안팎으로부터의 성원을 방패로 삼아 일 처리를 다그칠 수 있을 것입니다. 뿐만 아니라 국교 체결상 어지간한 권리를 틀림없이 얻어 낼 수 있습니다. 미리 저들의 바다를 측량해 두는 것은 훗날에 일이 있을지의 여부에 관계없이 우리에게 필요한 일입니다.

우리의 힘을 저들에게 행사할 수 있는 절호의 시기는 바로 지금입니다. 이처럼 무력시위를 요청하는 이유는 오늘 한두 척의 작은 출동으로 능히 훗날 대규모의 출동을 하지 않을 수 없는 사태를 미연에 방지하고자 하는 것

---

* 『日本外交文書』권 8, 문서 번호 29, 71~72면.

이지, 결코 경솔하게 이웃 나라를 흉기로 농락하려는 생각 때문은 아닙니다. 삼가 이상과 같이 상신하오며, 지체 없이 영단을 내려 주시기를 간절히 청합니다.

메이지 8년 4월

외무성 6등 출사 히로쓰 히로노부(廣津弘信)

(1) 일본에서는 왜 정한론이 발생했나

1852년 같은 해에 조선과 일본에서 태어났던 두 사람이 1863년과 1867년에 왕위에 올랐다. 고종(高宗, 1852~1919)과 메이지 천황(明治天皇, 1852~1912)이다. 12세와 17세에 명목상 최상의 지위에 오른 조선과 일본의 통치자가 정치적 실권을 행사하기까지는 시간이 필요했다. 주목할 만한 사실은 메이지 정부가 수립된 지 6년이 지난 시점, 한편으로 조선에서는 고종이 왕위에 오른 지 10년이 되는 시기에 일본과 조선에서 약 1개월의 시차를 두고 집권 세력의 교체가 일어났다는 점이다. 일본에서는 소위 〈정한론(征韓論)〉을 둘러싼 정책 대립이 원인이었고, 조선에서는 대외 개방을 거부했던 대원군에 대한 총체적인 비판이 표면화된 결과였다.

제2장에서는 강화도조약이 체결되는 과정에서 드러나는 조선과 일본의 국내 정치 상황을 살펴보고자 한다. 앞 장에서 지적한 바와 같이 대외 정책(외교 정책)이 결정되는 중요한 요소가 국내 정치의 상황이기

때문이다. 우선 일본의 정세를 살펴보자.

일본은 전통적으로 분권적 형태의 권력 구조가 작동하고 있었다. 실질적으로 중앙 정치를 담당하던 막부(幕府, 바쿠후) 가문과 상징적으로 존재하던 천황(天皇, 텐노)이 공존하면서, 지방은 각 번(藩)의 영주(大名, 다이묘)가 막부 장군(將軍, 쇼군)과 길항 관계를 맺으며 운영되는 체제였다. 곧 정치적 권력과 권위가 양분된 체제였다. 이처럼 270여 년간 존속하던 막부를 해체하고 천황 중심의 정권이 성립된 사건이 1868년의 메이지 유신(明治維新)이었다. 메이지 유신이란 오랜 기간 정치를 담당했던 도쿠가와(德川) 막부 체제가 무너지고, 상징적이었던 천황이 정치 권력을 행사하면서 정치·경제·사회·군사 전 분야에 걸쳐 시도한 개혁이었다. 〈유신〉이라는 단어의 사전적인 뜻은 〈낡은 제도를 바꾸어 사물의 면목을 새롭게 하다〉이다. 국가의 체제를 전 분야에 걸쳐 바꾸어 새로운 정치 체제를 꾸리는 것이었다.

1867년 11월 19일 막부 장군이 천황에게 정권을 이양한다는 대정봉환(大政奉還) 상서를 조정에 제출한 날로부터 2개월이 지난 1868년 1월 3일 천황은 왕정복고를 선언했다. 천황은 막부 권력의 핵심이었던 관백 장군 직을 폐지하고 정부 내에 3직(총재, 의정, 참여)을 설치하면서 친정을 실시했다. 이 같은 결정에 반발한 막부 지지 세력의 저항은 전국 각지에서 일어났다. 두 세력 간의 전쟁은 1868년 4월 신정부군이 도쿄를 점령한 뒤에도 다음 해 5월까지 동북 지역에서 계속되었다. 다만 신정부군의 도쿄 입성은 두 세력의 타협으로 전투 없이 진행되었다. 270년간 존속했던 막부를 지지하던 세력과 신정부 간의 내전이 전국적으로 확산되었지만, 두 세력의 타협으로 전투 없이 도쿄 입성이 이루어진 것은 서구 열강의 무력 개입에 대한 강한 위기의식을 공유하고 있었기에 가능한 일이었다. 메이지 정부는 1869년 7월 중앙 정부의 집권 기반 체제를 확립하기 위해 지방 영주가 가지고 있던 영지(판)와 영민(적)을 황제에게 반환하는 판적봉환(版籍奉還)을 실시했다. 또한 1871년 7월 폐번치현(廢藩置縣)의 조칙을 발령하여 번을 폐지하고 현을 설치했다. 판적봉환과 폐번치현으로 메이지 유신의 집권 체제가 완성되었다.

메이지 유신 이전 체제에서 조선과 일본의 외교는 쓰시마(對馬) 번을 통해 이루어졌다. 메이지 정부는 왕정복고를 선언한 직후부터 쓰시마 번에 명하여 조선에 천황 정권의 성립과 새로운 외교 관계를 통고하도록 했다. 쓰시마 번은 중앙 정부와 상의하여 외교 문서의 원안을 작성했다. 그런데 이전과는 다른 점이 있었다. 일본 측이 조선에 보낸 외교 문서는 〈황실(皇室)〉, 〈봉칙(奉勅)〉 등 종래 일본이 사용하지 않았던 용어와 형식에 큰 차이가 있었다. 즉 조선을 가리키는 〈귀국(貴國)〉이라는 글자보다 자국의 천황을 뜻하는 〈황(皇)〉을 한 칸 더 앞에 적음으로써, 천황이 다스리는 일본이 조선보다 한 등급 더 높은 나라라는 뜻을 드러낸 것이었다. 그 밖에 전통적으로 교역에 사용하던 조선으로부터 받은 도서(圖書)를 사용하지 않았다. 조선에서는 기존에 유지하고 있던 교린 관계의 예에서 벗어나는 문서 접수를 거부했다. 쓰시마 번에서도 교린 관계에 입각하여 종래 조선 정부로부터 받아 사용하던 도서를 사용하지 않은 문서를 조선 정부가 수용하지 않으리라는 것도 예상하고 있었다. 그럼에도 메이지 정부는 새로운 용어와 격식을 강행한 것이었다. 따라서 메이지 정부의 조선 정책은 외교 문서의 형식과 내용을 둘러싸고 장기간 표류할 수밖에 없었다.

폐번치현 직후인 1871년 12월 메이지 정부는 전권대사 이와쿠라 도모미(岩倉具視) 이외에 기도 다카요시(木戸孝允), 오쿠보 도시미치(大久保利通), 이토 히로부미(伊藤博文) 등 48명의 사절단을 미국과 유럽에 파견했다. 사절 파견의 목적은 1868년 서구 각국과 맺었던 조약 개정을 위한 예비 교섭과 메이지 유신 이후의 국제 정세 파악 및 서구 문물 제도의 시찰과 조사였다. 이 사절단은 2년 예정으로 54명의 유학생을 데리고 떠났다. 사절단은 미국을 시작으로 영국, 독일 등 유럽 각국을 순방했다. 메이지 유신 이후 권력 기반을 갖춘 메이지 정부가 향후 사회 전반을 개혁하기 위한 대규모의 장기적인 계획하에 파견했던 것이다. 실제로 이와쿠라 사절단의 구미 조사는 이후 메이지 일본의 개혁 정책의 기본 설계도를 마련했다. 메이지 정부의 주류 세력이었던 조슈(長州), 사쓰마(薩摩), 히젠(肥前) 세력 가운데 구미 사절단은 조슈 세력 중심으로 꾸려졌다. 사절단은 구미 순방을 떠나기 전, 해외 순방 기간 중에는 국내 정치를 담당하는 세력과 독자적으로 새로운 정책은 추진하지 않기로 약정했다.

메이지 정부는 1870년 1월 쓰시마 번을 거치지 않고 처음으로 중앙 정부 관리를 조선에 파견했다. 외무성출사 사다 하쿠보(佐田白茅), 외무소록 모리야마 시게루(森山茂) 등이었다. 이들은 4월까지 부산에 머무르면서 조선 정부의 대일 외교 창구였던 동래부 왜학훈도 안동준(安東晙)과 접촉했다. 그러나 안동준은 기존의 관례를 벗어난 서계는 접수할 수 없다는 것이 조정의 뜻임을 거듭 전달했다. 사다와 모리야마는 귀국 후 복명서에서 50일 만에 약 30개 대대 병력으로 조선 정복이 가능하다고 주장했다. 무력행사를 통한 외교 문제 해결을 주장한 것이었다. 일본 내 지식인과 관료층의 이른바 정한론이 정부의 외교 정책 구상으로 떠올랐다.

1873년 들어 메이지 정부는 조선과 상의 협의 없이 부산의 〈왜관(倭館)〉을 일본 〈공관(公館)〉으로 변경 접수했다. 대조선 외교에서 쓰시마번을 배제하고 해당 업무를 완전히 외무성이 접수한 것이었다. 일본 외무성이 교린 체제하의 〈왜관〉을 근대적인 외교 관계 성립 이전에 자국 영토인 외교 〈공관〉으로 변경한 것이었다. 조선 정부는 교린 체제하 왜관의 예에 따라 쓰시마 상인이 아닌 상인의 불법적인 상행위와 밀무역을 엄격히 규제할 것이라고 통고했다. 일본 정부는 왜관 앞에 게시한 방문의 내용 중 일본을 〈무법지국(無法之國)〉으로 표현한 점 등을 들어 조선에 대한 강경한 대응책을 모색했다. 이때에 이르러 일본 정부 내에서는 이를 기회로 무력을 이용하여 조선 문제를 해결하자고 주장하는 강경론이 하나의 실체를 가진 정책으로 논의되기 시작했다.

1873년 7월 29일 참의 사이고 다카모리(西鄕隆盛)가 같은 참의 이타가키 다이스케(板垣退助)에게 서간을 보냈다. 사이고는 〈조선에 군대를 파견하면 조선은 군대 철수를 요구할 것이다. 이것을 거부하면 전쟁으로 이어질 것이므로 사절을 먼저 파견하는 것이 좋을 것이다. 또한 그렇게 한다면 조선이 폭거를 할 것이므로 토벌의 명분이 가능할 것이다. 또 사절을 파견하면 살해당할 것이므로 나를 보내는 것이 바람직하다〉라고 밝혔다. 8월 27일 자 서한에서도 같은 취지로 언급한 다음 〈전쟁으로 바로 이어지지 않을 것이며, 전쟁은 2단계로 될 것이다. 1차로 사절을 파견하여 설득하면 조선은 반드시 사절을 살해할 것이고, 이렇게 되면 천하의 사람들이 모두 일어나서 토벌을 하여 죄를 묻자고 할 것이다. 그렇게 되면 국내에서 내란을 도모하는 민심을 밖으로 돌리게 되는 국가

부흥의 원대한 전략〉이라고 말하고 있다. 결국 조슈 세력이 외유로 빠진 동안, 사이고의 조선 정벌론은 1873년 8월 17일 각의에서 의결되었다.

천황은 각의에서 의결했으나 이와쿠라 사절단이 외유 중이므로 이들의 귀국 이후 의결된 사항을 실행할 것을 지시했다. 중앙 정부 차원에서 정한론이 구체적으로 추진되자 이와쿠라 등은 예정을 앞당겨 귀국했다. 9월 13일, 1년 10개월 만에 귀국한 이와쿠라, 오쿠보 등은 사이고가 주장한 정한책(征韓策)이 성공할 경우 자파의 정치적 위상이 약화될 것을 우려하여 사이고의 움직임에 제동을 걸었다. 10월 14일 개최된 각의에서 오쿠보, 도시미치, 이와쿠라 등은 〈내치 우선〉을 내세워 사이고의 조선 파견에 반대했다. 10월 23일 권력을 잡았던 이와쿠라가 천황에게 사절 즉시 파견 불가를 상주하였고, 다음 날 천황은 사절 파견을 무기한 연기할 것을 결정했다. 이에 반발하여 사이고, 이타가키 등이 참의직을 사퇴하였고 사이고의 근위 장교 1백 명도 사직했다. 그것이 곧 〈메이지 6년의 정변〉이다. 조선과의 외교 문제가 메이지 정부 내 최대의 권력 투쟁으로 이어졌던 것이다.

메이지 유신 이후 일본 정부의 과제는 대내적으로는 신집권 세력의 권력 기반을 굳히는 것이었고, 밖으로는 열강과의 불평등 조약 개정과 조선과의 외교 관계 회복이었다. 특히 1873년은 대외적 과제인 조선 문제와 국내 개혁 정책이 서로 맞물리면서 집권 세력 내의 권력 갈등이 표면화되었던 것이다. 다른 한편 조선에서도 국왕 고종이 권력의 핵으로 등장하는 중요한 계기가 국내 개혁 정책 추진과 대외적 상황 변화와 맞물려 이루어졌다. 1873년은 한일 양국에서 거의 동시에 집권 세력의 분열이 표면화되고 짧은 시간에 권력의 전면적인 교체가 진행되었다.

여기서 유의할 점은 정한론을 주장하던 사이고와 내치를 우선시한 오쿠보 사이에 조선 문제는 당시 일본이 시급하게 처리해야 할 여러 정책 가운데 어떤 정책을 먼저 집행할 것인가 하는 정도의 차이밖에 없었다는 점이다. 일본 정부가 정한책보다 시급하다고 판단했던 사할린 문제(러시아) 해결에 착수할 즈음 일본 국내에서는 사족의 반정부 운동이 점차 강해지고 있었다. 1873년 정한론이 좌절되면서 사직했던 참의들이 이타가키를 중심으로 〈민선 의원 설립 건백서(民選議員設立建白書)〉를 제출하면서 자유 민권 운동을 개시했다. 또한 조선의 무례를 심문한다는 명분으로 사가(佐賀) 지방에서는 고토 쇼지로(後藤象二郎)가 무장봉기하기도 했다. 이에 충격을 받은 메이지 정부는 정한론자들의 불만을 국외로 돌릴 필요가 있음을 절감하고, 때마침 표류한 류큐인들을 타이완 원주민이 살해한 사건을 구실로 삼아 타이완 침공을 계획했다. 사가의 난이 3월 1일 진정되었음에도 불구하고, 정부는 타이완 출병을 서둘러 1874년 5월 2일 타이완을 무력으로 침공했다. 타이완 침공 다음해인 1875년 5월 메이지 정부는 러시아와 〈사할린-쿠릴 열도 교환 조약(樺太·千島交換条約, 가라후토-지시마 교환 조약)〉을 체결하였고, 이어서 운요호 사건을 도발하여 〈정한론〉을 실제 정책으로 실행했다.

(2) 왜양일체론과 왜양분리론이 맞서다

정한론을 둘러싼 메이지 정부의 분열이 있고 나서 약 한 달 후인 1873년 11월, 즉위 10년째를 맞이한 고종은 대원군 집권 시기에 재야에서 대외 정책을 적극 지지했던 유생 최익현(崔益鉉)을 승정원 동부승지

채용신, 「최익현의 초상」, 1905, 국립중앙박물관 소장

로 임명했다. 병인양요와 신미양요 이후 서구 세력의 무력시위는 소강
상태를 유지하고 있었다. 최익현은 국왕의 부름을 거부하면서 상소를
올렸다. 최익현은 상소에서 대원군의 국내 정치 운영 전반에 대해 격렬
한 어조로 비판했다. 만동묘 철거, 서원 폐쇄, 국적(國賊)의 신원(伸寃),
청전(淸錢)의 사용 등을 대표적인 실정으로 비판했다. 그리고 상소 마지
막 부분에서 〈친친(親親)의 열(列)에 속한 사람은 다만 그 지위를 높이
고, (······) 나라 정사에는 간여하지 말도록 할 것〉이라고 주장하여 대원
군의 하야와 고종의 친정을 요구했다.

 최익현의 상소는 대원군 측근 집권 세력의 즉각적인 반발에 직면했다. 11월 15일과 16일에는 영의정 등 고위 관료들이, 17일에는 호조·예조·공조·병조 판서들이 사직서를 제출했다. 성균관의 유생을 비롯한 고위 관료들도 최익현 규탄에 나섰다. 고위 관료들의 반발에 부딪친 고종은 최익현을 일시 관직에서 해임하면서 최익현을 비판했던 홍순목·강로·한계원 등의 시원임 대신들의 사직도 승인한 것이다. 결과적으로 최익현 상소 이후 한 달 안에 조정 내 대원군 지지 세력이 제거된 것이었다. 최익현의 상소는 고종과 사전 교감이 있었던 것일까?

한편 경상도 동래부의 왜관에 주재하고 있던 일본 관원 오쿠 기세이 (奧義制)는 1874년 3월 14일 다음과 같이 조선 내 정치 상황의 변화를 보고했다.

동래 부사와 기타 이 근처의 여러 진사(鎭使)들이 교체된 것은 저번 1호의 보고서에 말씀드렸던 대로 국왕이 혼자서 권력을 마음대로 행사하게(專權) 되었고, 이제까지 모든 권한을 장악하고 있던 대원군의 심복들은 자연스레 빈척(擯斥)을 받게 된 형세이므로 여러 관리들에게 모두 진퇴가 있었다는 점을 듣게 되었습니다.*

위의 보고는 그 전해 11월 국왕 고종을 대신하여 조선의 대내외 정치를 주관했던 대원군 세력이 국내외 정치에서 후퇴하게 되었다는 상황에 대한 내용을 담고 있다.

대외 정책과 관련하여 주목할 점은 대원군과 전혀 다른 입장을 가지

* 『日本外交文書』 권 7, 문서 번호 206, 350면.

고 있던 이유원(李裕元)과 박규수(朴珪壽)가 중용된 것이었다. 조정의 핵심 세력 교체에 이어 1874년 들어 고종은 각 지방에 열두 명의 암행어사를 파견하여 수령들을 감찰하면서 지방에 대한 중앙 정부의 통제를 강화했다. 그 가운데 경상좌도에 파견되었던 박정양(朴定陽)은 경상도 관찰사 김세호(金世鎬)와 동래 부사 정현덕(鄭顯德) 그리고 왜학훈도 안동준 등을 조사했다. 박정양의 보고에 따라 김세호와 정현덕은 유배하였고, 안동준은 몇 차례 심문을 받은 후 1875년에 효수되었다. 이들세 명은 대원군의 측근으로 일본에 대해 강경책을 주도하던 인물들이었다. 박정양은 다른 한편 부산에 있는 왜관 주재 관리와 접촉했다. 박정양의 활동에서 드러나는 바와 같이 고종 친정 이후 중앙과 지방에서 대원군 세력의 몰락과 아울러 밖으로는 메이지 유신 이후 세계 문제로 분쟁을 거듭하던 대일 관계에 변화가 나타났다. 1873년은 일본에서는 정부가 유신이라는 격렬한 국내 정치 갈등을 극복한 시점에서 대외 정책을 두고 집권 세력 내부의 최종적인 분열이 드러난 시점이었고, 조선에서도 10년 대원군 집권기의 안정되었던 권력을 고종 세력이 대체한 시기였다.

앞에서 언급한 바와 같이 1874년 3월 왜관에 주재하던 오쿠 기세이는 조선 국내의 정치 상황 변화를 외무성에 보고하였고, 이 보고를 접한 외무성은 곧바로 외무 6등 출사 모리야마 시게루를 조선에 파견했다. 조선 정부가 이 시기 일본과의 관계 개선에 적극적으로 나섰던 것은 대략 두 가지 이유에서라고 생각된다. 즉 일본의 타이완 침공에 관한 소식과 타이완 사태에 뒤이어 일본이 조선에도 파병할 가능성을 알린 중국 자문(咨文)의 영향을 들 수 있을 것이다. 다른 하나는 고종을 비롯한 조선 정부의 신집권 세력이 대원군과 달리 대외 정세의 변화에 능동적인 자세를 보였다는 점이다. 특히 1874년 중반 이후 고종을 중심으로 하여 적극적인 대일 외교를 시도하고 있었다.

조선 정부의 대일본 적극 외교는 공식적인 창구를 비롯하여 개인적인 친분과 지방관 차원에서도 다양하게 전개되었다. 우선 신임 왜학훈도 현석운(玄昔運)에게 1874년 9월 3일 고종 친정 이후 조선 정계의 변화를 이용하여 일본 정부가 파견했던 모리야마와 국교 재개 문제에 대해 회담하도록 했다. 이것은 메이지 유신 이후 조선과 일본 양국 정부 차원에서 이루어진 최초의 공식 회담이었다. 이 회담에서는 지금까지 외교 문서의 내용 중 조일 양국이 가장 크게 이견을 보이던 〈황(皇)〉과 〈칙(勅)〉의 문제를 회피하기 위한 방법으로 양측은 외교 문서의 창구를 조선의 예조판서와 일본 외무성의 외무경으로 하기로 합의했다.

10월 하순 도쿄로 돌아온 모리야마는 대조선 외교에 낙관적인 견해를 정부에 피력했다. 외무성은 그 건의를 채택하여 이미 결정된 전 쓰시마 도주의 부산 파견을 중지하고, 12월에 모리야마를 외무소승으로 승진시켜 다시 부산에 파견하면서 국교 재개 교섭을 적극 추진했다. 이 같은 일본 정부의 정책은 중국과 타이완 문제를 성공적으로 종결지은 오쿠보 정권의 대외적 자신감을 반영한 것이라고 할 수 있다. 그러나 좀더 직접적인 요인은 상술한 바와 같이 대원군 실각 이후 조선 정부의 대일 외교의 변화라고 볼 수 있을 것이다. 이 두 가지 여건이 맞물리면서 그동안 난항을 거듭하던 조선과 일본의 교섭이 재개되었던 것이다.

일본 정부는 모리야마를 이사관으로 승진시켜 재차 파견하였고, 그는 1875년 2월 하순 부산에 도착하여 서계를 전달하고 조선의 당국자들과 교섭을 시작했다. 일본 측의 새로운 외교 문서를 접수한 동래부의 보고를 받은 후 조정에서는 회의가 열렸다. 이 회의에서 주목할 만한 발언이 나오는데, 그 내용은 다음과 같다.

상이 이르기를, 〈올라온 서계(書契)를 끝까지 받아 보지 않는다면 자못 성신(誠信)의 도리가 아닌 듯하다. 또한 저 왜인이 받아 본 뒤에 만일 따르기 어려운 일이 있으면 비록 백 번을 물리치더라도 마땅히 도로 받아서 가겠다고 약조를 하였으니, 이번에는 가져와 보게 해서 실로 격식을 어긴 점이 있으면 다시 물리치는 것이 불가하지 않을 듯하다〉. (……) 상이 이르기를, 〈장계(狀啓)가 올라온 지 이미 여러 날 되었으니 즉시 품처하지 않으면 안 된다. 왜인의 실정은 별로 의심할 만한 것이 없음을 분명히 알 수 있겠다〉.*

여기서 1868년의 서계 접수 거부 시기의 논의와 다른 점은 일단 외교 문서를 접수한 뒤에 검토해 보자는 입장이 새로 나타났다는 데 있다. 주목되는 것은 이와 같이 서계를 접수하여 적극적으로 대일 외교를 풀어 가자는 입장의 선두에 국왕이 있었다는 점이라 할 것이다. 고종은 서계의 내용에 문제가 있다 하더라도 서계 접수 자체의 거부는 〈성신의 도리가 아닌 듯하다〉, 〈왜인의 실정은 별로 의심할 만한 것이 없음을 분명히 알 수 있겠다〉, 〈이번의 서계는 개수한 곳이 있다〉고 하며 서계 접수를 주장했다. 이와 같이 국왕이 대일 수교에 적극적인 태도를 분명히 하였

---

* 『승정원일기』, 고종 12년 2월 5일.

음에도 불구하고, 조정 대신들의 여론은 여전히 서계 접수를 거부하는 쪽이 다수였다. 이러한 상황은 이후 6월 9일 시원임 대신들과 2품 이상의 대신들이 모여 논의한 자리에서도 마찬가지였다. 이날 회의에는 35명이 참석했는데 박규수나 이최응같이 서계를 받아들여야 한다고 입장을 표명한 대신이 5명, 김병학이나 김병국같이 서계 수납 반대를 반대한 이들이 7명, 그리고 가부 판단이 어렵다거나 명확하게 입장을 표명하지 않은 대신들이 23명이었다.

고종의 친정 이후에도 조선과의 교섭이 기대와 달리 난관에 봉착하면서 모리야마는 국면 타개를 위해 4월 외무경 앞으로 조선 정부의 정권 교체기를 틈타 무력시위를 통해 현안을 해결할 것을 건의했다. 제2장 서두에 제시한 자료가 이 시기 일본 정부에 무력시위를 건의하는 내용이다. 모리야마와 함께 부산에 파견되었던 외무성 관리 히로쓰 히로노부가 조선 내부의 갈등이 커지고 있는 현 상황에 일본의 실력을 보여 줄 수 있는 무력시위를 진행하자고 건의한 것이다. 무력시위는 일본 자신이 처음 미국에 문호를 개방할 때 당했던 방식이었다. 포함 외교 *gunboat diplomacy*라고 칭하기도 한다. 그리고 일본 정부는 그 의견을 받아들여 무력 도발을 감행한다. 1875년 9월 20일 운요호가 초지진에 접근하여 분쟁을 도발한 사건, 운요호 사건이 바로 그것이었다.

일본 정부는 가스가(春日), 운요(雲揚), 다이니테이보(第二丁卯) 등 군함 세 척을 조선 근해에 파견했다. 운요호는 9월 19일 오후 4시 32분 월미도 해안에 정박했다. 9월 20일 오전 8시 30분 월미도를 출발한 운요호는 4시 30분 강화도 초지진 앞을 침범하다 초지진에서 포격을 받고 교전했다. 운요호의 출현은 프랑스와 미국의 군함이 강화도를 침범하여 전쟁을 벌인 때로부터 각기 9년과 4년이 흐른 시점이었다. 9월 21일 10시부터 12시 40분까지 초지진을 포격하고, 오후 1시 초지진 아래의 항산도 포대를 파괴했다. 다음 날 9월 22일 8시경 영종진에 상륙하여 영종성 병사 35명을 사살하고 다수의 무기를 노획한 뒤 철수했다. 이른바 운요호 사건이었다.

운요호 사건은 오쿠보(大久保利通) 내각 당시 이토 히로부미가 정권 내 수구파와 급진파 등 정적을 제거하기 위해 대외적 위기가 필요했기 때문에 계획하고 추진한 것이라고 본 최근 연구가 있다. 결국 이토는 정적을 제거하는 데 성공했다. 곧 운요호 사건은 국내 정략의 일환으로 자행되었다는 의미이기도 하다.

일본 정부는 1875년 12월 9일 운요호 사건 처리와 수교 교섭을 위해 육군 중장 겸 참의인 구로다 기요타카(黑田清隆)를 특명전권대신으로, 원로원 의관인 이노우에 가오루(井上馨)를 특명부전권변리대신으로 임명했다. 구로다 일행은 일본이 미국의 강압에 의해 문호를 개방했던 역사적 경험을 역으로 이용하여 1876년 1월 6일 군함을 동원하여 조선으로 향했다.

조선과의 교섭에 임하는 이노우에 가오루에게 내려온 일본 정부의 훈령은 운요호 사건에 대한 책임은 전적으로 조선 정부에 있으니 이에 상응하는 배상을 받아야 한다는 점을 강조하고 있었다. 그러나 사건 발생 이후 부산 거류 일본인에 대한 대우가 전과 다름없고, 조선 정부가 일본과의 관계 단절을 선언한 바도 없었음을 고려하여, 만일 조선 정부가 수호 조약 체결과 무역 확장을 포함한 일본의 요구를 수락하면 이를 사건에 대한 충분한 〈사과〉와 〈배상〉으로 인정한다는 것이었다. 다음으로 조선과의 새로운 국교를 수립하면서 과거 도쿠가와 막부의 구례(舊例)에 구애됨 없이 ① 조일 양국의 대등 조건으로 수호 조약을 체결하고, ② 부산과 강화도 또는 서울 부근에 무역항을 개설하며, ③ 일본 군함과 상선에 대하여 조선 영해 내에서 항행과 측량의 자유를 확보하라는 내용도 담고 있었다.

담판의 진행 방법에 대해서는 조선 측이 ① 전권 대표를 모욕하거나 폭행을 가할 경우에는 적절한 방위 수단을 취한 다음, 쓰시마로 물러나 도쿄에 이를 보고하고 훈령을 기다릴 것, ② 폭행은 가하지 않으나 교섭을 거절할 경우에는 상대방의 무성의를 책망하고 조선 영토 내에 머물면서 도쿄에 훈령을 청하고 명령을 기다릴 것, ③ 중국과 조선의 종속 관계를 빙자하여 조선 측이 일본 측의 요구에 대한 회답을 지연시킬 경우에는 중국의 회답이 도착할 때까지 서울과 강화도에 병력을 주둔시킬 권리를 주장할 것, ④ 조선 측이 전례에 따라 일본의 요구에 응하지 않을 경우에는 상대방에게 장차 엄중한 조치가 있을 것이라 경고한 다음 신속히 귀국할 것 등을 추가로 훈령했다.

이상과 같이 대표단의 기본 사명은 평화적인 것을 표방하였지만, 이를 달성하는 방법으로 강력한 해군력에 의한 시위와 위협, 즉 서구식 포함 외교의 수법을 택했다. 그래서 당시 일본 해군이 동원할 수 있는 최신의 함선을 동원하여 원정대를 편성했다. 이리하여 편성된 함대가 군함 세 척과 무장한 수송선 세 척이었다. 정부 전권대표와 수행원 그리고 210명의 해병 의장대를 포함한 8백여 명의 인원이 나누어 타고 1876년 1월 13일 쓰시마에 집결하였고, 이틀 후 부산에 입항했다.

운요호 사건은 앞에서 제시한 조선 파견 외무성 관리들의 제안을 그대로 실행에 옮긴 것이었다. 일본 정부는 운요호 사건을 빌미로 조선 외교 문제를 해결하기 위해 구로다 일행이 출발하기에 앞서 중국이 종주권(宗主權)을 구실로 개입할 것을 우려하여 모리 아리노리(森有禮)를 중국으로 파견하여 이홍장(李鴻章)과 조선의 〈속방〉 문제에 대하여 교섭하였고, 서구 각국의 공사들에게도 이를 알리고 동의를 얻었다.

운요호 사건에 이어 일본 함대의 출현으로 조선의 항간에서는 위기감이 확산되었고, 정부는 대응책 마련에 고심했다. 회담은 공식적으로는 3차에 걸쳐 진행되었다. 1차 회담에서 일본 측은 운요호 사건에 대한 책임을 제기하고, 2차 회담에서는 운요호 사건에 대한 해결책으로 조약 체결을 요구했다. 3차 회담에서 일본은 일본의 제안에 대한 회답이 지연될 경우 무력을 사용할 수 있음을 통고했다. 일본의 조약 체결 요구에 대하여 2월 14일 고종은 영돈녕부사 김병학, 영중추부사 이유원, 판중추부사 홍순목과 박규수, 그리고 영의정 이최응, 우의정 김병국 등 시원임 대신들을 소집하여 대응책을 논의했다.

김병학은 일본의 태도와 행동으로 보아 그 목적은 〈수호(修好)〉가 아니라 전쟁을 도발하는 데 있다고 비난했다. 이유원·홍순목·이최응 등도 이에 동의하였으나, 어느 누구도 구체적인 대응책을 제시하지는 못했다. 다만 〈일본이 수호를 칭하면서도 군함과 군사를 대동하고 왔으니 그 의도를 파악하기가 쉽지 않다. 그러나 수호를 위한 사신이라고 말하고 있으니 우리가 먼저 이를 공격할 수는 없는 일이다. 만약 예상치 못한 사태가 발생한다면 병사를 동원할 수밖에 없을 것〉이라는 박규수의 주장은 일본이 무장 병력을 대동하고 강화부에 들어와 조약 체결을 요구하는 상황에서, 그들을 힘으로 제압할 수 없는 조선의 입장을 보여 주고 있다. 이날 회의는 우의정 김병국의 제의에 따라 접견대관 신헌의 보고를 기다려 대책을 결정하기로 했다.

　제3차 회담에 관한 접견대관의 보고와 일본 측의 조약안 한문 번역본이 다음 날 보고되었고, 사흘 뒤 의정부는 조약 체결 요구를 받아들이라고 신헌에게 통보했다. 〈황(皇)〉과 〈칙(勅)〉 등의 용어와 신인(新印) 사용 등 외교 문서의 형식이 문제가 되어 8년간 타협점을 찾지 못하던 조선과 일본의 외교 교섭이 새로운 전환점을 맞게 된 것이다. 세계 문제와 운요호 사건 이후 일본 측의 조약 체결에 대해 정부의 공식적인 회의에서 여전히 외교 문서의 접수 거부를 주장하는 논의가 대세를 이루었던 점을 감안하면 이와 같은 결정은 돌출적인 사건으로 비칠 수도 있는 것이었다. 전권대신의 보고를 접하고 조약 체결 결정을 확정하기까지 사흘이 걸렸고, 이 기간 동안 조정에서 공식적인 회의가 개최된 적은 없었다.

　고종과 시원임 대신들이 회의에서 개항에 대해 논의하기 시작했을 때 대원군 세력 및 재야 유림 측에서는 개항 반대 움직임이 나타났다. 이를 논했던 대표적인 인물이 최익현과 장호근(張皓根)이었다. 고종이 친정을 단행하게 된 결정적 계기를 제공했던 최익현이 이때는 고종이 선도하고 있는 대일 수교에 적극적으로 비판을 하고 나선 것이었다. 그의 개항 반대론은 이른바 〈왜양일체론(倭洋一體論)〉이 핵심을 이루었다. 최익현은 상소에서 〈전하의 뜻으로는《어찌 저들 온 자는 왜인이고 양인이 아니며, 거듭 말하는 것이 이미 수호라 하였으니 왜인과 수구(修舊)하는 것이 무엇이 해로운가》하시지 않겠습니까?〉라고 하며 고종의 개항 명분을 정면으로 비판했다. 최익현의 이 같은 비판에 대해 고종은 다음과 같이 자신의 입장을 분명히 했다.

전교하기를, 왜인(倭人)을 제어하는 일은 왜인을 제어하는 일이고, 양인(洋人)을 배척하는 일은 양인을 배척하는 일이다. 이번에 왜선이 온 것이 양인과 합동한 것인 줄 어떻게 확실히 알겠는가? 왜인이 양인의 척후라 하더라도 각각 응변할 방도가 있을 것이다.[*]

고종에게 〈양인〉은 〈양인〉이고, 〈왜인〉은 〈왜인〉이었다. 서로 다른 존재였다. 즉 〈왜양일체(倭洋一體)〉를 부인한 것으로 〈왜(倭)〉와 〈양(洋)〉을 분리하여 일본과의 조약 체결 문제에 접근하고 있었다. 이와 같은 〈왜양분리론(倭洋分離論)〉에 입각한 고종의 조약 체결에 대한 견해는 〈조일수호조규(朝日修好條規)〉 전문(前文)에서 조약 체결의 배경을 〈중수구호(重修舊好)〉로 표현한 것에서도 드러나고 있다. 당시의 기록에 나타난 고종의 〈조일수호조규〉 인식은 전통적인 교린 관계의 연장이었다. 조약이라는 새로운 체제 속의 일본이 아닌, 중국 중심의 중화 질서 속에서 과거부터 교류를 해왔던 일본이었다. 고종은 그렇게 서양과는 다른 일본의 위치를 지정하고 조약을 체결했다.

(3) 강화도조약을 체결한 속내: 조선 vs 일본

일반적으로 〈강화도조약〉 또는 〈강화도조약 체제〉라고 지칭하는 조

[*] 『승정원일기』, 고종 13년 1월 27일.

약은 다음의 것들을 통칭한다. 곧 1876년 2월 26일 강화도에서 조인한 〈조일수호조규〉와, 같은 해 8월 24일 체결한 〈조일무역규칙(朝日貿易規則)〉, 〈조일수호조규부록(朝日修好條規附錄)〉 및 〈왕복 문서〉 등이 그것이다.

조선은 〈조일수호조규〉, 〈조일수호조규부록〉 등을 통해 외교 사절의 수도 파견, 부산 이외 2개 항구의 개항과 자유 무역, 개항장에서의 거류지 설정, 영사에 의한 거류민의 관리, 개항장에서의 영사 재판권, 조선 연해의 측량 해도 작성의 권리, 개항장으로부터 10리 이내의 내지 여행 통상권, 개항장에서의 일본 화폐 사용권, 쌀 수출의 허용과 수출입 시 관세 면제 등의 제반 권리를 일본에 허용했다.

또한 〈조일수호조규〉 문안을 검토해 보면 일본 측의 자의적인 해석을 가능하게 하는 용어 사용으로 인한 폐해가 뒤따랐다. 예를 들어 제2관에서 외교 사절의 상대국 파견 시기에 대해 〈수시(隨時)〉로, 그리고 사절의 수도 체재 기간을 〈시의(時宜)에 따른다〉 등으로 규정함으로써 외교 사절의 상주를 허용하는 결과를 가져왔던 것이다. 이외에도 전 조문에 걸쳐 〈수시〉와 〈편의(便宜)〉, 〈수의(隨意)〉라는 포괄적인 개념의 용어 등이 사용됨으로써 실제 상황에서 예상치 못한 결과를 가져왔다.

비교적 불평등 조항으로 주목하지 않았던 제7관 규정, 즉 해안 측량권의 경우도 그러한 것이다. 해안 측량과 해도 작성을 일본 측은 안전한 항해를 보장하기 위한 조항으로 요구하였고, 전권대신은 이에 대해 이의를 제기하지 않고 허용했다. 그러나 결과적으로 당시 상황에서 어떤 집단이 해안을 측량하여 해도를 작성할 능력과 장비를 가지고 있었는가 하는 문제를 감안했다면 이와 같은 조항은 포함시키지 말았어야 마

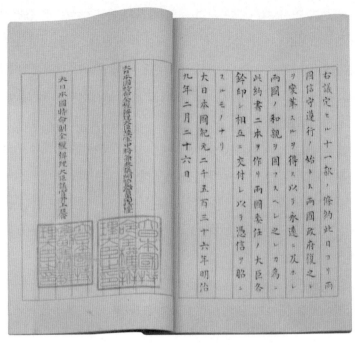

〈조일수호조규〉 원문, 일본 외교사료관 소장

땅하다. 이 조항에 근거하여 일본 군부는 장래 한반도와 대륙 침략을 위한 사전 조사 작업으로 조선 연해에 대한 상세한 지도를 작성할 수 있었고, 일본 측량선은 조선 연안의 어떤 지점이든 상륙할 수 있었다.

일본은 그들이 서양 열강의 압력에 의해 허락했던 불평등 조항의 예를 들면서 조선에 영사 재판권을 강요했을 뿐만 아니라 덧붙여 무관세 조항과 화폐 사용권 등을 포함시킴으로써 보다 강화된 불평등 조약을 조선에 요구하여 관철했던 것이다.

〈조일수호조규〉와 뒤이어 체결된 〈조일수호조규부록〉(전문 11관), 〈조일무역규칙〉(전문 11칙)으로 조선은 관세 자주권을 상실했다. 이 조약은 일본의 영사 재판권에 의한 치외 법권과 거류지 설정을 규정하는 한편, 인천·부산·원산 등 세 항구의 개항과 무관세 조항 그리고 협정 관세를 주요 내용으로 했다. 게다가 일본은 국제법상의 조약 관례를 무시하고 조약 유효 기간 및 폐기 조항을 없앰으로써 불평등 조약을 무기한 존속시키려 했다.

조선 정부는 근대적인 관세권에 대한 이해가 부족한 상태에서 처음 조약을 체결할 때는 무관세 무역을 용인하였으나, 점차 근대 국제법에 대한 인식이 확대되면서 일본과의 불평등 조약을 개정하려 했다. 그리고 결국 1883년 조일 간에 체결한 〈조일통상장정(朝日通商章程)〉을 통해 관세를 설정할 수 있었다.

조선과 일본의 강화도조약 체결이 지니는 의미는 무엇이었을까. 일본의 입장에서는 메이지 유신으로 제기된 조일 간 외교 분쟁을 해결하고 새로운 양국 관계를 위한 발판을 마련하는 성과를 거두었다. 또한 정한 논쟁을 통해 정치적 기반이 약화되었던 메이지 정부는 전쟁이 아닌 외교를 통해 조선과의 관계를 회복함으로써 국내 정치적 기반을 강화할 수 있었다.

조선의 입장에서는 임진왜란 이후 한일 간의 외교적 형식이었던 통신사와 왜관을 통한 교린 관계를 벗어나 오늘날과 같은 통상과 교류의 장으로 들어가는 계기를 마련한 것이었다. 물론 힘의 우위에 따른 불평등성이 조약에 적용된 한계가 존재했던 점을 간과해서는 안 되지만, 세계 자본주의 시장 체제에 본격적으로 편입된 것은 한국 역사에서 중요한 기점이라고 말할 수 있다.

또 다른 의미는 고종 친정 초기 미약했던 왕권에 대한 재야 세력의 비판을 차단하며 신정부의 기반을 확보하는 성과를 거두었다는 점이다. 대원군 세력의 숙청 이후 권력 안정이 절실했던 고종에게 일본과의 조약 체결은 리더십을 발휘할 수 있는 공간이었다. 공식적인 외교 관계의 수립을 통해 조일 간 무력 분쟁의 가능성을 낮춘 것도 중요한 성과였다고 할 수 있다.

강화도조약 체결은 조선과 일본의 이와 같은 동상이몽이 있었기에 이루어질 수 있었다. 〈중수구호〉와 〈왜양분리〉라는 논리를 통해 일본과의 관계는 새롭게 수립하였지만, 다른 서양 국가들에 대해서는 어떤 자세를 취해야 할 것인가. 또 전통적 우방인 중국에는 어떤 정책을 구사해야 할 것인가. 여전히 많은 과제가 조선에는 남아 있었다.

서양과 체결한 최초의 조약: 조선은 왜 〈미국〉을 선택했나(1882)

러시아는 먼 북쪽에 있고 성질이 또 추운 것을 싫어하여 매번 남쪽을 향해 나오려고 합니다. 다른 나라의 경우에는 이득을 보려는 데 지나지 않지만 러시아 사람들이 욕심내는 것은 땅과 백성에 있으며, 우리나라의 백두산(白頭山) 북쪽은 바로 러시아의 국경입니다. (……)

바야흐로 지금 러시아 사람들은 병선 16척을 집결시켰는데 배마다 3천 명을 수용할 수 있다고 합니다. 만약 추워지게 되면 그 형세는 틀림없이 남쪽으로 향할 것입니다. 그 의도를 진실로 헤아릴 수 없으니, 어찌 대단히 위태롭지 않겠습니까?

— 대신·정부당상 차대 중 이최응의 발언*

(1) 1880년 조선, 개혁·개방을 본격적으로 시도하다

1882년 5월 22일 아침 10시 무렵 제물포 해안 막사에서 조미수호통상조약이 체결되었다. 조선 측 전권대신은 〈조일수호조규〉를 체결했던

---

* 『승정원일기』, 고종 17년 음력 9월 8일.

신헌이었고, 부관은 김홍집(金弘集), 미국 측은 슈펠트 제독이었다. 조인식에는 중국 측을 대표하여 마건충과 정일창이 참석했다. 조인식이 끝나자 포구에 정박 중이던 중국과 미국 선박들이 축포를 쏘았다. 이날 날씨는 화창했다.

과거를 되짚어 보면 미국은 당시로부터 10여 년 전인 1871년 강화도에서 조선과 전쟁을 벌인 국가였다. 강화도조약 체결 이후 서양 국가와의 조약 체결에 6년이라는 시간이 걸렸는데, 조선은 왜 서구 열강 가운데 미국과 처음 조약을 체결했을까. 조인식장의 참석 국가에서 볼 수 있듯이 미국과 조선의 조약 체결은 중국의 중재를 통한 것이었다. 중국은 왜 미국과 조선을 이어 주려 했을까.

제3장에서는 역사적으로 미국을 비롯한 서구 열강이 조선에 어떻게 다가왔는가를 서로에 대한 인식의 형성 과정을 중심으로 살펴보면서 여러 가지 궁금증에 답해 보겠다.

프랑스·미국 함대와 접전을 벌인 병인·신미 양요를 경험하면서 조선 사회는 서양 무력의 우수함과 위세를 직접 목격하게 되었다. 밖으로 1860년 영불 연합군에 의한 베이징 함락과 일본의 개항 소식을 접하고, 안으로는 서구 열강의 직접적 침입을 경험한 조선 사회의 지배층과 지식인들은 서양세력의 침투에 대비하기 위한 방안을 강구하지 않을 수 없었다. 1860년대 지식인들 가운데 나라의 위기를 극복하기 위해선 개국과 통상을 적극적으로 받아들여야 한다고 생각하는 이들이 등장하기 시작했다. 대표적인 인물로는 제너럴셔먼호 사건 당시 평양 감사였던 박규수를 들 수 있다. 박규수는 두 번의 연행 사절(1861, 1872)로 베이징에 다녀온 뒤, 조선도 서구 열강과의 통상을 준비해야 한다고 생각했다.

이보다 앞서 당시 조선 사회에는 중국에서 간행된『해국도지(海國圖志)』,『영환지략(瀛環志略)』과 같은 서양 관련 서적이 유입되어 일부 지배 계층에 유포되기 시작했다. 또한 병인·신미 양요를 통해 서양의 군함과 무기의 우수함을 알게 된 정부에서는『해국도지』를 참고하여 전함과 대포를 만들기도 했다. 이와 같은 과정을 통해 서구의 근대 문명에 대한 지식을 쌓아 가기 시작하였으며, 이러한 흐름은 1870년대를 전후한 시기에 개화사상으로 발전했다. 그리고 개항 무렵에는 개화사상을 가진 정치적 집단으로 개화파가 형성되고 있었다.

하지만 개항 직후 조선의 전체적인 분위기가 개방을 찬성하는 쪽으로 변화한 것은 아니었다. 조약 체결 당시 일본 측은 조선 정부에 사신 파견을 요청했다. 일본의 제안을 받아들인 조선은 예조 참의였던 김기수(金綺秀)를 정사로 삼아 사절단을 일본에 파견했다. 1876년 5월 도쿄에 도착한 이후 20여 일을 머물며 일본 측 인사들을 만나고 여러 근대 문물을 견문했다. 그런데 김기수가 일본을 견문하고 남긴 글에 나타난 생각은, 일본에 대하여 전반적으로 부정적인 태도였다. 고종의 의지를 반영하여 조약은 체결했으나, 스스로도 큰 의미를 부여한 것은 아니었다. 조약은 체결했지만 세상은 크게 변하지 않았다.

조약에 대한 조선 정부의 판단은 실제적인 운용 부문에서 변하기 시작했다. 1878년 9월 부산 두모진(豆毛鎭)에 해관이 설치되고 일본과 무역을 하는 조선 상인들을 대상으로 세금을 부과하는 일이 발생했다. 일종의 관세였다. 본래 조선과 일본 간의 조약에는 관세에 대한 조항이 없었다. 이는 곧 관세가 없는 무역이라는 것이었다. 그런데 부산 지역의 무역을 책임지고 있던 동래 부사는 조일 간의 활발한 무역에도 불구하고 관세를 징수하지 못하는 것이 국가에 엄청난 손해가 된다는 사실을 서서히 깨달았다. 그래서 관세를 징수한 것이었다. 다만 동래 부사의 생각에 그 세금은 근대적 관세가 아닌, 전통적 방식의 거래세였다. 그러나 두모진에서 관세를 징수하자 무역 물품의 가격이 급등했다. 일본 상인들은 이것이 부당한 관세의 징수라고 생각하여, 동래부로 몰려가 항의했다. 동래부에서는 당연히 그들의 항의를 무시했다. 그런데 시간이 지나면서 이 사건이 국가적 갈등 차원으로 커졌다. 일본은 두모진의 관세는 강화도조약 위반이라며 군함을 이끌고 부산항으로 접근해 무력시위를 시도했다. 결국 조선 정부는 12월에 관세 징수를 포기하고 두모진의 해관을 폐쇄했다.

두모진 수세 사건은 조선 정부에 조약 개정이 필요함을 일깨우는 사건이었다. 실제 조약에 근거한 국가 관계를 운용하는 과정에서 조선이 필요로 하는 것이 무엇인지를 확인하는 계기가 되었다. 조선 정부가 부국강병(富國强兵)을 이룰 수 있는 각종 개화 문물과 제도를 도입하는 일. 그리고 당장 그 작업을 진행할 수 있는 통로는 중국과 일본이었다.

중국은 제1차 아편전쟁으로 강제 개방을 당한 이후 서양 국가로부터 굴욕적인 조약을 체결당했다. 이에 대한 스스로의 자각이 1860년대 부상한 이후, 중국 정부 주도로 근대화 작업을 진행하고 있었으며 어느 정도 성공을 거두고 있었다. 일본은 1868년 메이지 유신 이후 급속한 서구 근대화를 이루어 가고 있었으며, 공식적으로 조약을 통해 조선과 국교를 맺은 첫 번째 국가였다. 전통적 지지 세력이었던 중국, 새로운 유입 통로로서의 일본. 그리고 이들을 통한 조선 정부의 개혁·개방 정책은 1880년부터 진행된다.

조선 정부의 개혁·개방 정책이 급속하게 진행될 수 있었던 전환점은 1880년 일본에 파견한 제2차 수신사였다. 1880년 3월 19일 의정부는 일본에 수신사 파견을 건의했고, 이를 받아들여 제2차 수신사 김홍집이 8월 1일 부산을 출발하여 11일 아침 도쿄에 도착했다. 그리고 약 한 달간 머물다 귀국했다. 〈조일수호조규〉 체결 이후 파견되었던 제1차 수신사 김기수가 파견되었던 때로부터 무려 4년이 지난 시점이었다. 〈조일수호조규〉 체결을 위해 일본 사신이 온 것에 대한 답례였던 제1차 수신사 일행은 1876년 5월 22일 부산을 떠나 6월 8일 부산으로 귀환했다. 제1차 수신사 일행은 일본 정부가 적극적으로 일본의 근대 기관에 대한 시찰을 유도하였으나 소극적인 태도로 일관하였고, 15일간 머물다 귀국했다.

　형식적으로 제2차 수신사 파견은 그 전해 부임했던 주한 일본 공사 하나부사 요시모토(花房義質)의 방문에 대한 답례 형식이었으나, 개항 후 4년이라는 시간을 거치면서 발생했던 과제를 해결하기 위한 파견이었다. 일차적으로 두모진 수세 사건에 드러난 관세 문제와 미곡의 과다 수출로 인한 국내 쌀값의 등귀를 막기 위한 미곡 수출 금지 문제 등이었다. 관세 문제에 대해 일본 측은 현재 일본도 서구 열강과 맺은 불리한 관세율에 대한 개정 교섭을 진행하고 있는 데다, 수신사가 조약 개정에 대한 전권을 부여받지 않았다는 것을 명분으로 교섭에 응하지 않았다. 수신사 일행 가운데는 중국어 역관인 이용숙(李容肅)이 참여하고 있었다. 수신사 일행은 아사쿠사(淺草)의 혼간지(本願寺)에 머무는 동안 조선소와 무기 제조창, 박물관 등 근대 시설을 틈틈이 돌아보는 한편 주일 중국 공사관의 공사 하여장(何如璋)과 여러 차례 교류했다.

김홍집은 특히 하여장과 조선이 처한 국제 정세와 향후 조선의 대외 정책 방향에 대해 폭넓게 논의했다. 김홍집의 귀국에 즈음하여 하여장은 공사관의 참찬관 황준헌(黃遵憲)이 작성한 『조선책략(朝鮮策略)』을 전달했다. 이 책의 주요 내용은 〈러시아에 대한 방아책(防俄策)의 방법으로서 친중국(親中國)과 결일본(結日本)·연미국(聯美國)함으로써 자강책을 도모하라〉는 것이었다. 고종은 수신사의 귀국 후 좌의정 김병국과 영의정 이최응, 영부사 이유원 등에게 『조선책략』을 검토하도록 했다. 대신들은 『조선책략』에서 언급한 조선이 처한 대외적 위기가 러시아의 침략을 막는 것이라는 데 동감을 표했다. 특기할 것은 〈연미국〉에 대해 양책(良策)이라고, 『조선책략』의 주장을 긍정적으로 평가한 점이었다.

전통적으로 조선에 가장 큰 영향력을 행사하던 중국이 나서서 조선과 서양 국가의 연결을 권하고 있는 장면은 언뜻 생각하면 이해하기 어려운 부분이 있다. 중국의 이러한 움직임은 이이제이(以夷制夷)라는 전통적 방식의 외교 전략의 측면에서 봐야 할 것 같다. 〈미국 오랑캐, 일본 오랑캐를 이용하여 러시아 오랑캐를 막는다〉는 생각은 이이제이의 전형적인 모습이다. 중국은 중국의 입장을 충분히 반영하면서 조선이 현상황을 타개할 방법을 제시한 것이다.

그런데 이를 받아들인 조선 측의 생각은 무엇이었을까. 그저 단순히 중국이 권유하니까 받아들여야 한다는 입장은 아니었다. 앞서 봤던 것처럼 1876년 강화도조약 체결 직후 개혁·개방에 대한 국내 분위기는 여전히 부정적이었다. 두모진 수세 사건과 같은 경험을 통해 운용 부분에서 필요성을 느꼈다고는 하지만 그것이 조선 내부의 분위기로 파급된 것은 아직 아니었다. 고종 입장에서는 분위기를 바꿀 모멘텀이 필요했다. 그런 상황에서 등장한 『조선책략』은 고종에게는 좋은 지렛대 역할을 했다. 고종은 각종 개화 사업(개혁)을 진행하면서 동시에 미국과의 조약 체결(개방)을 추진했다.

김홍집 수신사의 귀국 이후 상황 변화에 대한 조선 정부의 대응책이 전방위적으로 드러나기 시작했다. 조선 정부의 정책은 〈부국강병〉을 위한 내부적인 개혁과 강병을 통한 자주권의 확립이 목표였다. 특히 〈개방〉을 통해 〈균세(均勢)〉를 확보하는 것이 대외 정책의 근간이 되었다.

이를 위해 조선 정부의 초기 개화 정책은 〈부국강병〉을 이룰 수 있는 〈개혁〉을 수행하는 방향으로 진행되었고, 대외 〈개방〉을 통해 개혁을 수행하겠다는 의지를 분명히 했다. 1880년 12월 최고 의결 기관인 의정부 밑에 설치한 통리기무아문(統理機務衙門)은 조선 정부의 그런 의도를 잘 보여 준다. 중국의 총리각국사무아문(總理各國事務衙門)을 본떠 만든 이 기구는 〈개혁〉과 〈개방〉을 동시에 수행하기 위한 조직 구성을 보여 준다.

통리기무아문은 12개의 조직(12사)으로 이루어져 있었다. 대중국 외교를 담당하는 사대사(事大司), 중국 이외 국가와의 외교를 담당하는 교린사(交隣司)는 외교 담당 기구였고, 국가 재정을 관리하는 이용사(理用司)와 대외 통상을 담당하는 통상사(通商司)는 경제 관련 기구, 어학사(語學司)와 전선사(典選司)는 외국어를 구사할 줄 아는 인력 양성과 실무 능력을 갖춘 관료의 등용을 관장하는 기능을 가졌다. 그 외 군무사(軍務司), 변정사(邊政司), 군물사(軍物司), 기계사(機械司), 선함사(船艦司), 기연사(譏沿司) 등 6개 기관은 군대, 국경 방위, 병기 제조, 각종 기계 제조, 함선 건조, 연안 경비 등을 담당했다.

통리기무아문이 설치되면서 새로 분화된 기구들을 살펴보면 군무·변정·군물·기계·선함 등으로 이들은 군대 통솔·무기 제조·구입·관리 등을 담당하도록 되어 있었다. 즉 제도 개편의 일차적 목적은 근대적 병기의 도입을 통한 강병 정책의 수행으로 파악할 수 있다.

대외적인 외교를 담당하던 사대사와 교린사의 외교 활동 또한 강병 정책과 밀접한 관련을 맺고 있었다. 고종은 통리기무아문 설치 일주일 후 일본에 대규모 국정 조사단을 파견할 것을 지시하는 한편, 사대사에는 병기 제조 학습을 위한 학도 파견을 지시했다. 고종은 군기 제조 학습을 위해 중국에 사신을 파견하는 것과 마찬가지로 일본의 총포·함선을 시찰하기 위해 인원을 파견하고자 한다는 교린사의 보고가 있자 이를 승인했다. 고종은 군기 제조 학습을 위해 중국에 유학생 파견을 지시하는 한편, 일본에 대해서는 차관을 얻어 무기와 군함을 구입하는 방안을 구상했다.

일본 정부도 조선의 개혁 정책에 부응하는 대안을 적극 제시하면서 접근했다. 위에서 살펴본 바와 같이 조선 정부가 생각한 초기 개화 정책의 핵심은 군사력 강화를 통한 자강 정책이었다. 이를 위한 구체적인 대안이 무기 제조 기술 습득을 위한 유학생 파견과 차관을 통한 병기 수입, 근대적인 군대 양성을 위한 군사 교관의 초빙이었다. 일본 측은 하나부사 공사를 통해 〈내약안(內約案)〉*을 제시했다. 〈내약안〉은 양국의 〈우의〉와 〈친목〉을 강조하면서(제1항·제3항·제4항), 함선과 총포 구입의 알선(제7항), 병기 제조 등 군수 산업 연수생 지원(제6항), 조선 해군

* 『日本外交文書』 권 14, 문서 번호 123, 300면.

교관 및 공업 지도 기술자 파견(제5항), 일본 해군 주둔지 제공(제2항) 등을 제시했다. 이러한 내용은 조선 정부의 정책 방향에 조응하는 것이었다.

일본 측이 〈내약안〉을 제시한 다음 날 조선 정부는 대규모의 일본 국정 시찰단 파견을 결정했다. 이것이 1881년 5월에 파견되었던 조사 시찰단(朝士視察團)이다. 이 시찰단에는 유학생이 포함되어 있었다. 사절단의 초청과 유학생 파견 권유 등은 군비 강화 정책을 인력 면에서 지원하기 위한 것으로 장기적인 관점에서 일본의 영향력을 확대하고자 하는 것이었다. 이와 같이 일본 측의 대한(對韓) 정책은 조선 정부의 초기 개화 정책의 중점 사업이었던 군비 강화 정책의 추진과 맞물리면서 이루어졌다. 앞에서 지적한 대로 이 시기 조선 정부는 일본으로부터 함선 및 총포 도입 계획을 실제로 추진하고 있었으며, 초기 근대화 정책의 주요 과제였던 별기군이 일본인 교관의 지휘하에 양성되었다.

1880년대 초반 조선 정부의 개혁·개방 정책은 그 이전 몇 년의 상황과 비교해 보면 괄목할 만한 것이었다. 개방이란 명분을 내세우고 그것을 이루기 위한 전제로 개혁을 끌고 나가는 모습이었다. 제2차 수신사 파견과 『조선책략』의 유입, 통리기무아문 설치와 별기군 창설, 일본과 중국의 개화 문물 조사 및 도입 등 여러 가지 시도를 단행했다.

하지만 언제나 작용이 있으면 반작용이 존재한다. 조선 정부의 급속한 방향 전환을 거부하는 세력들도 광범위하게 존재했다. 1881년 영남 지역 유생들을 중심으로 만인소(萬人疏)가 제출되었다. 『조선책략』의 주장에 대한 강력한 반대 의견을 표출한 것이었다. 『조선책략』과 〈영남 만인소〉 사이에 존재하는 인식의 차이를 확인해 보자.

(2) 『조선책략』과 〈영남 만인소〉가 바라본 세계

수신사 김홍집의 복명과 정부 내 토론을 거쳐 조선 정부는 연미책을 실현하기 위한 작업에 돌입했다. 『조선책략』을 여러 권 만들어 국내에 유포했다. 10년 전 미국과의 전쟁에 대한 기억을 갖고 있는 지식인들로부터 조선 정부의 연미책에 대해 광범위한 반대 움직임이 나타났다. 대표적인 것이 영남 유생 이만손이 소두(疏頭)가 되어 올린 〈영남 만인소〉다. 『조선책략』과 〈영남 만인소〉는 당시 조선 내의 상반된 세계 인식을 원초적으로 보여 주고 있다.

미국이란 본디 우리가 모르는 나라이옵나이다. 갑자기 황준헌의 종용을 받고 우리 스스로가 끌어들여서 그들이 풍랑을 몰고 험한 바다를 건너와 우리 신하들을 괴롭히고, 우리 재산을 쉴 새 없이 뺏어 가거나, 또 만일 저들이 우리의 허점을 엿보고, 우리의 빈약함을 업신여겨서 들어주기 어려운 청을 강요하고, 감당하지 못할 책임을 지운다면, 전하께서는 장차 어떻게 이에 대응하시겠나이까.

1881년 2월 경상도 유생 이만손이 유생 1만여 명의 서명을 받아 조정에 제출했던 〈영남 만인소〉의 일부다. 〈저들이 우리의 허점을 엿보고, 우리의 빈약함을 업신여겨서 들어주기 어려운 청을 강요하고, 감당하지 못할 책임을 지운다〉라는 구절에서 유생들의 위기감이 잘 느껴진다. 황준헌은 제국주의 열강의 동아시아 침략 상황과 관련한 조선의 대외 정세를 다음과 같이 요약했다.

조선이라는 땅은 실로 아시아의 요충에 놓여 있어서 반드시 다투어야 할 요해처(要害處)가 되고 있다. 조선이 위태로우면 중국과 일본의 형세도 날로 급해질 것이며, 러시아가 영토를 공략하려 한다면 반드시 조선으로부터 시작할 것이다. 아! 러시아가 호랑이나 이리 같은 진(秦)나라처럼 힘써 정복하고 경영해 온 지 3백여 년, 그 처음은 유럽이었고 이어서 중앙아시아였으며, 오늘에 와서는 다시 동아시아로 옮겨져 마침 조선이 그 피해를 입게 된 것이다. 그렇다면 대책은 조선의 오늘 급선무로 러시아를 막는 것보다 더 급한 것이 없을 것이다.

러시아를 막는 계책은 어떠한가? 중국과 친하고(親中國) 일본과 맺고(結日本) 미국과 이음(聯美國)으로써 자강을 도모할 따름이다.

황준헌은 제국주의 시대의 한가운데에 처한 한반도의 전략적 중요성을 언급하고, 러시아의 남진에 즈음하여 조선이 취할 수 있는 유일한 방략이 미국을 끌어들이는 일이라고 권고한 것이다. 왜냐하면 황준헌이 『조선책략』에서 친중·결일·연미를 내걸고 있으나, 조선은 이미 1876년 일본과 강화도조약을 체결한 상황이었으므로, 이 시점에서 책략의 주장은 곧바로 연미만을 의미하는 것이었다.

그렇다면 당시 조선의 입장에서 미국은 어떤 국가였는가. 19세기 중엽에 접어들면서 동아시아의 전통적인 국제 질서였던 중국 중심의 〈화이질서(華夷秩序)〉가 제1차 아편전쟁 이래 서양 열강의 무력 침공 앞에 흔들리기 시작했다. 중국과 일본이 그들 해안 포대의 사정거리 밖에서 날아오는 함포의 위력을 앞세운 영국과 미국의 무력시위에 굴복하여 각기 국내 시장을 개방한 것이 1842년과 1854년이었다.

1871년 미국은 5년 전 대동강에서 불탄 제너럴셔먼호에 대한 책임을 묻는다는 명분으로 강화도를 유린했다. 미국 아시아 함대 사령부 소속 호위함 3척과 포함 2척, 대포 85문, 1,230명의 상륙군으로 구성된 조선 원정군은 남북전쟁 이후 최대의 군사력을 동원한 작전이었다. 초지진에 상륙한 미군은 조선의 군사적 요충지 광성보를 해상과 육지에서 포위한 뒤 함포를 동원하여 진지를 초토화한 뒤 상륙 부대를 투입했다. 미군의 보고에 의하면, 작전에서 미군은 전사 3명이었고, 조선군은 350여 명이 살해되었다.

그러나 미군의 막강한 화력 앞에 속수무책이었던 조선 정부는 중국과 일본이 각기 무력시위에 굴복하여 국내 시장을 개방한 것과는 정반대로 쇄국에 대한 의지를 더 강고하게 천명했다. 즉 〈서양 오랑캐가 침입하는데 싸우지 않으면 화해를 하는 것이며, 화해를 주장하면 나라를 파는 것이다〉라는 내용의 척화비를 종로 네거리를 위시하여 전국의 군현에 세우라고 지시한 것이다. 이와 같은 정부의 조처는 서원 철폐 등으로 대원군과 대립각을 세우던 양반 유생들의 전폭적인 지지를 받았다. 〈영남 만인소〉 또한 그 연장선에 있었다.

군사력에서 중국과 일본에 비해 월등히 열악했던 조선이 프랑스·미국의 침공에도 불구하고 이를 거부한 힘은 어디에서 오는 것이었는가. 〈인간은 어떤 존재인가, 어떻게 사는 것이 인간적인가〉라는 물음을 학문의 근본에 두고, 이를 실천하기 위한 자기 수련을 보편적 세계관으로 믿었던 이들이 조선의 지식인이었고 보통 사람이었다. 오상(五常)과 오륜(五倫)에 근거한 삶이야말로 인간의 모습이라고 믿었던 그들 앞에 힘이 세다는 것만으로 무고한 인명을 살상하고, 재물을 약탈하는, 더 나아가 조상의 무덤까지 파헤치는 서양은 단순히 오랑캐의 수준이 아니라, 곧 금수와 같은 존재로 비쳤던 것이다. 이와 같은 세계관에 바탕하여 조선은 서양에 대한 개방을 거부했다. 1875년 운요호 사건을 조작한 일본의 요구로 강화도조약을 체결하고, 부산항을 개방한 이후에도 서양에 대해서는 끝내 개방을 거부했던 것이다. 그리하여 『조선책략』이 전래되던 1880년 조선은 지구상에서 서구 자본주의 열강의 개방 요구를 거부한 유일한 지역이었다.

그러나 1880년대에 접어들면서 열강의 개방 요구에 응해야 한다는 권고가 조선과 외부 세계를 연결하는 두 개의 통로를 통해 거의 동시에 강도 높게 전달되었다. 하나는 중국을 통해서이고, 다른 하나는 일본을 통한 미국의 개방 요구였다. 조선 내부의 사정을 잘 알고 있던 황준헌은 『조선책략』에서 조선의 상황을 염두에 두고 논리적으로 자신의 주장을 전개했다.

『조선책략』은 겉으로 황준헌 개인의 의견으로 제시되었지만, 이는 곧 당시 중국의 대조선 정책을 대변한 것으로서, 미국에 대해 두 가지 점을 들어 서양 열강과 다르다는 점을 강조했다. 즉 미국은 천주학의 국가가 아니며, 큰 바다를 가운데 두고 있어 영토를 탐내지 않고 오직 서로에게 도움이 되는 통상만을 추구하는 국가라는 것이었다. 이에 대해 〈영남 만인소〉는 다음과 같은 여덟 가지 이유를 들어 『조선책략』의 인식을 조목조목 비판했다.

청하옵건대, 신들은 다시 이른바 그 〈사의서〉에 관하여 조목을 들어 아뢰고자 하옵나이다. 그의 논의에 〈조선의 오늘날의 다급한 정세는 러시아를 방어하는 것보다 더한 것은 없으며, 러시아를 방어하는 계책은 중국과 친하고, 일본과 맺고, 미국과 이어지는 것보다 더 급한 일은 없다〉고 하였나이다.

대저 중국이란 우리가 신하로서 섬기는 바이오며 해마다 옥과 비단을 보내는 수레가 요동(遼東)과 계주(薊州)를 이었나이다. 삼가 신의와 절도를 지키고 속방(屬邦)의 직분에 충실한 지가 벌써 2백 년이나 되었나이다. 그러하오므로 〈황〉 또는 〈짐〉의 두 존칭을 하루아침에 쉽사리 받아들이고 그 사신을 용애하는 한편, 그 글을 간직해 두었던 것이옵나이다. 그러하온데 이제 무엇을 더 친할 것이 있겠나이까. 만일 이것을 잡고 말을 만들어서 번거롭게 굴고 문책하는 일이 있다면, 전하께서는 장차 어떻게 이를 해결하시겠나이까. 이것이 이해(利害)가 분명한 사실이 첫째이옵나이다.

일본이란 우리에게 매여 있던 나라이옵나이다. 삼포왜란(三浦倭亂)의 지난 일이 어제 같고 임진왜란(壬辰倭亂)의 숙원이 가시지 않았사온데, 그들은 이미 우리 관문의 좁은 목과 땅의 험하고 평탄함을 잘 알고 수륙 요충을 점령하였나이다. 그들은 본래 우리 종족이 아니므로 그 마음 또한 반드시 다를 것이옵나이다. 어느 때라도 과연 저들이 날뛰는 날이면 어찌 마음대로 침입할 기회가 없겠나이까. 만일 지방마다 방비를 하지 않았다가 저들이 산돼지처럼 함부로 돌진해 오면 전하께서는 장차 어떻게 이를 제어하시겠나이까. 이것이 이해(利害)가 분명한 사실의 둘째이옵나이다.

미국이란 본디 우리가 모르던 나라이옵나이다. 갑자기 황준헌의 종용을 받고 우리 스스로가 끌어들여서 그들이 풍랑을 몰고 험한 바다를 건너와 우리 신하들을 괴롭히고, 우리 재산을 쉴 새 없이 뺏어 가거나, 또 만일 저들이 우리의 허점을 엿보고, 우리의 빈약함을 업신여겨서 들어주기 어려운 청을 강요하고, 감당하지 못할 책임을 지운다면, 전하께서는 장차 어떻게 이에 대응하시겠나이까. 이것이 이해(利害)가 분명한 사실의 셋째이옵나이다.

러시아는 본래 우리와는 혐의가 없는 나라이옵나이다. 공연히 남의 이간을 듣고 우리의 위신을 손상시키거나 원교를 핑계로 근린을 배척하오면, 행동과 조치가 전도되고 허와 정이 앞뒤가 뒤바뀌게 될 것이옵나이다. 만일 이것을 구실 삼아 분쟁을 일으킨다면, 전하께서는 장차 어떻게 이를 구제하시겠나이까. 이것이 이해(利害)가 분명한 사실의 넷째이옵나이다.

하물며 러시아·미국·일본은 같은 오랑캐이옵나이다. 그들 사이에 누구는 후하게 대하고 누구는 박하게 대하기는 어려운 일이옵나이다. 또한 두만강 일대는 국경이 서로 맞닿아 있사온데, 저들이 일본에서 이미 시행한 예를 따라 미국이 신설한 조약을 근거로, 터전을 요구하여 거기에 와서 살고 물품을 요구하여 교역을 독점한다면, 전하께서는 장차 어떻게 이를 장악하시겠나이까. 이것이 이해(利害)가 분명한 사실의 다섯째이옵나이다.

더욱이 해내외에 널리 깔린 일본·미국 같은 나라가 수를 헤아릴 수 없이 많사온데, 만일 저마다 이를 본받고 저마다 이익을 추구하여 땅이나 물품 요구하기를 마치 일본과 같이 한다면, 전하께서는 어떻게 이를 막아 내시겠나이까. 허락하지 않으시면 지난날의 은공이 모두 없어지고 뭇 원망이 집중하여 한 구석 조선 삼천리강토에 장차 용납할 곳이 없어질 것이옵나이다. 이것이 이해(利害)가 분명한 사실의 여섯째이옵나이다.

(……) 전하께서는 어찌하여 이처럼 백해(百害)는 있으되 일리(一利)도 없는 일을 거론하셔서, 러시아의 마음에 없는 마음을 터주시고, 미국의 일 없는 일을 발생시켜서 오랑캐로써 오랑캐를 부르시고 살을 긁어서 부스럼을 만드시옵나이까.

1880년과 1881년은 조선 사회가 근대 자본주의 시장 체제를 받아들이느냐 아니면 거부하느냐를 결정짓는 중요한 시기였다. 앞에서도 언급한 바와 같이 1880년대에 접어들면서 열강의 개방 요구에 응해야 한다는 권고가 조선과 외부 세계를 연결짓던 두 개의 통로를 통해 거의 동시에 전달되었다. 일단 조선 정부는 이에 대해 거부 의사를 전달했지만 조선의 개방은 피할 수 없는 상황으로 몰리고 있었다. 그리고 결국 『조선책략』의 유입 이후 조정의 분위기도 급선회한 것으로 보인다.

1880년 고종이 출석한 시원임 대신 회의(9. 8)에서 영의정 이최응은 책략의 대의가 〈우리들의 심산과 부합〉한다고 보고했고, 고종 또한 이들의 미국 인식에 대해 동의하고 있었다. 뿐만 아니라 고종은 시원임 대신 회의에 앞서 승려 출신 이동인을 일본에 밀사로 파견하였는데, 이동인은 10월 17일 중국 공사 하여장을 만나 조선이 미국과의 수교를 희망하고 있다는 사실을 전하고 대책을 요청했다. 결과적으로 조선 정부의 대외 정책은 『조선책략』 전래 이후 종래의 정책을 버리고 적극적인 연미 정책으로 전환했던 것이다.

이와 같이 〈영남 만인소〉가 재야의 여론을 모아 제출된 배경에는 고종이 1880년 후반, 안으로는 통리기무아문 설치를 계기로 개혁 정책을 추진하는 한편 바깥으로는 적극적 대외 개방 정책, 즉 연미론을 추진하고 있는 상황이 있었다. 이만손은 상소 말미에서 그들의 생각과 태도를 다음과 같이 천명하고 있다.

비록 우리 전하께서 넓으신 도량으로 생을 사랑하시는 덕을 베푸시와 광망의 벌을 내리지 아니하시고 용서하신다 하더라도, 신들은 차라리 바닷물을 딛고 죽을지언정, 차마 금수 견양과 더불어 함께 어울려서 구차히 살 수는 없나이다. 사람과 귀신이 오늘날에 판가름되고, 중화와 오랑캐가 이번 길에 구별될 것이옵나이다.

대내외적으로 적극적인 개혁과 개방 정책을 추진하고 있던 정부 정책과 달리, 상소에 대한 고종의 답변은 다음과 같은 것이었다.

상소를 보고 잘 알았다. 사교를 물리치고 정도를 지키는 것(闢邪衛正)은 어찌 그대들의 말을 기다리겠는가. 다른 나라 사람이 사사로이 모의한 글에 이르러서는 애당초 족히 깊이 연구할 것도 못 되거늘 그대들이 또 잘못 보고서 들추어낸 것이다. 이것을 구실 삼아 또 번거롭게 상소를 올린다면 이는 조정을 비방하는 것이니, 어찌 선비로 대우하여 엄중히 처벌하지 않겠는가. 그대들은 그리 알고 물러가도록 하라.*

* 『승정원일기』, 고종 18년 2월 26일.

〈벽사위정은 조정의 변함없는 정책이며, 『조선책략』은 다른 나라 사람의 사사로운 글로서 애초 깊이 연구할 가치도 없는 것으로, 유생들이 사태를 잘못 파악하고 있는 것〉이라면서 부인하고 있다. 고종은 유생들의 만인소를 근거 없는 것이라고 물리치며 이후의 상소는 조정을 비방하는 것이므로 엄중히 처벌할 것이라고 경고했다.

그럼에도 재야의 개방 반대 상소는 계속되었다. 3월에는 홍시중, 5월에는 경상도의 김진순, 경기의 유기영, 충청도의 한홍렬 등, 윤7월에 경기의 신섭, 강원도의 홍재학, 충청도의 조계하, 전라도의 고정주가 각기 소두가 되어 복합 상소를 올렸다. 조정은 이들을 모두 유배 등으로 처벌하였고, 특히 홍재학은 서소문 밖에서 능지처참에 처함으로써 적극적으로 상소 운동에 재갈을 물리고자 했다.

조선 정부는 척사 운동의 분위기가 고조됨으로써 중국을 통한 미국과의 수교 정책을 일시적으로 지연시켰지만, 위에서 언급한 바와 같이 10월 이후 중국을 통해 대미 수교 교섭 재개 의사를 전달했다. 그 결과, 다음 해 4월 제물포에서 〈조미수호통상조약〉이 체결되었다. 조선 정부는 미국과의 조약을 체결하고 한 달 뒤 영국 그리고 이어서 독일과 동일한 내용의 조약을 체결했다.

(3) 왜 중국은 조선에 미국과의 조약을 중재했는가

여기서 잠시 중국의 입장을 살펴볼 필요가 있다. 앞서 이이제이적 방식으로 조선 주변의 〈오랑캐들〉을 서로 견제시킨다는 중국의 생각을 이야기한 바 있다. 그런데 현실적인 측면에서 〈러시아 오랑캐〉의 파워에 대한 중국의 인식은 어떠했는가? 당시 중국이 〈미국 오랑캐〉를 끌어들이면서까지 견제해야 할 정도로 러시아의 영향력이 있었던 것인가.

이최응 왈: 바야흐로 지금 러시아 사람들은 병선 16척을 집결시켰는데 배마다 3천 명을 수용할 수 있다고 합니다. 만약 추워지게 되면 그 형세는 틀림없이 남쪽으로 향할 것입니다. 그 의도를 진실로 헤아릴 수 없으니, 어찌 대단히 위태롭지 않겠습니까?

제3장 서두에도 제시했던 이 자료는 2차 수신사 김홍집의 복명 후 개최된 시원임 대신 회의의 기록이다. 이 기록에 보이는 것은 러시아의 군함 16척이 블라디보스토크에 집결하여 중국과의 전쟁 상황을 예상하고 있다. 이최응의 이 정보는 정확한 것이었을까. 다른 자료와 교차 검증해 볼 때, 비교적 확실한 정보로 보인다. 6개월 앞선 1880년 3월 24일 주중 영국 공사 케네디J. G. Kennedy가 본국 외무장관 그랜빌Earl Granville에게 보고한 극동 러시아 함대의 동향에 관한 문서에서도 확인할 수 있다.

다양한 종류의 전함 약 17척으로 이루어진 러시아 함대가 지난겨울 조약 항인 요코하마, 고베, 나가사키에 분산되어 있었다. 그런데 현재 총사령관 레소스키 제독Admiral Lessoksky이 이 함대들을 나가사키로 집결시켰다. 지역 및 외국 언론들은 레소스키 제독이 그렇게 한 것이 원산항Port Lazareff 점령을 목표로 동쪽에서 조선 해안을 급습함으로써 러시아의 계획을 발전시키기 위한 의도가 있었다는 데 의견이 일치하고 있다. (……) 이와 같은 시각을 나의 프랑스와 벨기에 동료들과 공유했는데, 이 둘은 개인적으로 러시아가 이 해역으로부터 그들의 강력한 함대의 존재를 철수시키기 전에 원산항을 점령하리라는 의도가 있음을 확신시켜 주었다.*

17척이라는 러시아 함대의 숫자 이외에도 이 문서는 당시 국제 정세를 잘 보여 주고 있다. 주중 영국 공사 케네디의 정보에 따르면, 지난겨울 전투와 수송 등 다양한 기능을 가진 약 17척의 러시아 함대가 일본의 개항장이었던 요코하마와 고베, 나가사키 등에 분산되어 머물러 있었는데 3월 들어 함대 사령관 레소스키는 함대를 나가사키에 집결시켰다. 그런데 이 함정들의 목표가 조선의 원산항을 점령한 이후 러시아의 계획을 추구하기 위한 것으로 파악하고 있다. 이와 같은 러시아의 움직임에 대해 프랑스와 벨기에 등 동료 외교관들은 이 해역에서 러시아가 그들의 강대한 함대를 유지하는 것은 원산항 점령에 있다고 믿는 것으로 보고하고 있었다.

이 문서의 핵심은 러시아가 자국의 목적(계획)을 위해 원산항을 점령하려는 의지를 가지고 있다는 내용인데, 러시아는 무슨 목적이 있었던 것일까. 러시아의 목적을 이해하기 위해서는 중국과 러시아 사이에 커져 가고 있던 전쟁 위기설을 이해해야만 한다.

러시아와 중국의 전쟁 발발 위기의 기원은 10년 전으로 거슬러 올라간다. 1871년 7월 중국 신장(新疆) 지역의 중심 도시이며 러시아 교역의 거점이었던 이리(伊犁, 영문명 쿨자Kulja라고 칭함) 지역을 러시아군이

* Kennedy to Granville, Yedo, March 24, 1880(Received May 9, 1881), Confidential, No. 41, FO 881/4595.

점령하는 사건이 발생했다. 서쪽 변방의 주요 도시였던 이리를 러시아 군이 점령했던 것이다.

이리 지역은 1851년 러시아와 중국이 이리 통상 조약을 체결한 곳으로, 러중 간의 서방 쪽 교역 거점 지역이었다. 이리는 서쪽으로 흐르는 이리강 유역의 분지이며 수량이 풍부한 농업 지대로, 중국은 이리에 장군을 두고 다양한 지역으로부터 이민을 장려하여 중앙아시아 지역의 거점으로 삼았다. 예컨대 농업 노동력으로서는 터키어를 말하는 무슬림을 톈산산맥의 남쪽 오아시스 지역으로부터 이주시켰고, 만주어에 가까운 언어를 사용하는 시베리아 병사들을 이리강 남쪽에 주둔하게 했다.

그런데 1864년 신장 지역의 톈산 남로 오아시스 지역에서 청조에 대한 농민 반란이 일어났다. 이듬해 코칸트한국Khanate of Kokand으로부터 파견되었던 야쿱 벡Yakub Beg은 러시아의 남하에 밀려 남하하면서 신장의 준가르 지역과 동쪽으로 오아시스 지역을 정복하며 이 지역에서 정치적 기반을 일시 확보했다. 야쿱 벡이 정치적 기반을 확보하자 인도에 진출했던 영국은 중앙아시아 지역으로 세력을 확대하고자 하는 러시아 세력에 대한 일종의 완충 지역으로 삼고자 하였으며, 러시아는 야쿱 벡 정권을 영국 세력의 확장으로 파악했다.

신장 지역의 정치적 혼란으로 러시아는 교역에 지장을 초래하였고, 러시아 지역의 카자크족Kazakhs과 키르기스족Kyrgyz 및 기타 소수 민족들의 움직임도 있었다. 이와 같은 상황에서 러시아 군부와 관료, 부르주아 언론 등은 이리 점령을 주장하였고, 마침내 1871년 7월 러시아는 러시아령 투르키스탄의 초대 총독 카우프만Petrovich Kaufmann의 군대를 동원하여 이리를 점령했다.

러시아군의 이리 점령을 계기로 촉발된 중국과 러시아 양국의 대치는 영국을 비롯한 열강이 개입함으로써 이른바 제국주의 시대 열강의 이익이 첨예하게 부딪치는 최대의 분쟁 지역이 되었다.

이런 이리의 위기 상황을 극복하기 위한 대응책으로 중국 정부 내에서는 이른바 해방론(海防論)과 육방론(陸防論)이 치열하게 대립했다. 중국 정부는 해방론을 견지하면서도 반란과 러시아의 점령이 계속되고 있는 서북 지방을 포기할 수 없었다. 그리하여 좌종당(左宗棠)을 흠차대신으로 임명하여 1875년 신장 원정을 수행하게 했다. 좌종당은 치밀한 원정 준비와 신속한 공격으로 1876년 11월경 신장 북부 지역을 회복했다. 신장 남부를 지배하고 있던 야쿱 벡 정권은 런던에 특사를 파견하여 중국의 속국을 전제로 하면서 영국의 중재를 요청하였으나, 좌종당의 군사는 런던 중재가 이루어지기 이전인 1877년 연말 러시아 군대의 주둔지를 제외한 전 지역을 회복하기에 이르렀다.

이후 중국은 이리 지역 회복을 위해 숭후(崇厚)를 전권대신으로 임명하고 상트페테르부르크로 파견하여 외교적 교섭에 들어갔다. 숭후는 이른바 리바디아 조약(1879. 10)에 서명하였다. 조약 내용은 이리 지역을 명목상 중국에 반환하는 대신, 실제로는 5백만 루블의 배상금 지불을 비롯하여 전략 요충지인 터커쓰(特克斯)강 유역과 무자르트Muzart 통로를 포함해 이리 지방의 10분의 7을 러시아에 양도하는 것이었다.

조약 내용이 중국 정부에 전달되자 전권대신 숭후를 처형하고 전쟁을 치러서라도 조약을 거부하고 중국의 의지를 보여 주어야 한다는 강경론이 비등했다. 이와 같은 중국의 강경 대응책은 러시아로 하여금 해군을 중국 연해로 출동시킬 것이라는 주장들이 제기되어 양국 사이에 전쟁이 임박한 듯 보였다. 베이징에서는 러시아 해군이 바다에서 쳐들어오고 러시아 육군은 시베리아에서부터 만주를 거쳐 베이징으로 쳐들어올지 모른다며 크게 두려워했다. 실제로 중국 조정은 전쟁에 대비하여 태평천국의 난 진압의 주력군이었던 회군(淮軍) 장교들을 요충지에 배치하였으며, 이홍장은 중국 방어를 돕도록 태평천국 진압에서 실력을 발휘했던 영국인 찰스 고든Charles G. Gordon을 초빙하기까지 했다. 이러한 움직임은 당시 전쟁 위기가 고조되어 가는 상황에서 이루어진 것이었다.

이상과 같이 1880년 초반 러시아와 중국 사이의 갈등이 한창 고조되던 시기, 조선과 관련하여 주목되는 부분은 러시아 해군이 진행한 군사 작전의 최우선 목표 지점이 한반도 동해의 원산항 부근 지역이었다는 점이다.

주중 영국 공사 케네디는 본국 외무성의 그랜빌 외무장관 앞으로 보낸 문서(Confidential, No.41, FO 881/4595)에서 극동 러시아 해군의 동향과 이에 대한 내외의 언론의 보도, 그리고 중국 주재 프랑스·벨기에 외교관 등의 한반도 주변에 대한 인식을 보고하고 있다. 그는 이리 지역에서 중국과 러시아의 무력 분쟁은 곧 러시아 함대의 원산항 점령으로 이어질 것으로 파악했다.

다시 10년 전으로 되돌아가 보자. 이리 지역을 러시아군이 점령한 사건은 1871년 6월 11일 미국 극동 함대의 포격과 뒤이어 상륙한 해병대와 어재연 지휘하의 조선군 사이에 치열한 공방전이 벌어졌던 광성보 전투 20여 일 뒤에 발생한 것이었다. 중국으로서는 동쪽 울타리였던 조

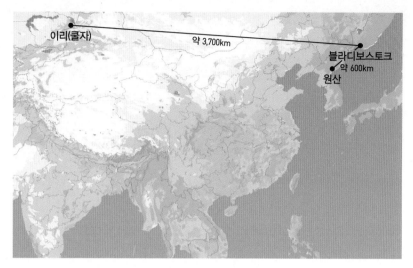

이리-블라디보스토크-원산 위치

선의 강화도에 미국의 극동 함대와 해병대가 상륙하여 점령하였고, 동시에 서쪽 변방의 주요 도시였던 이리를 러시아군이 점령하였던 것이다. 강화도를 점령한 미군은 조선 측이 패전을 받아들이고 조약 체결에 반응할 것을 기대하였으나, 별다른 대응이 없자 곧 스스로 철수했다. 하지만 동쪽 변방과 달리 신장 지역을 점령한 러시아는 그 뒤 10여 년간 이 지역을 점령 통치했다. 러시아의 철수를 둘러싼 외교적 교섭이 교착 상태에 빠져 전쟁 위기설이 고조되던 중국의 대(對)러시아 인식은 이미 10년 전부터 배태되어 있었던 것이다.

러시아에 대한 중국의 위협은 단순히 중국 자체에 국한하는 것은 아니었다. 이리와 조선. 엄청나게 먼 지역으로, 상호 간의 일상적인 교류는 상상하기 어려운 시대였지만, 열강의 세계 정책과 충돌 속에 두 지역은 연결되었다. 중국의 전통적 영향력을 유지하기 위해서는 이제 현상을 유지하는 것만으로는 충분치 않은 시대가 된 것이었다. 중국이 미국을 통해 러시아를 견제해야 한다는 판단은 이런 배경에서 등장했다.

이와 같이 『조선책략』은 러시아의 남진에 대한 중·영 등의 위기감을 반영한 것이었다. 『조선책략』을 통해 조선 정부도 러시아에 대한 인식을 공유했다. 중국 측의 의도와 달리 『조선책략』은 조선으로 하여금 인접한 러시아의 위력을 재인식하는 계기도 되었다. 1881년은 조선인의 세계에 대한 인식이 확장되는 시기였다. 『조선책략』과 〈영남 만인소〉는 나름대로의 논리를 가지고 격렬하게 대치했다.

재야 지식인의 광범위한 반대에도 불구하고 1870년대와 1880년대 초에 벌어진 일련의 사건들, 곧 중·러의 영토 분쟁과 그에 따른 러시아의 남하에 대한 조선의 위기감 등이 복합적으로 관계하여 조선 정부는 서구 열강과의 조약 체결을 받아들였다. 미국과 처음으로 조미수호통상조약(1882. 5)을 체결하고 곧이어 동일한 내용을 담은 조영수호통상조약(1882. 6)과 조독수호통상조약(1882. 6)을 체결했다.

여기에서 〈조미수호통상조약〉의 내용을 간략히 살펴보자. 전문 14조의 〈조미수호통상조약〉 가운데 제1조와 제5조, 제11조, 제14조 등이 강화도조약과 비교하여 주목을 받았다.

제1조는 〈거중조정〉을 규정한 조관이었다. 제3국이 체약국에 위해를 가할 경우 우호적인 방향으로 조정을 시도한다는 규정이었다. 이 조항에 근거하여 조선은 이후 대외적인 위기 상황에 봉착할 때마다, 식민지로 전락하는 시기에 이르러서도 예외 없이 미국의 개입과 지원을 기대했다. 외교적으로 실질적인 규정력은 없는 조항이었지만, 조선 정부는 실질적인 규정력을 가진 조항으로 이해했다. 〈조미수호통상조약〉 제

1조 〈거중조정〉은 그렇게 조선 관료 및 고종의 마음에 자리 잡고 있었다. 하지만 그 마음은 상대방은 전혀 알지 못하는 혼자만의 짝사랑이었다. 조선이 일본의 식민지가 되는 날까지, 미국은 러일전쟁 시기 이미 조선을 포기했음에도 조선은 〈거중조정〉에 근거하여 도움을 요청했다(이에 대한 자세한 내용은 제8장을 참조).

제5조는 관세와 관련한 내용이었다. 〈조일수호조규〉의 결정적 결함이 〈무관세 조항〉이었는데, 〈조미수호통상조약〉은 이를 설정했다. 수입세의 경우 필수적인 물품에 대해서는 10퍼센트, 사치품의 경우 30퍼센트였다. 필수품에 적용하는 수입세 10퍼센트는 당시 중국과 열강 사이에 맺은 조약이 대개 5퍼센트였던 점을 감안할 때, 조선 측에 매우 유리한 관세율이었다. 〈조미수호통상조약〉 체결 직후 그동안 조선의 상황을 주시하던 영국, 독일이 미국과 거의 같은 내용으로 수호 통상 조약을 체결했다. 그런데 이후 동아시아에서 활동하는 홍콩 영국인 상공회의소가 제기한 문제(중국, 일본에 비해 조선의 수입 관세가 높은 점)를 근거로 영국 정부는 조약 비준을 거부했다. 결국 다음 해인 1883년 11월 관세율을 개정(10퍼센트에서 7.5퍼센트로 하향 조정)한 〈(신)조영수호통상조약〉을 다시 체결하고 비준했다. 이후의 상황들이 확인해 주는 것은 〈조미수호통상조약〉의 관세율이 조선에 상당히 유리하게 설정되어 있었다는 사실이다.

제14조는 이른바 최혜국 대우 조항이었다. 강화도조약에는 들어가지 않았던 내용인데, 미국과의 조약에 처음 들어갔다. 미국은 이 규정에 따라 1883년 〈(신)조영수호통상조약〉이 체결되면서, 자동적으로 영국과 동일한 세율을 적용받게 되었다. 미국과의 협상에서 유리하게 만들어

놓은 관세율이 최혜국 대우로 인해 어그러진 것이다. 조선의 입장에서는 독소적인 항목이라고 이야기할 수밖에 없다.

〈조미수호통상조약〉 내용 가운데 지금까지 역사 교과서와 개설서 등에서 상대적으로 잘 언급하지 않았던 조항이 제11조다. 내용은 다음과 같다.

> 양국 생도가 왕래하여 언어·문자·법률·기술 등을 학습하면 피차 모두 마땅히 도와주어 우의를 두텁게 한다.

제11조는 유학생 파견 시 우호적으로 지원한다는 조항이었다. 상대국에서 각종 영역에 대한 학습을 위해 유학생을 파견할 경우, 해당국에서는 이에 따른 편의를 도모한다는 내용을 담고 있다. 조선 정부가 서구 국가와는 처음으로 맺은 이 조약에서 양국 간에 어학 등 전 분야에 걸쳐 유학을 장려하고 지원한다는 조항을 설정한 것이었다. 위 조항은 당시 근대적인 조약문 가운데 예외적인 것이었다. 유사한 내용이 처음 등장한 것은 중국이 1868년에 미국과 체결한 〈중미속증조약(中美續增條約)〉이었다. 중국은 이 조항에 근거하여 1872년부터 20년이라는 긴 유학 기간을 예정하여 어린 학생들을 미국으로 유학을 보냈다. 이른바 〈유미유동(留美幼童)〉이었다.

개항 이후 조선 정부에 의한 해외 유학 상대국은 대부분 일본이었다. 민간에서의 미국 유학은 1885년 개교했던 배재학당과 이화학당 등 미선계 학생들 가운데 선교사의 후원을 받아 이루어졌다. 당시 가장 선진국이었던 영국을 제치고 미국이 중국과 일본 등지에서 유학생을 적극적으로 유치하였고, 중국과 일본 등도 이에 응했다. 장기적으로 보았을 때 동아시아 3국의 지배 엘리트의 성장 과정을 감안하면 이 조항이 가지는 의미는 남다른 것이었다.

다음 장에서 자세히 살펴보겠지만 조미조약 체결 후 발생했던 임오군란은 조선을 둘러싼 동아시아 정세의 큰 변화를 몰고 왔다. 1879년 일본이 오키나와를 자국 영토로 병합한 이후 중국의 입장에서 조선은 중화 질서 유지를 위한 최후의 보루였다. 조선에 임오군란이 발생하자 병인양요와 운요호 사건 시기와 달리 중국은 종주국의 입장에서 전광석화와 같이 군사력으로 개입하여 군란을 진압하고 조선의 왕권을 제자리로 돌려놓았다. 중국의 움직임에 대응하여 일본도 군란에 대한 책임자 처벌과 자국민 보호를 명분으로 서울에 군대를 주둔시켰다. 서울에서 벌어지는 조선 내부의 정치적인 갈등과 대립에 외국군이 개입하게 되는 상황이 조성된 것이었다.

이를 계기로 중국군 3천 명과 일본군 1개 대대 병력이 주둔하는 가운데 고종은 척화비 폐기 조칙을 내렸다. 개방을 추진하면서도 〈영남 만인소〉 비판에 대해 〈그대들의 뜻을 알았다. 개방하지 않을 테니 상소를 거두라〉던 이중적인 태도를 취할 수밖에 없던 상황을, 외국군의 주둔을 배경으로 전환시킨 것이었다. 임오군란은 조선의 위정자에게는 정부의 개방 정책에 반대하던 세력들을 외국군의 힘을 빌려 일거에 제거하고, 개방 정책을 공식적으로 추진할 수 있는 계기로 작용했다. 한편 임오군란은 일본 정부가 메이지 유신 이후 추진한 개혁 정책 과정에서 발생하였던 국가 재정 위기와 민간의 저항을 효과적으로 통제할 수 있는 계기를 제공했다. 임오군란을 통해 조선과 일본 양국의 지배 세력은 자신들의 정치적 기반을 공고히 할 수 있었다는 점에서 공통의 수혜자였다.

[연표 4] 19세기 후반 동아시아에서 열강과 조선

연도	중국	러시아·영국·미국	조선·일본
1853	• 태평천국군 난징 점령		
1855		• 러일화친조약 (쿠릴 열도, 사할린 공유)	
1860	• 베이징 조약 • 조약 체결 후 태평천국 진압군 파병		
1862	• 간쑤성(甘肅省)의 회교 반란 • 신장의 야쿱 벡 위구르 정권 성립		
1868			• 메이지 유신 • 서계 문제 발생(서계의 부산 도착)
1871	• 청일수호조규 체결	• 러시아, 이리 점령	• 신미양요
1873	• 좌종당, 산시(山西)· 간쑤성 평정, 신장에서 야쿱 벡과 대치		• 정한론 대두 • 메이지 6년 정변 • 청일수호조규 비준
1874			• 일본의 타이완 침공
1875			• 사할린·쿠릴 교환 조약 • 사할린 전토 러시아 양도(9. 19) • 운요호 조선 파견(9. 20)
1876			• 조일수호조규 체결(2월)

1877	• 좌종당, 신장 전역 회복	• 러시아·튀르크 전쟁(4월)	• 일본, 류큐에 사법 경찰 기구 설치
1878	• 숭후를 파견, 러시아와 협상(6월)	• 러시아 승리 후 산스테파노 조약 체결(3월)	
1879	• 정여창(丁汝昌), 이홍장에게 조선이 열강과 조약 체결하는 데 힘쓰도록 권유(8월) • 이홍장, 이유원에게 서한(8월 말): 러시아와 일본의 침략 강조하고, 미국과 조약 체결 권고	• 주중 영국 공사 웨이드, 러시아 침략 우려 권고(8월) • 리바디아 조약 조인(9. 15): 신장의 7할을 러시아 영토로 승인 • 중러전쟁 위기	• 일본, 류큐 병합
1880	• 이홍장-슈펠트 회담 • 주영 중국 공사 증기택(曾紀澤)을 러시아 파견, 재협상(8월)	• 슈펠트 제독(美), 일본에 조선 수교 의뢰(4월)	• 김홍집, 주일 중국 공사 하여장 면담, 『조선책략』 입수(8월) • 이동인 파견, 하여장에게 수교 의뢰(10월)
1881	• 상트페테르부르크 조약(청의 이리 회복, 신장 확보, 2월) • 이홍장-슈펠트 톈진 회담(6월)		• 이용숙을 청에 파견, 대미 수교 의향 전달(3월) • 『조선책략』 반대 상소 운동(영남 만인소)
1882	• 이홍장-슈펠트 회담(3월)	• 영국 동아시아 함대 월미도 도착 • 독일 공사 브란트 조선 도착(5. 20)	• 조미수호통상조약(5. 20) • 조영수호통상조약(6. 6) • 조독수호통상조약(6. 28)

2 부

한반도, 열강의 분쟁지가 되다
1882~1895

4장

임오군란은 최초의 〈해외 반일 운동〉이었나(1882)

조선 반도(叛徒)를 진압해야 한다

조선 정부는 이미 반도(叛徒) 때문에 전복됐다. 반도는 우리 공사관을 습격하여 공사의 일행을 살상한 것만이 아니라 우리 일본국과 교섭 관계에 있는 조선 정부를 전복시켰다. 우리 천황 폐하와 친교가 있는 조선 국왕을 능욕시키고 왕비와 세자비를 죽이고 그 대신 고관 10여 명을 살해했다. 조선 정부는 힘이 미약했기 때문에 도저히 반도를 진압할 수 없다는 것은 명확하다. 그렇기 때문에 우리 정부가 군사를 보내 폭도를 진압하고 조선국의 정권을 탈취하여 조선 왕에게 돌려주어야 한다. 조선국은 이미 무정부의 나라가 되었다. 나라에 정부가 있어 정권을 장악하고 있어야 그 정부에 대해서 담판을 할 수 있다.

　　　　　　　　　　　　　—『유빈호치 신문(郵便報知新聞)』, 사설, 1882년 8월 7일

(1) 임오군란은 왜 발생했고 어떻게 종결되었는가

조미수호통상조약이 체결되고 약 두 달 뒤인 1882년 7월 23일, 서울에서 구식 군대의 하급 군인들을 중심으로 급료 지급의 부당성과 신식

군대와의 차별에 항의한 군인 폭동이 발생했다. 임오군란(壬午軍亂)이었다. 임오군란은 1880년 이래 조선 정부가 추진하던 일련의 개화 정책에 대한 저항이 행동으로 나타난 것이었다. 조선 정부가 추진해 왔던 초기 개화 정책의 큰 흐름은 대외적으로 적극적인 개방 정책과 대내적인 개혁 사업이었다. 대내적인 개혁 사업은 무비자강(武備自强)이 목표였고, 이를 실천하기 위한 정책의 하나가 신식 군대 창설이었다.

개화 정책의 일환으로 신설된 별기군과 구식 군인들의 차별 대우는 직접적인 군란의 촉발 계기가 되었다. 1881년 군제 개편 이후 일본인 교관 호리모토 레이조(堀本禮造)가 훈련시키는 별기군이 창설되자 구식 군인들은 차별 대우를 받게 되었다. 이에 따라 구식 군인들의 불만이 고조되던 가운데 도봉소에서 무위영 소속의 구훈련도감 군병들에게 한 달분의 군료를 지급했다. 그런데 겨와 모래가 섞여 있었고, 그 양이 반이나 모자랐다. 일부 군병이 선혜청과 무위영 담당자에게 항의하고 다른 군병들도 합세하여 시위가 격렬해졌다. 당시 책임자 민겸호(閔謙鎬)는 주동자를 포도청에 가두고, 고문을 가한 후 2명을 처형하도록 했다. 이 소식에 격분한 군병들이 결집하여, 소요는 대규모 폭동으로 발전했다. 성난 군병들은 민겸호의 집을 습격했고, 이후 행동 방침을 결정하기 위해 대원군을 찾아갔다. 이들 군병은 무기고를 습격하고 포도청에 난입해 동료를 구출한 뒤 관료의 집을 습격했다. 사태는 더욱 확대되어 이최응이 살해되었고, 뒤이어 궐내로 난입한 군병들에 의해 민겸호와 김보현(金輔鉉)도 살해되었다. 구식 군인들의 습격은 저녁에 일본 공사관으로까지 확대되었다.

군병이 궁궐에 침입하자 고종은 대원군에게 사태 수습을 맡겼고, 이

과정에서 대원군은 다시 정권을 장악했다. 대원군은 먼저 5영의 복설, 통리기무아문의 혁파, 삼군부의 복설을 명하여 이전 본인의 정치적 지지 기반을 복원했다. 그리고 민씨 척족을 제거하고 본인의 지지 세력인 이재면, 신응조, 신정희, 조희순 등을 주요 직위에 임명하는 인사를 단행했다. 또 자신의 정권에 대한 민심의 지지를 회복하기 위해 주전 금지, 무명잡세의 징수 금지 등을 명령했다. 하지만 군란 처리를 위해 중일 양국이 모두 이른 출병을 단행하였고, 중국 군대가 8월 25일 대원군을 톈진의 바오딩(保定)으로 납치함으로써 대원군 정권은 불과 33일 만에 무너졌다.

임오군란의 발생에는 국내적인 원인이 크게 작용했다. 그런데 임오군란의 종결은 중일 양군의 국제적인 군사 개입으로 귀결되었다. 국내에서 벌어진 한 사건이 비화하여 외부 국가들의 무력 개입을 불러온 상황. 임오군란은 이러한 상황의 출발점이 되었다.

전통적으로 한반도에 영향력을 강하게 미친 국가는 중국이었다. 물론 중국 대륙의 통합과 분열에 따라 영향력의 강도에는 차이가 났지만, 중국 이외에 변수가 될 만한 나라는 거의 없었다. 중국은 조선에 대한 전통적인 영향력(종주권)을 유지하는 수준에서 움직였을 뿐, 양국 간의 관계가 안착한 18세기 이후에는 선을 넘어 군대를 동원하는 개입은 시도하지 않았다. 하지만 19세기 후반으로 접어드는 국제적인 환경이 정책의 변화를 불러왔다. 근대 국제법을 내세운 서양 국가가 동아시아로 진출하는 가운데, 일본이 국제법적 조약을 들어 중국과 조선의 전통적인 관계에 균열을 시도했다. 임오군란 발생 이후 중국이 적극적으로 개입하는 모습은 조선에 대한 일본의 영향력을 차단하려는 의도가 작용했다. 군란 진압에 확고한 역할을 담당함으로써 조선 정부에 미치는 영향력을 유지·강화하려는 속셈이 있었던 것이다.

그렇다면 일본은 임오군란을 통해 어떠한 위치를 확보하고자 했는가. 일본의 속셈은 대략 두 가지 측면에서 살펴볼 수 있다. 하나는 〈조일수호조규〉에서 얻어 내지 못했던 이익을 확보함으로써 조일 관계에서의 우위를 차지하는 것, 둘째는 임오군란을 일본 국내 정치의 문제 해결에 이용하는 것이다. 아래에서 이 두 가지 문제를 조금 더 자세히 살펴보자.

(2) 임오군란과 동아시아 세계의 변화

임오군란 발생 직후 신식 군대 별기군의 훈련을 지도하던 참모 본부 소속 장교 호리모토 레이조와 공사관 순사, 어학 훈련생 등 관리 네 명과 민간인 두 명이 살해당했다. 폭동 발발 다음 날 서울을 탈출한 일본 공사 하나부사는 26일 남양만에 정박 중이던 영국 측량함 플라잉피시 Flying Fish호를 타고, 7월 30일 새벽 0시 30분 나가사키에 도착했다. 조선에 전신선이 부설되기 전이어서 나가사키에 상륙한 직후 전신으로 도쿄 외무성에 사태 발생에 대한 제1보를 통지했다. 당시 일본 정부 내의 최고 실력자였던 참의 이토 히로부미는 헌법 조사를 위해 유럽 출장 중이었고, 우대신 이와쿠라 도모미(岩倉具視)는 와병 중이어서 정부 정책 결정은 주로 야마가타 아리토모(山縣有朋) 참사원 의장과 이노우에 가오루 외무경에 의해 결정되는 상황이었다. 7월 30일 아침 하나부사 공사로부터 전보를 받은 야마가타와 이노우에는 즉각 조선에 군함을 파견할 것을 결정했다.

한편 같은 날 원산항 주재 영사의 보고도 일본 정부에 도착했다. 그 보고 역시 일본 정부의 출병에 중요한 근거를 제공했다.

원산 거류민 보호를 위한 군함 파견 요청*

원산 영사관에서 시모노세키를 거쳐 전신

이번 달 23일 조선 병사가 폭거하여 공사관을 불태우고 우리 쪽 3~4명, 저쪽 수십 명이 죽었다. 공사는 인천 출장 중으로 다음 날 병사가 왕궁에 들어가 세 대신 중 한 명과 미곡창의 장관을 살해했다. 그 원인은 병사에게는 쌀을 넘겨주지 않고 자기들 배만 채우는 것에 분노했던 것이다. 도적은 성문 방비를 굳히고 상인은 밖으로 나가지 못하여 평정되었는지 아닌지 지금은 알 수 없다. 이상은 판찰관(辨察官)에게서 들었다. 정박 중인 반성함(磐城艦)은 내일 아침 출항하여 시모노세키에서 식품을 싣고 곧바로 인천으로 갈 것이다. 당 항구의 거류민 보호를 위해 서둘러 군함을 보내 주기 바란다.

7월 30일 발송, 8월 1일 오후 1시 접수

조선국 원산항에서 오쿠 기세이가 외무경께

1875년 부산에서 일시적인 무력시위를 요청하는 문서를 발송한 바 있던 오쿠 기세이는 1882년 당시에는 원산항 영사로 근무하고 있었다. 오쿠 기세이는 전문에서 군란에 대한 대응책으로 다음 날 아침 시모노

* 『伊藤博文文書』(舊秘書類纂), 伊藤博文文書研究會 編, ゆまに書房, 2007, 卷 2, 39~40면.

세키(下關)에서 출항할 예정인 군함을 급히 인천으로 파견하여 거류 일본인 보호 대책을 세워 줄 것을 요청했다.

조선 주재 공사와 원산 영사의 보고를 접한 일본 정부는 같은 날 긴급 각의를 열었다. 각의에서는 조선 문제를 해결하기 위해 즉각 군함 파견을 결정하고 군함 2척에 식량과 군대 승선을 준비시켰다. 긴급 각의에서 〈조일수호조규〉 체결 시 전권대신이었던 내각고문 구로다 기요타카는 군란을 기회 삼아 조선을 점령할 것을 주장하였고, 참사원 의장 야마가타 아리토모는 일단 조선 정부와 교섭을 시도하되 회담이 부진할 경우 개항장과 전략적으로 중요한 지점들을 점령할 것을 제안했다.

각의에서 외무경 이노우에 가오루는 열강이 일본에 호의적이지 않다고 판단하여 신중론을 주장했다. 그러나 조선과 회담의 성공적인 해결을 위해서는 군대의 파견 필요성을 인정하면서도 대규모 군대의 출병 문제는 회담 결과에 따라 재검토할 것을 주장했다. 논란 끝에 각의는 이노우에의 의견에 동의하였고, 이노우에는 조선과의 교섭을 위해 서울로 돌아가는 하나부사를 군함 4척, 수송선 3척에 보병 1개 대대, 육전대 150명의 병력으로 호위케 했다.

이노우에는 하나부사 공사에게 다음과 같은 조건을 조선에 요구하도록 지시했다. 첫째, 조선 정부의 공식 사죄, 둘째, 범인의 체포와 처형, 그리고 피해자 유족에 대한 배상, 셋째, 조약 위반 및 일본이 입은 피해와 군대 출병에 대한 보상금 지급, 넷째, 금후 5년간 일본 공사관 경비를 위한 군대의 주둔, 여섯째, 조선 정부의 중대한 과실이 있었을 경우에는 거제도 또는 울릉도를 할양할 것 등이었다. 마지막으로 조선 정부가 이상과 같은 요구에 응하지 않을 경우에는 인천을 점령할 것을 제시하였다. 이노우에는 협상 방법에는 신중한 자세를 취했으나 협상 조건에서는 〈향후 5년간 공사관 경비를 명분으로 서울에 일본 군대의 주둔〉과 회담 결과에 따라 거제도 또는 울릉도 등에 대한 강제 점령안 등을 포함시켰다. 이노우에 외무상은 임오군란을 강화도조약 이후 해결하지 못했던 외교적인 현안 문제를 한꺼번에 푸는 계기로 생각하고 접근했다.

일본 측 대표로 조선에 건너온 하나부사 요시모토는 교섭을 위해 8개 조항을 제시하면서 조선 정부와 의견을 조율했다. 여기서 쟁점이 된 것은 흉도 처벌, 배상금 지급, 일본군 주둔, 간행이정(間行里程) 및 통상 지역에 관한 것 등이었다. 이 중 네 번째 사항은 임오군란의 사후 처리와는 전혀 상관없는 것이었다. 일본 측은 개항장의 간행이정 및 통상 지역 확대, 내지 여행을 요구했다. 즉 원산, 부산, 인천 각 항의 간행 거리를 사방 1백 리로 할 것, 양화진(楊花津)의 개시(開市) 및 함흥·대구 등지의 통상 그리고 일본 공사관원이 자유롭게 내지를 여행할 수 있도록 하자는 것이었다. 군란을 빌미 삼아 〈조일수호조규〉 체결 이래 양국 간 외교적 현안이었던 사안들을 관철시키려 한 것이다.

조선 측은 대구와 함흥의 통상 지역 요구에 대해 완강히 반대했으며, 간행이정과 양화진 개시에 있어서는 현재 조선의 민심을 고려하여 당분간 간행이정을 20~30리로 하고 양국 인민들의 이해가 증가하면 그때 범위를 확장하자고 제안하며, 양화진의 개시도 인심이 진정된 후 다시 의논하자는 입장을 보였다. 이에 대해 일본 측은 대구·함흥의 통상 요구는 조선 측의 반대로 철회하였으나, 양화진의 개시는 1년 후, 간행이정은 50리로 확장하며, 2년 후에 1백 리로 넓히기로 했다. 그리고 내지 여행에 관해서는 사전에 조선 정부에 통지한다는 조건으로 동의하여 대부분 일본 측의 요구를 수용했다.

8월 27일과 28일 양일에 걸쳐 교섭을 벌인 양측은 8월 29일 〈제물포조약(濟物浦條約)〉과 〈조일수호조규속약(朝日修好條規續約)〉을 체결했다. 일본은 〈제물포조약〉으로 군란에 대한 거액의 전보금을 얻어 냈을 뿐만 아니라 공사관 수비의 명분으로 군대 주둔까지 인정받음으로써 조선에서 그 영향력을 유지할 수 있게 되었다. 더욱이 군란의 사후 처리와는 전혀 상관없는 별도의 〈조일수호조규속약〉을 함께 체결함으로써 조선 측이 계속 거부해 오던 이권까지 챙겼다.

중국도 임오군란에 대한 후속 조치로 조선과 〈조청상민수륙무역장정(朝淸商民水陸貿易章程)〉을 체결했다. 8월 말에 조영하(趙寧夏)와 어윤중(魚允中)이 톈진을 방문하여 양국의 협상이 이루어졌다. 중국 측이 먼저 전문과 8개 항으로 이루어진 통상 장정의 초안을 제시했고, 양국은 수차례의 협상을 통하여 조약을 완성했다. 중국은 조선 국왕의 지위를 황제의 신하와 동일하게 둠으로써 조선이 중국의 〈속방(屬邦)〉임을 거듭 강조했다. 그리고 조선의 관세 자주권을 부정했으며, 중국 상인에게 5퍼센트의 낮은 수입 관세율과 개항장 간 무역 및 내지 통상의 특권을 부여했다. 즉 중국은 자국이 서구 열강에 강요받았던 조약의 불평등성을 한층 더 강화한 내용을 조선에 관철시켜, 조선에서 중국의 우위권을 확립하고자 했다. 임오군란 이후 강력해진 중국의 군사적 영향력 아래 조선은 중국의 요구를 대부분 수용할 수밖에 없는 처지였다. 특히 조약 제4조에 양화진 개시를 허용함으로써 한성은 공식적으로 즉시 개항장의 처지에 놓이게 되었다. 〈조일수호조규속약〉 안에 등장하는 양화진 개시 1년 후 허용 조항은 곧바로 〈조청상민수륙무역장정〉에 기재되었고, 이후 〈조영수호통상조약〉(1883)에 수록되어 최혜국 대우 조항을 통해 열강에 완전 개방되었다. 결국 임오군란의 결과물인 각종 조약은 서울을 열강의 경제적 침투에 무방비 상태로 노출시키는 계기가 되었다. 일본과 체결한 불평등 조약이 다른 조약들에도 차례로 악영향을 끼쳤던 것이다.

임오군란을 통해 일본과 중국이 조선을 두고 대결하는 구도가 확립되었다. 아직은 중국의 우위가 확실하지만, 일본은 조선에서 천천히 세력을 펼쳐 가고 있었다. 양자 간의 직접적인 충돌이 일어난 것은 2년 후의 갑신정변이었다. 당시 양자의 충돌에서는 일본이 중국에 패하면서 중국의 우위가 확고해진 듯 보였다. 그러나 일본은 이후 10여 년간 중국과의 대결을 준비하였고, 결국 청일전쟁에서 승리를 거두었다.

중국과 일본의 입장에서 보았을 때 임오군란은 조선에 대한 자국의 영향력을 키워 가기 위한 계기였다. 일본은 자신들이 군란의 피해자라는 명목으로 불평등 조약의 우위를 얻어 냈다. 국제 관계상의 이득을 확실하게 챙긴 것이다. 하지만 조선의 입장에서 임오군란은 외세의 개입이 가중되는 과정 혹은 국제 분쟁 지역이 되는 과정일 뿐이었다.

(3) 일본은 임오군란을 어떤 방식으로 이미지화했는가

임오군란에 대처하는 일본의 자세 중 한 가지 측면을 앞에서 살펴보았다. 일본은 임오군란을 이용하여 조선과의 관계에서 최대한 이득을 얻어 내려 노력했고, 또 그러한 전략이 적중하여 조약상 많은 이득을 챙겼다.

그런데 한편으로 임오군란에 맞서는 일본 정부를 바라볼 때 주목되는 점은 그들의 대처가 단순히 국제 관계상의 이득에만 국한된 방안은 아니라는 측면이다. 일본 정부는 국내 정치 문제를 해결하는 데 임오군란을 이용했다. 이는 어떤 의미인가. 이 점을 자세히 살펴보자.

1873년 정한론 정국에서 탈락한 정치 세력들은 메이지 정부, 곧 국가가 주도하는 증세 정책과 전제 정치를 비판하면서 대중적인 지지 기반을 확대해 나가고 있었다. 1880년대 들어 반정부 세력은 2부 22현에서 모은 8천7백여 명의 서명을 바탕으로 국회 기성 동맹을 설립하고 국회 개설 청원 운동을 전개하며 자유 민권 운동 세력으로 성장했다. 그들은 구체적으로 민권 신장을 위한 제도적인 장치로서 의회 설립을 주장했다. 민권 세력의 의회 설립 운동은 1880년에 접어들면서 더욱 격화되었고, 정부는 집회 조례 등을 제정하여 억압했다.

메이지 유신 이후 일본 자본주의는 정부의 보호·육성에 힘입어 성장했다. 그러나 근대화 정책을 추진하기 위해서는 방대한 경비가 필요했다. 일본 정부는 재원이 충분치 못했기 때문에 불환 지폐를 발행하여 재정을 조달했다. 그러나 1877년 정한 논쟁에서 탈락한 세력이 주도했던 세이난(西南) 전쟁 시기 전비 조달을 위해 불환 지폐를 남발하였고, 무역 면에서도 부진을 면치 못하면서 인플레이션이 발생하여 물가가 등귀했다. 일본 정부는 1881년 대장경이었던 마쓰카타 마사요시(松方正義) 주도로 긴축 재정을 실시하여 세출을 억제하였고 증세를 통해 세입 증가를 시행하여 불황을 방지하고자 노력했다. 하지만 물가 급등과 증세 정책은 농민층과 지주, 상공업자 등의 광범위한 저항을 불러왔다.

일본 정부 주류 세력의 입장에서 보면 1881~1882년은 위기의 시기였다. 정부로서도 일정 정도 민권파의 정책을 수용할 수밖에 없었다. 결국 메이지 정부는 10년 뒤 1890년 의회 개설을 약속하며 민권 세력과 타협했다. 앞서 잠시 언급했지만 이토 히로부미가 유럽 출장을 갔던 이유는 정부의 의회 개설에 대비한 외유였다. 10년 내 의회 개설이라는 성과를 거둔 민권파는 정부에 대한 비판 수위를 더욱 높여 가며 정치적으로 압박을 가했다. 메이지 정부 입장에서는 증세와 긴축 정책을 추진하면서 동시에 민권파의 정치적인 세를 누르고 민중의 지지를 정부 쪽으로 끌어와야 하는 지난한 과제 앞에 서 있었다. 바로 이런 시기에 임오군란이 터진 것이었다.

일본 정부는 임오군란 발발 과정에서 별기군 교관으로 있던 호리모토와 공사관 순사 등이 살해당한 사실을 신문 등 다양한 통로를 이용해 확대 유포했다. 곧 조선 내 개항 저항 세력의 정변을 메이지 유신 이후 〈해외에서 일어난 최초의 반일 운동〉으로 왜곡·전달하고, 아울러 중국과의 전쟁 위기를 확대 보도하면서 국내적으로는 민권 세력의 확장을 제도적으로 규제하는 장치를 속속 제정했다. 이른바 메이지 정부의 체제 구축에 저항하는 내부 문제를 해결하는 결정적인 계기로 이용했던 것이다.

임오군란 발발 소식을 전신으로 접수하고 당일로 군대 파병을 결정한 일본 정부는 그로부터 일주일 뒤 전국에 전시와 사변 시에 발동하는 〈계엄령〉을 발령했다. 메이지 유신 이후 최초의 계엄령이었다. 계엄령 발포 당시 국내적으로 새로운 정치적 상황이 발발한 것은 아니었다. 군란의 진행 과정에서 일본인 군사 교관을 포함하여 일본인 6명이 해외에서 피살되었을 뿐이었다. 하지만 이후 일본 정부와 신문들은 임오군란

을 메이지 유신 이후 최초의 해외에서의 반일 운동으로 보도하기 시작
했다.

일본 정부는 타이완 출병(1874)과 류큐 합병(1879) 등으로 중국과의
관계가 일시적으로 긴장 상태를 맞이한 적은 있었으나 중국의 소극적
인 자세로 중일 양국의 전면적인 대결까지 발전하지는 않았다. 그러나
임오군란이 일어났을 때 조선에 대해 전례 없이 신속하고 직접적인 중
국의 군사적 개입이 진행되면서 조선을 둘러싼 중일 간의 대립은 외교
정책 문제가 아닌 대중적으로도 일본인들의 관심을 고조시키는 계기가
되었다.

7월 30일 새벽, 하나부사가 나가사키에 도착하여 정부에 보고한 이후
일본 정부는 당일 각의에서 군대를 파견하여 조선 문제를 교섭할 것을
결정하면서도, 하루 정도 보도를 통제한 뒤 국내 신문에 관련 정보를 제
공했다. 신문들은 이때 이후 연일 기사와 논평 및 사설을 통해 조선 문
제를 보도했다. 그야말로 천하의 인심이 이 사건에 집중하여 거의 다른
일을 돌아볼 겨를이 없을 지경이었다. 〈경성부병(京城府兵) 수백 인 봉
기, 우리 공사관을 포위 공격〉(『유빈호치 신문』, 1882. 7. 31), 〈조선 폭
도의 공사관 습격 상보〉(『도쿄니치니치(東京日日新聞) 신문』, 1882. 7.
31) 등의 제목으로 상황 발생을 처음으로 보도하기 시작한 일본 신문들
은 중국군의 출동과 일본 측의 대응 자세 등에 대해 세밀히 보도했다.

대부분의 기사와 사설의 논조는 〈대원군, 민비 및 그 일족을 독살, 수
구당 내부에 추악한 항쟁〉(『지지 신보(時事新報)』, 1882. 8. 7), 〈격도(激
徒), 왕궁에 난입 민비를 살해, 한국 황제의 운명 풍전등화〉(『도쿄니치
니치 신문』, 1882. 8. 7) 등의 제목에서 보는 것처럼 일본 측의 피해를 과

장하고 사태의 성격을 왜곡하는 경향이 뚜렷했다. 제4장 서두에 제시한 자료에서 그런 의도를 잘 읽을 수 있다.

하지만 일본 측의 조선 인식이 처음부터 이런 식으로 형성된 것은 아니었다. 임오군란 직전인 1882년 3월 일본을 대표하는 사상가였던 후쿠자와 유키치(福澤諭吉)는 다음과 같은 논설을 발표한 바 있었다.*

조선의 교류를 논하다

그리하여 이미 논한 바와 같이 조선이 미개하다면 이를 유도하고, 지도하여야 하며, 인민이 완고하다면 이를 깨우쳐 주어야 할 것이다. 그런데 조선에도 막말(幕末) 일본 낭사의 무리가 외국인을 적대시한 것과 마찬가지로 개국을 반대하는 무리가 있다. 그들은 일본을 적으로 생각하고 있다. 그러므로 조선에 있는 일본인의 안전을 위해 필요하다면 군인을 주둔시키는 것도 불가피한 일이다. 한편 금후의 세계 정세는 서양 문명이 날로 진보함에 따라 군비 증강은 물론이요, 병탄의 욕심 또한 커지고 있으며, 이것이 표면화될 지역은 아세아의 동방임이 분명하다. 이에 즈음하여 아세아의 각국이 협력하여 서양의 침략을 방지하기 위해서는 어느 국가이든 맹주가 있어야 한다. 허심평기(虛心平氣)하게 생각하여 보아도 일본 이외에 다른 국가가 있을 수 없다. 흔히 〈보거순치(輔車脣齒)〉의 관계라고 말해지는 것을 실지로 보여야 한다. 만일 그렇지 못하여 중국과 조선의 땅이 서양인의 손에 떨어지게 된다면 흡사 이웃의 불로 해서 자기 집에 불똥이 튀는 것과

* 『지지 신보』, 1882. 3. 11.

마찬가지 결과가 될 것이다. 때문에 우리 일본이 중국의 형세를 우려하고 조선의 국새에 간섭하는 것은 감히 일에 참견하기를 좋아하기 때문이 아니고 일본 자국의 피해를 예방하기 위한 것임을 알아야 할 것이다. 이것이 우리가 조선의 일에 대해서 특히 정부의 주의를 환기시키는 이유이다.

이 글에서 후쿠자와는 서양 열강의 동아시아 침략을 강조하고, 일본과 조선의 관계를 〈보거순치〉, 곧 입술과 치아 혹은 수레의 덧방나무와 바퀴같이 밀접한 관계로 비유하면서 아시아 각국(한·중·일)의 협력을 강조했다. 이러한 내용은 일본과 조선의 우호적인 관계를 강조하는 방향이었지, 양자 간의 갈등이나 대결을 부추기는 분위기는 아니었다.

그러나 개혁의 〈지원〉과 열강의 침략에 대한 〈연대〉를 명분으로 한 조선 인식은 임오군란이라는 새로운 국면을 맞이하여 완전히 돌변한다. 다음의 기사들을 보면 당시의 분위기를 생생하게 느낄 수 있다.

조선의 사변*

이번의 변사는 수백 명의 폭도들이 우리 국기에 발포하고, 온갖 포악한 짓을 하는데도 조선 정부는 자기방어에 바빠서인지 전후 일곱 시간의 방전(防戰) 중 단 한 명의 병사도 보내지 않고, 일본 공사 일행이 자기 힘으로 빠져나와 궁전의 성문에 도달해서 보호를 요청하였음에도 성문 안으로 들어갈 것을 허가하지 않아, 공사 일행은 자기 힘

* 『지지 신보』, 1882. 7. 31.

으로 겨우 이 난국인 조선으로부터 퇴거할 수 있었다. 이런 이유 때문에 일본과 조선의 양국 관계는 7월 23일 이후 이미 외교를 중단하고 화친 수호의 교제가 아니라 교전(交戰) 상태에 있다.

조선 사변 속보[*]

이 적도(敵徒)는 척화양이를 주장하여 정부를 장탈하려는 역모가 있고, 갑자기 병사를 일으켜 왕궁을 포위하고 왕비 이하를 시살하는 등 악역을 행하고, 당로대신(當路大臣)을 살해하고 일본 공사관을 습격하여 충렬(忠烈) 용무(勇武)한 전습병(傳習兵)을 엄살(掩殺)하고, 반역의 음모가 전국에 미쳐 도리어 대원군의 신정부가 되었다. 이 신정부에 대해서 화방(花房) 공사는 일본 사신(使臣)의 자격을 잃은 자이다. 화방 공사를 다시 경성에 들어와서 담판시키는 이유는 정부 전복(轉覆)의 일보(一報)로 완전히 소멸했다고 봐야 한다. 그런 가운데 소수 중대(中隊)의 호위병만을 가지고 우세한 적병 가운데 들어가는 것은 실제의 군략에서 무모한 것이다. 조선 정부는 반적의 손에 들어갔다. 우리 일본은 이 반적을 인정하고 마땅한 조선 정부라고 보지 않는다. 어디까지나 전례의 정부를 마땅한 정부로 인정하고 그 정부를 도와주어야 한다. 반도(叛徒)들은 우리 일장기를 모욕하고 우리 국민을 살해하는 악역인이기 때문에 그 죄를 엄중하게 문책하고 사기(事機)를 가능한 한 신속하게 처리해야 한다. 신속히 문무전권변리대신(文武全權辨理大臣)을 파견하여 경성에 들어가 이번 사건을 처리해야 한다.

* 『지지 신보』, 1882. 8. 7.

이번 군란이 만약에 정권을 목적으로 일어난 것이라면 정부에서 개진파를 적으로 세운 것은 분명하다. [보수의 통령(統領) 민씨(閔氏)를 습격했다는 보도가 있었는데 그것은 단지 혼란 상태에서 일어난 우연의 사고에 불과하다. 폭도의 정신은 결코 보수주의를 원수로 하는 것이 아니라고 할 수 있다.] 이미 개진주의에 대해서 적대시한다면 그 적도는 조선국에 있어서 나라의 개명을 방해하는 것만이 아니라, 현재 개진주의자인 국왕의 뜻에 배신하는 자이기 때문에 법률에 있어서도 관실(慣實)에 있어서도 분명히 국적(國賊)이고, 왕실의 죄인이라고 말해야 한다. 여기서 우리 일본의 적의 소재를 밝히면, 그 적은 왕실에 있는 것이 아니라, 개진당에 있는 것이 아니라, 보수완명(保守頑冥)의 일파에 있다고 단정해야 한다.

조선 사변의 속보에서 대원군이 정사를 장악하고, 왕비 및 세자비, 이최응, 김보현, 민대호, 민겸호, 윤웅렬도 살해됐다고 한다. 원래 이번 사변은 조선 정부 내의 보수당과 개진당의 갈등에서 발생했다고 하면, 이씨 이하 다섯 명 중 윤씨를 제외하고는 다 보수주의자이기 때문에, 보수당이 보수주의의 사람을 살해하는 것은 전혀 이해할 수 없는 일이다. 거기다 대원군이 정사를 장악하기 위해서 왕비 및 세자비를 살해했다는 것은, 대원군에서 보면 며느리와 손자며느리를 살해하는 것이기 때문에 인정에 있어서는 믿을 수 없는 일이지만, 조선국의 20년간의 사정을 자세히 살펴보면 이해가 된다.

일본 정부는 8월 7일 전시 혹은 사변 시에 군대를 동원하여 통제하기 위한 〈계엄령〉을 처음으로 제정 발포했다. 계엄령 발포에 뒤이어, 8월

14일에는 또다시 징발령을 제정·공포했다. 징발령은 〈전시 혹은 사변시 육군이나 해군 전부 또는 일부를 동원함에 있어 그 소요의 군수를 지방의 인민에게 부과하고 징발하는 데 관한 법〉으로, 단 평시라 하더라도 연습 및 행군 때에는 적용 가능한 법이었다. 일본 정부와 군부는 국민에 대한 군사 지배 및 군사 행동에의 협력 체제를 합법적으로 정비 강화했다. 야마가타는 8월 15일, 〈이제 우리에게 힘으로써 다투고자 하는 자는 직접 가까이에 있는 자〉라고 하여 일본의 가상 적국으로 중국의 위협을 강조했다.

임오군란의 결과, 중일의 군사 대결 가능성이 현실화되고 대외 문제에 대한 일반 국민들의 관심이 고조되자 일본 군부의 지도층은 긴축 재정으로 축소되었던 군비 확장의 필요성을 강조하기 시작하였고, 정부는 대내적인 지배 체제 강화를 획책했다. 임오군란 당시의 군사 동원은 참모 본부 설치 후 최초의 동원이었을 뿐만 아니라 그 규모 또한 엄청난 것이었다. 더하여 군대의 소집과 동원 과정을 천황의 칙명으로 시행하였으며, 관리의 파견과 귀국 이후 복명 등에 관한 사항을 천황이 직접 칙어를 내리는 형식을 취했다. 즉 군대 통수권 및 군사 외교 대권의 유일한 주체로 일체의 간섭을 인정하지 않는 천황상(像)이 임오군란을 계기로 명확히 등장한 것이다.

결과적으로 일본은 조선의 임오군란을 조선과는 강화도조약 체결 이래 외교적인 현안 문제를 해결하는 계기로 이용하는 한편, 국내적으로도 메이지 유신 이후 이른바 체제 구축기의 내부 문제를 해결하는 결정적인 계기로 이용했다.

지금 보는 그림은 주간지 『단단진분(團團珍聞)』에 실린 삽화인데 강

1882년 일본의 잡지 『단단진분』에 실린 삽화

화도조약 체결 당시 전권대신이었으며 임오군란 당시 출정군의 사령관
으로 임명된 구로다 장군이 일본군을 통솔하며 조선을 향해 출진하는
모습을 묘사한 것이다(1882. 8. 14). 그림 속의 군대가 늠름하게 느껴지
는가. 아니면 약간은 오합지졸의 모습으로 받아들여지는가. 주목할 만
한 것은 삽화의 우측에 보이는 야포(유리 대포)와 군량(고구마)이다. 이
런 삽화를 그린 의도는 현재 일본군의 군비가 모자라 군대의 위용을 갖
추기 어렵다는 점을 강조하려는 것이었다. 독자들로 하여금 일본 군대
를 제대로 정비해야 한다는 필요성을 느끼도록 삽화 속에 여러 장치를
배치했던 것이다.

　1882년 7월의 임오군란은 조선의 준비 없는 개항의 결과로 발생한
정변이었다. 결과적으로 조선 정부는 정부의 개방 정책에 반대했던 대

원군 세력을 외국 군대의 힘을 빌려 저지하고 권력을 유지했다. 그때 이후 서울에서는 외국군이 상주하는 상황이 전개되었다.

한편 일본에서도 메이지 정부가 추진했던 개혁 정책의 결과 최대의 위기에 봉착했던 것이 1881년이었다. 일본 정부는 임오군란을 최초의 해외 반일 운동으로 선전하며 불안한 국내 정치 상황과 재정 상황을 체제 내로 흡수하는 계기를 마련했다.

임오군란으로부터 두 번의 세기를 뛰어넘은 얼마 전의 동아시아 상황을 잠시 회고해 보자. 아베 신조(安倍晋三) 총리가 이끌었던 일본 정부는 북한의 미사일 개발을 국내 정치적인 소재로 이용한 측면이 있다고 보인다. 미국을 향한 북한의 미사일 개발 상황을 일본이 직면한 엄중한 대외 위기 상황임을 강조하면서 외부의 심각한 위협에 직면한 듯한 분위기를 조성했다. 북한에서 쏘아 올린 미사일이 수도 도쿄에 떨어지는 상황을 가정하여, 지하철역과 유원지 등에서 주민을 대상으로 대피 훈련을 했던 일은 한국 언론에도 보도되었다(『연합뉴스』, 도쿄서도 북한 미사일 대피 훈련…… 시민들 〈위협 부추긴다〉 항의, 2018. 1. 22). 초등학교 교실에서 어린 학생들이 책상 밑으로 몸을 숨기는 방공 훈련, 달리는 전철을 정지시키고 승객들이 대피하는 훈련 등을 언론을 통해 접하며 만감이 교차한다. 국민들의 위기감을 한껏 부채질하는 일본 정부의 모습에서 140여 년 전 임오군란 당시의 모습을 떠올리는 것은 상상력이 지나친 것인가?

[연표 5] 임오군란과 세계

날짜	전개 과정
1882. 5. 22	〈조미수호통상조약〉 체결
7. 23	무위영 군인 봉기(임오군란) 발생
7. 30	하나부사 일본 공사, 나가사키 도착. 군란 발생을 본국에 보고 일본 내각 조선 출병 결정
8. 5	〈계엄령〉 제정
8. 8	중국의 무력 개입 결정
8. 10	군함 3척, 인천 월미도 도착
8. 12	일본 공사, 호위를 받으며 육해군과 함께 인천 제물포 도착 〈징발령〉 제정 발포
8. 13	미국 군함 모노카시호, 인천 월미도 도착
8. 15	일본 공사, 1개 중대 이끌고 입경
8. 19	중국군, 남양만 도착
8. 24	중국군 제독 오장경, 군대를 이끌고 입경(약 3천 명)
8. 25	중국군, 대원군 납치. 톈진으로 호송
8. 29	일본과 〈제물포조약〉, 〈조일수호조규속약〉 체결
10. 4	중국과 〈조청상민수륙무역장정〉 체결

5장

거문도 점령 사건과 〈한반도 4강 체제〉
: 열강은 한반도를 어떻게 바라보았나(1885)

러시아와의 전쟁이라는 만일의 불행한 사태와 관련해서, 내각은 조선 영
토인 거문도 점령 문제를 고려했습니다. 그리고 그랜빌 외무부 장관은 유
사시 점령이 가능하도록 만들기 위해서 중국, 일본과 점령에 따른 협정을
만들도록 노력해야 할 것입니다.

　　　　　　　　　— 영국 외교 문서, 영국 총리 글래드스턴이 여왕에게*

(1) 조선 정치는 외세를 어떻게 바라보았나

　1880년대 초반에 시작한 조선 정부의 개혁·개방 정책을 뒷받침한 것
은 개화파라 불리는 일군의 관료 집단이었다. 하지만 임오군란을 통해
중국과 일본이 조선을 두고 본격적으로 겨루는 정세가 등장하면서, 개
화파는 중국과 일본에 대한 인식과 판단에 따라 두 그룹으로 분화되었
다. 일반적으로 중국에 가까운 입장을 표명한 세력을 온건 개화파(=동
도서기론자, 시무 개화파), 일본에 가까운 인식을 보여 준 세력을 급진

* Mr. Gladstone to the Queen, April 4, 1885, Cab 41/19/N42.

개화파(=문명개화론자, 변법론자)로 나누어 볼 수 있다.

외세에 대한 입장으로 나누었지만 그것은 단순히 어느 나라를 선택하느냐의 문제가 아니었다. 서구 문물의 수용 정도와 개화의 방법론을 둘러싸고 중국의 방법을 선택할지, 일본의 방식을 따라갈지의 문제가 크게 대두되어, 그룹이 분화되었던 것이다. 온건 개화파는 임오군란 이후 3천 명의 군대를 주둔시키고 조선의 정치·경제·외교 문제에 적극 간섭하고 있던 중국의 힘을 인정하는 쪽이었다. 전통적인 중국 중심의 동아시아 국제 질서를 인정하고 그에 의지해야만 열강들 속에서 국가의 안보를 지킬 수 있다는 생각이었다. 이들은 새로운 무기, 제도의 수입을 당연히 중국을 통해 진행해야 한다고 주장하면서, 중국 개화 정책의 기조였던 중체서용(中體西用)을 닮은 동도서기(東道西器)적 원칙을 고수했다. 온건 개화파의 대표적인 인물로는 김윤식(金允植)·어윤중·김홍집 등을 들 수 있으며, 민씨 척족을 비롯한 당시 정치권력의 핵심 세력들 다수가 여기에 속했다.

반면 급진 개화파는 임오군란 이후 조선에 대한 중국의 영향력 행사는 주권 국가로서의 독립을 현저히 침해하고 있다고 생각했다. 이들은 전통적인 중국 중심의 동아시아 질서보다는 근대 국제법적 질서를 조선이 완전하게 받아들이기 위하여, 중국과의 조공 책봉 관계를 폐지해야 한다고 주장했다. 이들이 중국을 대신해 중요한 파트너로 생각한 세력은 일본과 서양이었다. 특히 메이지 유신을 통해 근대 국가로 변모한 일본을 여러 가지 측면에서 조선 개혁의 중요한 모델로 생각했다.

급진 개화파의 대표 격인 김옥균(金玉均)·박영효(朴泳孝)는 임오군란으로 대원군 세력이 제거된 틈을 타 정치적으로 급성장하고 있었다. 박

『한성순보』제3호, 국가등록문화재, 서울대학교 소장

영효는 1882년 9월에 임오군란 수습과 관련한 수신사의 정사로 일본에 파견되었으며, 김옥균은 고문으로 수행했다. 이들은 일본에서 근대 문물을 시찰하고 일본 정계의 주요 인물 및 도쿄에 주재하던 영국, 미국, 러시아 등 각국 외교관들과 폭넓게 교류했다. 박영효는 일본에서 귀국한 직후 오늘날 서울시장인 한성부 판윤에 임명되었다. 이때 박영효는 개화파의 개혁 의도를 반영하여 근대적 개화 사업을 적극적으로 추진했다. 먼저 치도국(治道局)을 설치하고 도로 정비 사업을 추진하였으며, 순경부(巡警部)를 설치하여 근대적 경찰 제도를 실현하고자 했다. 또한 박문국(博文局)을 설치하고 근대 신문 발간을 추진했다. 그 결과 우리나라 최초의 신문인 『한성순보(漢城旬報)』가 1883년 10월에 간행되었다.

그러나 이들 급진 개화파는 임오군란 이후 점차 확대되는 중국의 간섭과 당시 권력의 실세인 민씨 척족 등의 견제로 더 이상 성장하기 어려웠으며, 개화 사업 또한 주도적으로 실행하기 어려운 입장에 처하게 되었다. 박영효는 민씨 척족의 견제로 한성부 판윤에서 물러나 광주 유수로 자리를 옮겼다가 물러났으며, 김옥균 또한 민씨 척족 등의 집중적인 공격을 받고 있었다.

이들은 정부의 정책 추진과 관련해서도 사사건건 대립하고 있었다. 예컨대 재정 곤란을 타개하기 위한 방안을 둘러싸고 날카롭게 대립했는데, 민씨 척족과 묄렌도르프Paul Georg von Möllendorff 등은 당오전을 주조하여 해결하려 했고, 김옥균은 일본으로부터의 차관 도입을 제시했다. 또 군제 개혁 방안을 둘러싸고도 중국식과 일본식으로 상호 대립했다.

개화파는 개화 사업이라는 공통의 목표를 위하여 고종의 두터운 신임을 받으며 정계에서 중요한 역할을 담당하였으나, 이들 정치 세력 간 대립과 갈등은 임오군란 이후 중·일의 조선 정책과 연관되어 분열과 대립이 심화되어 갔다. 개항 이후 조선에 가장 강력한 외압으로 작용한 중·일 두 나라의 내정 개입과 세력 확장은 조선 자체의 의지와 역량만으로는 근대화를 추진하기 어렵게 만들었다. 더구나 1882년 임오군란 이후 조선의 내정과 외교에 직접 간섭하기 시작한 중국의 대조선 정책은 제국주의 국가의 식민지 지배 방식을 그대로 답습한 것으로서, 조선의 국가적 독립을 위협하고 있었다. 이에 조선의 근대화는 국가적 〈독립〉이 저당 잡힌 상태에서 추진될 수밖에 없었다. 근대화 정책 추진을 둘러싸고 정치 세력 간 첨예한 대립과 갈등의 연장에서 1880년대 조선 최대의 정치적 격변이라 할 수 있는 갑신정변이 발생했다(1884. 12).

갑신정변의 단초가 된 것은, 1884년 초 조선을 둘러싼 국제적 환경이 변화하는 상황이었다. 중국이 베트남 문제를 둘러싸고 프랑스와 전쟁에 돌입하고 1884년 8월 프랑스 함대가 타이완을 봉쇄한 가운데 서울에 주둔하고 있던 3천 명의 중국 군사 중 1천5백 명을 조중 국경 지역으로 철군시키는 사건이 발생했다. 당시 서울에는 중국과 일본 사이에 전쟁이 터진다는 소문들이 퍼져 있었고 외교가에는 일본과 프랑스의 동맹설이 나돌았다. 일본 정부는 청불전쟁을 계기로 조선에 대한 정책을 적극화하는 방향으로 나아가고 있었다. 1년간 서울을 떠나 도쿄에 머무르고 있던 주조선 일본 공사 다케조에 신이치로(竹添進一郎)는 1884년 10월 서울로 복귀한 이후 급진 개화파에 적극적으로 접근하기 시작했다. 이러한 가운데 김옥균 등의 급진 개화파는 민씨 척족과 온건 개화파(친중파)의 정치적 공세에 밀려 당시의 상황을 위기로 인식하고 있었다. 이들은 중국으로부터의 〈독립〉을 이루고 본격적으로 조선의 개화 정책을 추진하기 위해서는, 쿠데타적인 방법으로 정권을 장악하는 것이 필요하다고 생각하게 되었다. 중국 군대가 절반이나 빠져나간 지금이 절호의 기회라고 여긴 그들은 정변의 구체적인 준비 작업에 착수했다. 일본 공사의 후원을 확인하고 일본 군대를 무력 기반으로 이용할 것을 결정했다.

우리가 잘 알고 있듯이 개화파의 쿠데타 시도는 결국 〈삼일천하〉로 실패했다. 그리고 보통 실패 원인 중 하나로 국제 정세에 대한 판단의 오류와, 친일 세력과의 결탁으로 민중의 지지를 얻지 못했다는 것 등을 제시한다. 그런데 여기서 질문을 던져 보자. 〈국제 정세에 대한 판단의 오류〉는 무엇을 의미하는가. 중국과의 대결에서 패배할 수밖에 없는 일본을 파트너로 선정한 것이 오류라는 것인가. 아니면 다른 국가(서양 세력)를 파트너로 삼지 못한 것이 오류라는 것인가. 혹은 조선에 대한 야욕을 가진 일본이 조선을 〈진심〉으로 도와줄 리 없는데 순진하게 일본과 결탁했기 때문에 오류라는 것인가.

급진 개화파 세력은 갑신정변의 준비 과정에서 일본과만 접촉을 시도한 것은 아니었다. 당시 조선과 조약을 체결하고 외교관이 주재하고 있던 영국, 미국과의 빈번한 접촉을 통해 정변에 대한 지지와 승인을 받을 수 있는 길을 모색했다. 조선이 서양과 체결한 조약은 근대 국제법의 원리에 기반하여 조선이 주권 독립 국가임을 인정하고 있었다. 반면 〈조청상민수륙무역장정〉은 형식만 조약의 모습을 취했을 뿐, 조선은 중국의 〈속국〉이라는 입장을 강조하며 주권 독립 국가임을 부정하고 있었다. 급진 개화파는 중국의 영향력을 차단하고자 자주적 개혁을 추진했다. 이런 상황이었기 때문에, 급진 개화파는 일본과 더불어 서양 세력의 지원을 기대했다. 자료를 통해 급진 개화파와 서양 세력 간의 관계를 살펴보자.

오후 4시에 애스턴W. G. Aston(영국 영사)과 미국 공사를 방문하여 모두 어제의 일을 가지고 이야기했다. 〈다케조에(일본 공사)의 행동을 보니 전일과는 매우 다릅니다. 이를 미루어 보건대, 일본은 장차 중국과 전쟁의 실마리를 만들자는 것이 아닙니까〉 하니, 애스턴은 〈그렇지 않을 겁니다. 지금 일본의 육해군이 중국보다 강한 듯하나, 전쟁은 매우 곤란하고 또 중국과 일을 벌여 봐도 일본에 도움이 되지 않을 것입니다. 내 소견으로 미루어 보면, 조선 사람에게 강함을 보이려 한

듯합니다〉라고 했다. (……)

　다음으로 미국 공사를 찾아보고 국내 정세의 어려움과 시세의 곤란을 통틀어 이야기하니, 미국 공사는 내가 말한 바에 찬동하지 않은 것이 없었다. 오직 〈어젯밤 동정은 공과 내가 다 같이 본 바입니다. 다케조에가 새로 와서는 그의 유약하던 태도가 아주 변했으니 이것이 기쁜 일입니다. 그러나 지금 귀국을 위해서는 중국과 일본의 군사를 철수해 가는 것이 가장 급선무입니다. 참으로 공이 전에 말한 바와 같이 한다면, 나도 또한 다소라도 주선해 드릴 것이니, 우선 안심하고 시세를 서서히 살피기 바랍니다〉 한다.

　　　　　　　　　　　—『갑신일록』11월 5일(정변 발생 약 30일 전)

　『갑신일록』은 정변 실패 후 망명지 일본에서 김옥균이 남긴 정변의 전말에 대한 기록이다. 자기변호를 위해 서술했다는 측면이 있기 때문에, 사실 그대로 받아들이는 것에는 주의해야 한다. 그러나 정변 이전 영국, 미국과의 접촉을 지속적으로 진행한 사실은 확인할 수 있다.

　이상의 자료를 보면 영국 영사는 일본 측의 정책 변화가 없었다고 판단한 반면, 미국 공사는 개화당의 판단을 지지하고 지원할 의사가 있는 것으로 김옥균은 받아들이고 있었다. 이후 개화당은 영국보다는 미국 공사와 적극적으로 접촉했다. 미국 측은 단지 시기에 대한 이견을 제시하였을 뿐, 거사 자체에 대한 부정적인 반응은 없었던 것으로 파악하였다.

　미국 공사가 그의 부인과 함께 내방하였다. 내(김옥균)가 공사와 잠시 밀담할 일이 있다 하였더니, 부인은 먼저 돌아갔다. 나는 또한 국내 사세가 잠시도 이대로 끌고 나갈 수 없음을 토로하고, 무릇 전일 왕래하며 상종할 때에도 이런 이야기를 한 것이 한두 번이 아니었다. 그러나 이날 논한 바는 나의 포부를 한 번에 깊이 드러내어 그의 뜻을 시험하기 위한 것이었다. 은연중에 근간 한번 개혁을 도모하겠다는 뜻을 비쳤으나, 미국 공사는 놀라지도, 괴이하게도 여기지 않고, 미국 공사도 이미 살펴 알고 있음을 나도 또한 듣고 있었다. 조용히 답하였다. 〈공들이 전부터 나라를 위해 한번 죽을 뜻을 가지고 있는 것을 내가 깊이 믿고 흠모하던 바입니다. 그러나 내가 귀국에 도임한 이래로 우리 나라 정부가 비밀로 지시한 것과 나 개인의 심중에 품은 것을 하나도 펴지 못하였습니다. 그러니 내가 마땅히 일찍 돌아가야 할 것이지만, 이처럼 머뭇거리는 것은, 실로 귀국의 독립을 공들에게 기대한 바가 있어서입니다. 다만 청국 병사를 철수시키는 일에 대해서는, 공들의 전후 간청을 나도 깊이 생각한 바 있습니다. 지난날 다케조에가 다시 오기 전에 내가 시마무라 히사시(일본 공사관 서기관)에게 상의하여 그로 하여금 일본 외무경과 의논해 보도록 하였습니다. 이는 나 개인의 견해도 아니요, 또한 전혀 견해가 없는 것도 아닙니다. 바라건대 공들은 나라와 몸을 위하고, 또 나의 충고를 받아들여 우선 조용히 조금 기다려 보는 것이 좋겠습니다〉 한다. 나는 웃으며 말하기를, 〈내가 지금 말하는 것도 오늘 내일의 일을 이야기하는 것은 아닙니다. 공은 우리나라를 위해 진력하시는 뜻을 늦추지 말기를 바랍니다〉 하니, 미국 공사도 웃고 이야기하다가 헤어졌다. 허다한 얘기가 있었으나 다 적을 것이 못 된다.

위의 자료는 정변 거행 20일 전의 상황에 대한 기록이다. 김옥균은 개화당의 거사 계획을 미국 공사에게 구두로 전달했는데, 미국 공사는 개화당의 계획을 이미 알고 거사 자체에 대해서는 묵시적으로 동의를 표명하였으나, 결행 시기에 대해서는 좀 더 두고 볼 것을 권유했다고 기록하고 있다. 무력을 사용한 정변을 계획하는 와중에, 왜 미국 공사에게 자신들의 거사를 미리 알린 것일까. 김옥균이 미국 공사와 대화하는 모습을 미루어 볼 때 급진 개화파들은 일본뿐 아니라 서양 국가, 특히 미국과 영국의 지지와 지원을 얻고자 했다. 조선 주재 영국과 미국의 외교 책임자를 통해 급진 개화파는 거사 실행에 대해 이미 통고하였고, 정변 계획에 대해 적어도 영국과 미국의 현지 외교 책임자들의 묵시적인 동의를 얻고 있었던 것으로 기록하고 있다. 아래의 자료는 정변 열흘 전 영국·미국 공사에게 거사 계획을 다시 한번 전달하는 장면이다.

애스턴에게 답례하러 갔다. 이야기하던 차에 중국과 프랑스에 관계된 일, 일본과 중국의 장래에 관한 일이 나왔다. 이어서 〈조선 내정이 날로 위급해지니, 내가 중국과 프랑스가 싸우는 틈을 타서 한번 내정 개혁을 도모하고자 하는데 어떨지 모르겠습니다〉 하니, 애스턴은 말하기를 〈공들이 나라를 위해 결정한 뜻을 나도 살펴 아는 바가 있으므로, 이미 파크스 공사에게 보고하였습니다. 공사가 내년 봄에는 반드시 한번 동방에 올 것이요, 겸하여 공들과 상의할 것을 내가 확신하는 바입니다. 공들은 조금 더 시기를 기다리는 것이 어떻겠습니까?〉

한다. (……)

　나는 또 말하기를 〈사태의 변동으로 말하면, 사람이 추측하기 어려운 바이지만, 만일 조만간에 뜻밖의 일이 일어나면, 당장의 안위는 나와 그대가 다 같이 넘길 수 있는 것입니다. 그러나 나중에 이르러는 결국 내가 그대에게 깊이 기대하는 바이니, 파크스 공사와 더불어 선후책(善後策)을 도모하기 바랍니다〉. (……)

　미국 공사는 마지막으로 간절히 말하기를,

　〈공들이 만일 시일을 끌 수 없는 상황이거든, 잠시 국내의 산천을 유람하거나 또는 상하이·나가사키 등지로 갔다가 수개월 뒤에 돌아와서 일을 꾸미는 것도 또한 나쁘지 않을 것입니다. 이것은 내가 진정으로 토로하는 것이니 공은 잘 헤아려 주십시오……〉 하였다. 내가 이때를 당하여 또 외유(外遊)를 할 수 없다는 뜻으로써 말하니, 미국 공사는 〈내가 평안도(平安道) 등지를 유람하고자 한 지 오래였으나, 미처 여가가 없었습니다. 지금 추운 철이기는 하나 내가 공을 위해 춥고 더운 것을 불구하고 잠시 나가서 구경할까 합니다. 나가사키에 있는 우리 군함을 앞서 일본 우편함(郵便船) 편에 급히 인천에 와서 대도록 하였으니 그 배가 온 뒤에 나와 함께 잠시 평양(平壤)에 가는 것이 어떻겠습니까?〉 하였다. 은근한 그의 뜻이 매우 고마웠다. 저녁을 같이 하고 밤이 깊어서 돌아왔다.

　　　　　　　　　　　—『갑신일록』 11월 24일(정변 발생 10일 전)

영국 외교 문서에 의하면 영국 영사는 개화당의 계획을 상급자인 주일 영국 공사(파크스)에게 보고하면서, 개화당의 제안을 단호히 거절한 것으로 기록되어 있다. 그러나 김옥균은 지원에 대한 기대를 버리지 않고 있었다. 미국 공사 역시 거사 계획을 수개월 뒤로 연기할 것을 권고하였으나, 김옥균 등은 이를 거절했다. 이 기록 가운데 우리의 주의를 끄는 것은 이 단계에서 미국 공사는 나가사키에 정박 중인 미국 군함을 만일의 사태에 대비하여 인천에 급파해 줄 것을 이미 요청했다는 부분이다. 갑신일록의 기록과 달리 미국 외교 문서에는 이와 같은 동향에 대한 기록이 없다.

거사 직전인 11월 29일 저녁, 김옥균은 고종과 왕비를 만나 청불전쟁의 추이 등 주변 정세에 대해 보고했다. 이 시기 김옥균의 보고 가운데 주목을 끄는 것은 프랑스가 중국에 대해 전쟁을 선포했던 전쟁 명분을 조선에도 적용할 수 있다고 파악하고 있었다는 점이다. 중국의 베트남에 대한 종주권 주장은 베트남의 자주독립을 해치는 것이어서 베트남의 자주독립을 위해 프랑스는 전쟁을 선택할 수밖에 없다는 것이 당시 프랑스의 개전 명분이었다. 이러한 명분을 조선에도 적용할 수 있다는 것은 무슨 뜻일까. 조선이 중국으로부터 자주독립을 수립하는 행위(=자신들의 정변)가 발생하면, 서양 열강(특히 영국, 미국)으로부터 지지를 받을 것으로 판단하고 있었다는 것이다. 고종이 김옥균의 이런 생각에 얼마나 동의했는지는 알 수 없지만, 김옥균이 적어도 이러한 명분을 통해 열강의 정변 지지가 가능하다는 점을 고종에게 지속적으로 보고했다는 것은 알 수 있다. 김옥균의 구상은 고종의 지지를 기반으로 친위 쿠데타적인 정변을 일으켜 급진 개화파 세력이 정권을 잡고, 서양 열강과 일본의 지지를 얻어, 중국으로부터 독립된 주권 국가를 수립하여 개혁을 완수하겠다는 것이었다. 서구 열강과 일본은 정변 성공을 위한 중요한 조연이었다.

급진 개화파는 1884년 12월 4일 밤에 우정국 개청 축하 연회를 이용해 갑신정변을 일으켰다. 당시 축하연에 초청된 사람들은 다음과 같다. 먼저 외국인으로는 미국 공사 푸트Lucius H. Foote, 미국 서기관 스커더Charles L. Scudder, 영국 영사 애스턴, 중국 영사와 서기관, 일본 공사 서기관과 통역, 총 세무사 묄렌도르프였다. 조선 측 관원으로는 홍영식, 박영효, 김홍집, 전영사 한규직, 우영사 민영익, 좌영사 이조연, 서광범, 민병석, 윤치호, 신낙균 등 18인이었다.

초청된 인물들을 보면 거사와 관련하여 지금까지 접촉했던 외교관과 개화파 인사들 이외 조선 관원들은 모두 서울에 주둔해 있던 군대 지휘관이었다. 우정국 축하연에 초청을 받았던 인물들은 급진 개화파가 정변 현장에서 묶어 두고자 했던, 즉 정변 추진과 관련하여 가장 중요한 인물들이었다. 다시 말하지만 이들은 정변의 성패가 조선 군대의 지휘권 확보와 정변에 대한 열강의 지지 또는 승인 여부에 따라 좌우될 것으로 판단했다.

김옥균이 거사 결행 직후 제일 먼저 취한 조처가 왕명을 전하는 내시를 개화당원 변수와 함께 각국 공사관에 가서 위문하게 하였고, 미국 공사는 해군 사관 버나도Bernardo를 대동하고 윤치호와 함께 왕이 임시로 머물고 있는 경우궁을 방문했다. 이때 김옥균은 버나도를 불러 사태의 추이를 대강 말하고 선후책을 공사에게 요청했다. 미국 공사가 곧 회답하기를 〈사세가 여기에 이르렀으니, 오직 내정을 잘 개혁하시오〉였다고 한다. 뒤를 이어 김옥균은 신정권의 각료 명단을 발표하고 개혁 작업에 착수했다. 날이 밝기를 기다려 취한 최초의 행동 역시 고종으로 하여금 미국 공사, 영국 영사, 독일 영사 등의 알현을 받도록 조처한 것이었다.

그런데 왜 갑신정변은 실패했을까. 중국군이 정변을 진압하기 위해 궁궐에 난입했을 때 서구 열강은 전혀 관여하지 않았다. 서구 열강이 조선을 독립국으로 인정하려는 의도와 눈앞에서 벌어지는 중일 간 군사적 대립에 개입하는 현실 문제 사이에는 상당한 차이가 존재했다. 김옥균은 서구 열강의 지지와 인정을 확인하기만 했을 뿐 그들이 왜 베트남을 위해 중국과 전쟁을 벌였는지를, 그리고 베트남과 조선이 어떤 차이가 있었는지도 면밀히 검토하지 못했다고 할 수 있겠다. 보이는 것만 보고 싶어 했던 문제라고 할까.

이제 막 국제 조약과 국제 관계에 눈을 뜨기 시작한 젊은 정치인들의 눈에 비친 서구 열강은 힘과 도덕성을 갖춘 국가였다. 유럽에서 전개된 수많은 국제 분쟁과 외교전에서 얻은 서구 열강의 외교술을 개화파 세력이 이해하기에는 근대 외교에 대한 경험이 너무 적었다. 갑신정변이 끝난 후 김옥균은 도쿄에서 1천 킬로미터 이상 떨어진 아열대 태평양의 오가사와라 제도(小笠原諸島) 그리고 추위가 살갗을 파고드는 홋카이도에서 망명자의 서러운 생활을 통해 서구 열강 사이에 공유되는 국제법의 실상을 좀 더 정확히 알기 시작했다. 국제법은 힘의 여부에 의해 작용이 결정된다는 것을.

갑신정변 후 일본 정부는 일본 공사관의 소실과 일본인 희생에 대한 책임을 물었으며, 결국 조선의 일본에 대한 사의 표명, 배상금 10만 원 지불 등을 내용으로 하는 〈한성조약(漢城條約)〉이 체결되었다. 그리고 갑신정변 중 서울에서 실제 무력 충돌을 빚었던 일본과 중국이 사후 처리를 위해 톈진에서 회담을 시작했다. 결국 중국과 일본 사이에 〈톈진 조약(天津條約)〉(1885)이 체결되어, 갑신정변에 대한 외교적 처리는 마무리되었다. 그러나 〈톈진 조약〉을 통해 일본은 조선에 군대를 파견할 수 있는 권한을 얻게 되었고, 이는 10년 후 갑오농민전쟁 때 일본군 파병의 단서가 되었다.

(2) 거문도 점령과 조선 중립화론의 대두

중국과 일본 사이에 〈톈진 조약〉 체결을 위한 협상이 진행되고 있던 중 조선 남해의 작은 섬 거문도가 세계의 주목을 받는 지역으로 떠올랐다. 서구 열강이 일찍이 조선 해안을 탐사하면서 거문도를 해밀턴항Port Hamilton이라 명명했던 바로 그곳. 1885년 4월 11일 영국 해군은 3척의 군함과 617명의 승무원을 이끌고 거문도에 상륙했다. 그리고 영국군은 일주일을 지나지 않고 상하이와 거문도를 연결하는 해저 전신을 설치하고 항구적인 기지 건설에 착수했다.

영국이 거문도를 점령한 이유는 동아시아에서 세력을 확장하고 있는 러시아에 대한 군사적 견제였다. 영국은 이미 10여 년 전부터 러시아를 견제하기 위한 전진 기지로 거문도를 점찍어 둔 상황이었다. 영국이 왜 1885년 4월에 거문도를 점령했는지에 대해서는 여러 가지 이유가 있지만, 크게는 조러 간의 관계가 너무 근접한 것, 그리고 펜제Penjdeh 사건을 들 수 있다.

1884년 러시아는 조선과 조약을 체결했다. 갑신정변 이후 중국의 조선에 대한 간섭 강도가 높아지자, 고종은 러시아를 끌어들여 중국을 견제하려는 구상을 진행한다. 소위 인아거청(引俄拒淸)이라 불리는 정책은 상당히 구체적으로 진행되었다. 그러나 이러한 움직임은 러시아를 견제하려는 여러 나라들의 반발을 샀다. 영국 역시 이런 상황을 심각하게 주시했다.

그런데 1884년 3월 30일 영국의 러시아에 대한 직접적인 견제의 필요성을 불러일으킨 사건이 발생했다. 러시아 군대가 아프가니스탄 펜제에서 영국군의 훈련을 받은 아프가니스탄 군대를 전멸시킨 사건, 곧 펜제 사건이 발생했다. 중앙아시아에서 영·러 간의 대립이 최고조에 이르는 가운데 영국은 러시아에 대한 강력한 견제구가 필요했다. 그리고 러시아 극동 함대의 배후지인 블라디보스토크를 공격하기 위한 전진기지로 조선의 거문도를 지목했다. 거문도의 지리적 이점과 정보는 10여 년 전부터 수집되어 있던 상태였다.

애초 영국은 거문도 점령에 대한 중국의 동의를 얻을 수 있으리라 기대했다. 그리고 실제로 중국은 반대하지 않았다. 중국은 이를 기회 삼아 영국으로부터 조선에서 중국의 종주권을 인정받고자 했기 때문이었다. 그러나 5월 1일 중국은 돌연 거문도 점령을 반대했다. 러시아와 일본이 영국의 뒤를 이어 조선의 또 다른 섬을 점령할 수 있다고 판단했기 때문이었다. 일본도 영국의 점령을 반대했다. 일본 근해가 영국과 러시아 사이 전쟁터가 될 수 있고 일본 소유의 섬 역시 점령될 수 있다는 점을 우려했다.

이러한 상황을 보아도 느낄 수 있지만 한반도의 운명은 이제 더 이상 한반도 사람의 손으로 결정할 수 없었다. 전 세계에 걸쳐 대립 전선을 만들어 가고 있던 영국과 러시아가 드디어 한반도의 작은 섬 거문도를 두고 대립하기 시작했다. 동아시아 차원에서 전통적 강자인 중국과 신흥국 일본이 조선을 두고 대립하는 가운데, 전 지구적 차원에서 세력을 확대해가던 초강대국 러시아와 영국이 한반도에 개입한 것이었다. 그때 이후 한반도는 이른바 대륙 세력과 해양 세력이 각축하는 분쟁지가 되었다.

그렇다면 당시 조선인들의 국제 정세에 대한 인식은 어떠했을까. 김옥균과 유길준(俞吉濬), 두 사람의 생각을 통해 당시 인식을 살펴보자.

갑신정변 이후 한일 간 최대의 정치적·외교적 과제는 정변 후 일본으로 망명한 인물들의 송환 문제였다. 일본 정부는 망명자 처리 문제가 외교적 장애가 되는 것을 피하기 위해 1886년 7월 13일 야마가타 아리토모 내무대신 명으로 김옥균에게 국외 추방령을 내렸다. 김옥균은 당시 요코하마의 외국인 거류지에 머물고 있었는데, 해외로 나갈 여비가 없다는 구실로 계속 체류하자, 일본 정부는 8월 들어 김옥균을 도쿄에서 1천 킬로미터 이상 떨어진 오가사와라 제도로 강제 호송했다.

일본 정부가 김옥균에게 해외 추방령 등을 내렸던 시기, 김옥균은 조선 문제에 대한 해결책으로 「여이홍장서(與李鴻章書)」를 썼다. 중국의 실권자 이홍장에게 보내는 문서였다.

저(김옥균)는 각하(이홍장)께서 저에게 가지는 분노가 일본의 병력을 빌린 데 있음을 잘 알고 있습니다만, 그것은 본디 사세의 부득이함에서 나온 것이었습니다. 저는 천하대세와 이해의 관계를 대략 알고 있습니다. 귀국과 동아(東亞)의 대국이 우리나라와 자연 순치지세(脣齒之勢)를 이루고 있는데, 제가 어찌 작은 일신을 위해서 의도적으로 그 사이에 틈을 만들겠습니까? 임오년(1882)에 한 번 변고가 있은 후로 무뢰간류(無賴奸類)가 모두 원씨 무리들에 들러붙어서 은밀히 결당한 후 그 힘을 빌려 위복(威福)을 내리고, 우리 왕의 총명을 가로막아 국권을 부정하게 통제하고 정령을 방해하니 국세가 날로 경복(傾覆)에 가까워졌습니다. 이러한 때를 당해서 저는 각하께 한 번 청하여 시세의 어려움을 통절히 논하고자 했으나, 간악하고 어린 무리들이 다방으로 설계해서 끝내 가로막히고 말았습니다. 아아! 그 염두에 둔 국계(國計)를 형세상 수수방관할 수 없었기 때문에 이에 격절(激切)한 행동을 권도(權道)로 행해서 구급지책(救急之策)을 삼았던 것입니다. (……) 그 존망이 이미 동아의 안위와 관계되어 있는데, 한갓 옛날의 허명에만 집착해서 지금의 시국을 생각하지 않고 어리석게도 꿈속의 일을 이야기한다면, 끝내 사실이 될 수 없을 것입니다.

가령 조선에 어떠한 곤란이나 갈등이 있다고 해도 각하 한 분의 지혜로 마침내 부지할 수 있는 힘이 생긴다면 그보다 더한 행복이 없을 것이나, 귀국의 대세를 돌이켜 생각하고 징험이 될 만한 사례를 한두 개 들어 본다면, 각하의 입장에서도 그렇게 할 수 없을 것입니다. 그렇다면 각하께선 어째서 대청국 황제 폐하를 천하의 맹주로 추존하고, 구미 각국에 공론을 펴서 그들과 연속해서 조선을 중립지국으로 세워서 만전무위(萬全無危)한 상태로 만들지 않는 것입니까? 계속해서 각하께서 노련한 수단으로 선린우목(善隣友睦)의 정의(情誼)를 다하고 보거지맹(輔車之盟)을 굳게 체결하는 것으로써 동아의 정략을 펼치신다면, 이는 비단 조선의 행복만이 아니라, 또한 귀국의 득책(得策)이 될 것입니다. 각하께선 또 어떻게 생각하십니까?

저는 이미 세파에 지쳐 다시는 천하의 일을 논하지 않으려 하였으나, 초지(初志)를 다시 생각함에 간절한 마음이 여기에 이르러 피로를 깨닫지 못하고 이처럼 숙경(肅敬)하는 마음을 아뢰는 것입니다.

이소전(李少荃) 대인 각하

김옥균 재배하고 아룁니다. 병술(丙戌)년 6월 6일*

김옥균은 이 글에서 갑신정변 시기 일본군을 이용했던 것에 대하여 당시의 상황에서 어쩔 수 없는 선택이었음을 변명하고, 현재의 동아시아 정세에 대해 서술하고 있다. 또한 김옥균은 중국과 조선의 관계를 〈순치지세〉로 표현하고, 동아시아의 상황이 위급한 가운데 중국 황제가 맹주가 되어, 서구 열강을 설득하여 한국을 중립국으로 만드는 것이 조선과 중국을 위한 최선의 정책이라고 주장했다. 김옥균의 이 같은 인식은 갑신정변을 일으켰던 1884년과 비교하면 상당히 변화한 것이었다. 현실 속에서 강력하게 작용하는 중국의 조선에 대한 위상을 인정하는 모습이었다.

갑신정변 이후 급격히 변화하는 동아시아 정세에서 개화파가 생각하는, 조선의 독립을 유지하는 길은 한반도 주변의 열강이 합의하여 조선을 중립국으로 만드는 것이었다. 이 시기 조선의 중립국화에 대한 논의는 개화파의 지원을 받아 미국에 유학하였다가, 정변 후 귀국하여 유폐되어 있던 유길준에게서도 확인할 수 있다. 유길준이 1885년 말 집필한 「중립론(中立論)」은 한말 조선의 대외 정책이 중립화에 있음을 체계적으로 정리한 것이다. 유길준은 중립에 관한 유럽의 상황을 벨기에와 불

* 「여이홍장서」, 『근대 한국 국제 정치관 자료집 1』(장인성 외, 서울대학교 출판부), 132~133면.

가리아를 예로 들어 제시한 뒤 조선의 지정학적 위치와 정치적 상황에 대해 서술했다. 유길준은 조선의 지정학적 위치가 〈아시아의 인후(咽喉)〉와 같고, 조선의 상황은 벨기에와 불가리아의 상황이 겹친 것으로, 조선의 중립국화가 러시아를 막는 관건이자 아시아의 대국들이 서로 보전할 수 있는 정략이라고 주장했다.

사람은 원려(遠慮)가 없으면 반드시 근우(近憂)가 생기고, 국가는 작은 난리를 계기로 혹 큰 공을 이루기도 한다. 우리나라가 통상을 시작한 후로 오늘날까지 근심이 없었다고 할 수도 없으며, 또한 난리가 없었다고 할 수도 없다. 오직 중립 한 가지 일만이 우리나라를 보수(保守)하는 방책이다. 그러나 이는 우리가 먼저 제창할 수 없으므로 마땅히 중국에게 요청하여 처리하도록 해야 할 것이다. 만일 중국이 다른 일로 인해 즉시 인준해 주지 않으면 오늘 요청하고 내일 또 요청해서 중국이 맹주가 되어 영국, 프랑스, 일본, 러시아 등 아시아 지역의 관련국 등을 회동시키고, 우리를 그 사이에 나가게 해서 공동으로 맹관(盟款)을 체결하도록 해야 할 것이다.

이는 비단 우리나라의 입장만을 위한 것이 아니라 또한 중국의 이익이자 여러 나라가 상호 보존하는 계책이 되니, 어찌 수고롭다고 이것을 하지 않겠는가. 유럽의 대국들은 방아(防俄)와 자보(自保)의 계책을 마련하기에 급급해서 벨기에와 불가리아 양국의 중립을 공동으로 선언하고 순식간에 성사시켰는데, 왜 아시아의 대국들은 한갓 근심할 줄만 알고 계책을 세울 줄은 알지 못하는가. 과거에는 진실로 기회가 없을 뿐이었으나 지금은 때가 도래하고 기회가 좋다고 할 만하다. 만일 우리나라가 지금 이 기회를 이용해서 중국에 요청한다면 일이 원만히 이루어질 것이다. (……) 그 시종 방략이 오직 중국에 달려 있으며, 우리나라가 친신(親信)할 만한 나라도 중국만 한 것이 없다. 부디 우리 정부는 중국에 간곡히 요청하라.*

갑신정변 이후 조선과 러시아 사이의 밀약 움직임과 영국의 거문도 점령, 중일 간의 톈진 조약 체결 등으로 한반도가 열강의 이익이 첨예하게 부딪치는 세계적인 분쟁 지역으로 부상했다. 김옥균과 유길준 등 개화 세력의 대외 인식과 정책의 초점은 중국이 중심이 되어 조선을 중립국으로 만드는 것이었다.

서구 열강 혹은 일본의 지원을 이용하여 근대 국가를 만들어 가자는 급진 개화파의 구상은 갑신정변이 실패하면서 사라졌다. 또한 중국의 그늘에 조선의 안보를 맡겨 두기에는 한반도가 너무 뜨거워진 상황이었다. 이때 유길준은 중국의 영향력을 인정하면서도, 조선을 중립국으로 만들어 4강의 균형점으로 삼자는 〈중립〉이라는 아이디어를 구상했다. 그러나 중립은 결코 스스로 만들 수 있는 것이 아니다. 중립은 많은 이해관계 주체의 일치점이 존재할 때에만 가능한 것이다. 현실 국제 정치의 냉정함은 쉽게 중립의 자리를 만들어 주지 않는다. 살얼음판처럼 유지되던 〈한반도 4강 체제〉는 결국 두 차례의 전쟁으로 귀결되었다. 그리고 조선은 전쟁터가 되었다.

* 「중립론」, 『근대 한국 국제 정치관 자료집 1』(장인성 외, 서울대학교 출판부), 128~129면.

(3) 일본의 조선 인식: 〈탈아〉인가 〈이익선〉인가

1880년 이후 조선 정부가 개혁 정책을 추진하면서 급진 개화파 세력은 후쿠자와 유키치를 중심으로 한 일본 민간 세력의 후원을 받고 있었다. 잘 알려진 것처럼 후쿠자와 유키치는 일본 최고의 근대 사상가이며 교육가다. 현재 일본 화폐의 최고액권인 1만 엔 지폐의 표상 인물이 후쿠자와란 점에서 그의 위상을 확인할 수 있다. 하급 무사 집안 출신이었던 후쿠자와 유키치는 20대에 고향을 떠나 근대 서양 학문인 난학(蘭學)을 공부하고 미국에 짧은 기간이지만 직접 체류하며, 서양의 근대를 체험했다. 일본을 〈계몽〉하는 방법으로 서양 문명을 철저히 가르치는 학교였던 게이오기주쿠(慶應義塾)를 열어 학생을 교육했으며, 『서양 사정』, 『학문의 권장』, 『문명론의 개략』 등 계몽서를 저술하여 근대 문명에 대한 일본인들의 사상 형성에 절대적인 영향력을 행사했다. 조선인 유학생 유길준·윤치호(尹致昊) 등을 받아들여 교육하기도 했으며, 갑신정변의 주역인 김옥균 등을 후원하기도 했다. 유길준은 후쿠자와의 집에 유숙하며 1년간 유학했다. 제2차 수신사 김홍집 파견 이후 조선의 초기 개화 정책은 후쿠자와 유키치도 적극적으로 지원해 왔다. 박영효가 주도했던 『한성순보』 발행에 후쿠자와는 그의 제자 이노우에 가쿠고로(井上角五郎)를 파견하여 참여시켰다. 후쿠자와는 조선을 포함한 아시아 국가가 문명개화를 통한 독립 보전의 길로 나아가야 한다고 주장했다.

그러나 갑신정변 이후 후쿠자와의 인식은 변화를 보인다. 곧 조선을 개화시킬 수 있었던 정치적 변혁의 실패와 중국의 개입을 목도하면서,

일본의 최고액권인 1만 엔 지폐 속의 후쿠자와 유키치

더 이상 그들과 같이할 수는 없다고 생각한 것이었다. 후쿠자와는 일본이 중국과 조선의 문명화를 지원하여 서양 열강의 침략을 함께 막아야 할 것이 아니라 서구 열강과 함께 아시아의 침략에 나설 것을 공언했다. 그의 사상 변화를 잘 보여 주는 글이 1885년 3월 16일 『지지 신보』에 게재한 「탈아론(脫亞論)」이었다.

보거순치(輔車脣齒)라는 것은 이웃 나라를 서로 돕는다는 비유라고 해도 지금의 중국, 조선은 우리 일본국을 위해서 한 치도 원조를 할 수 없을 뿐만 아니라, 서양 문명인의 눈으로 보더라도 3국의 지리가 서로 접하고 있기 때문에 때로는 이를 동일시하고, 중·한을 평가하는 가치로 우리 일본에게 명령하려는 뜻이 없지 않다. 예를 들어 중국, 조선의 정부가 고풍의 전제(專制)로 법률을 유지하려고 한다면 서양인은 일본도 역시 무법률의 국가인지를 의심하며, 중국, 조선의 사인(士人)은 혹닉(惑溺)이 깊어 과거가 어떠한 것인지를 알지 못한다면 서양의 학자는 일본도 역시 음양오행의 나라인지를 생각하며, 중국인이 비굴하여 부끄러움을 모른다면 일본인의 의협(義俠)도 이 때문에 줄어들며, 조선국에서 사람에게 형벌을 가하는 것이 가혹하다면 일본인도 역시 마찬가지로 무정하지 않은가라고 추측하는 것과 같으므로 이러한 사례를 헤아려 보면 셀 수 없다. 이를 비유하자면 집이 나란히 있는 한 개 촌, 한 개 마을 내에 있는 자 모두가 어리석고도 무법하며 게다가 잔인무정할 때에는 드물게 그 마을 내의 일개 집안사람이 정당한 인사에 주의하더라도 다른 추악함에 사로잡혀 매몰되는 것에 다름 아니다. 그 영향의 사실이 드러나 간접적으로 우리 외교상의 장애가 되는 것은 실로 드물지 않으므로, 우리 일본국의 일대 불행이라고 해야 할 것이다. 그렇다면 지금 계획을 세움에 있어 우리나라는 인국(隣國)의 개명을 기다려 더불어 아시아를 일으킬 여유가 없으며, 도리어 그 대오를 벗어나 서양의 문명국과 진퇴를 같이하여 중국, 조선에 접하는 방법도 인접 국가이기 때문이라 하여 특별한 대우를 하지 않으며, 완전히 서양인이 여기에 접하는 풍속에 따라 처분할 수 있을 뿐이다. 악우(惡友)와 친해지려 하는 자는 모두 악명(惡名)을 면할 수 없다. 우리들은 진심으로 아시아 동방의 악우를 사절하는 바이다.

이 글을 읽고 어떤 느낌이 드는가. 후쿠자와는 말한다. 〈악우, 곧 나쁜 친구인 조선과는 이제 사절하고자 한다!〉 이 글에서 보여 준 후쿠자와의 태도는 〈이제 더 이상 중국과 조선은 문명국이 아니며, 우리 일본은 이들을 벗어나 서양의 문명국 방향으로 나아가야 한다〉는 것이었다. 한마디로 미개한 〈아시아〉의 일원에서 벗어나, 〈근대 문명국〉으로서 일본이 되어야 함을 주장한 것이다. 후쿠자와의 이러한 태도는 후일 청일전쟁에 대한 열렬한 지지로 이어진다.

후쿠자와의 「탈아론」은 근대 일본인이 가진 대외 인식의 전형을 보여주는 것이다. 이 기사의 제목인 〈탈아론〉은 아시아를 벗어난다는 의미다. 당시까지 일본은 아시아의 일원 곧 중국, 조선과 함께 서로 연대하여 서양의 침략을 막아야 한다는 입장이었다(〈아시아 연대론〉). 이에 반해 탈아입구(脫亞入歐)는 서구로 들어가 서양과 함께 아시아에 대응(무력을 바탕으로 한 침략)해야 한다는 것이었다. 근대 일본은 이후 외교 분야에서 〈아시아〉와 〈서구〉라는 두 가지 목표 중 어떤 것을 중시할지에 따라 그 기조가 변해 왔다. 이때부터 지금까지 일본인의 대외 인식은 크게 스스로를 〈아시아의 일원〉으로 생각하는지 혹은 아시아를 벗어나 〈서구 문명 세계의 일원〉으로 파악하는지로 나누어 볼 수 있다. 그리고 일본이 스스로를 〈아시아 국가의 일원〉으로 볼 것인가 아니면 〈서양 문명국의 일원〉으로 볼 것인가에 따라 대외 정책의 방향이 달라졌다.

〈탈아입구〉의 서구 중시 입장에서 볼 때, 아시아는 그저 악우(惡友)이며 고루한 비문명국일 뿐이었다. 일본은 같은 아시아 국가임에도 서양 문명 세계의 일원이기 때문에 서구 열강과 같은 대열에 서서 여전히 야만 국가인 여타 아시아 국가의 문명화를 위한 침략과 식민지화할 수도 있다는 논리가 도출된다. 그들은 〈비문명국〉, 우리는 〈문명국〉이니까.

일본의 논리가 잠시 아시아 중시로 바뀐 적이 있었다. 1930년 후반의 〈대동아 공영권〉론이 바로 그것이다. 중일전쟁과 태평양전쟁 기간 동안 일본을 구심으로 일본이 지배하는 식민지 국가들이 힘을 하나로 뭉쳐 서구 열강에 대응해야 한다는 논리였다. 하지만 이런 태도는 그저 논리

일 뿐, 실제 아시아 타국을 중시하는 모습은 없었다. 〈대동아 공영권〉론은 그저 전쟁을 위한 동원의 논리였다.

1945년 패전 이후 그리고 1951년 샌프란시스코 강화 조약 체결 이후 일본의 외교적 입장은 다시 〈탈아〉로 돌아갔다. 지금까지 일본의 대외 정책은 시종일관 서구(미국) 중시였다. 교과서 왜곡, 역사 왜곡, 야스쿠니 신사 참배, 일본 정치인들의 망언. 이러한 태도가 빈번히 나타나는 이유는 아시아 문명에 대한 멸시와 일본의 왜곡된 대외 인식이 그 밑바닥에 깔려 있기 때문이다. 아시아의 일원으로서의 일본이 아니라, 서구 강대국의 일원 즉 G7의 일원으로 특히 외교 정책에 있어 미국과의 동맹을 우선시하고 있다. 자신들의 과거 침략의 역사는 문명국이 비문명국에 행한 것이므로 정당한 것이라는 입장이다.

하지만 일본의 정치가 간혹 과거사에 대해 사죄했던 경우가 간혹 있었다. 예컨대 위안부 강제 동원을 인정하고 사죄했던 무라야마(村山) 담화(1995)나 한일병합의 강제성과 식민지 지배의 폭력성을 인정하고 사죄했던 간(菅) 담화(2010) 등인데, 이러한 발언은 대체적으로 미국 중시의 외교 정책에서 벗어나 아시아의 일원이 되는 정책을 시도하려는 때에 등장했다.

이러한 일본인의 대외 인식 구조는 한국인의 그것과는 큰 차이점을 보인다. 청(淸)나라가 명(明)나라를 밀어내면서 중화(中華)였던 명나라가 멸망하자, 조선은 스스로를 중화를 이어받은 소중화(小中華)라 인식했다. 조선 지식인에게는 조선이 아시아의 중심이므로 아시아를 벗어난다는 것은 상상할 수 없는 일이었다.

갑신정변 실패 이후 조선 조정 내에서 일본과 가까웠던 급진 개화파가 몰락하고 영국과 러시아 등 서양 열강은 본격적으로 한반도 국제 정치에 등장하였으며, 중국의 영향력은 나날이 강화되고 있었다. 이때 일본의 대한(對韓) 정책은 불간섭 정책이라는 이름으로 군사적인 진출보다는 이권 획득과 기득권 유지에 주력했다. 1885년부터 1894년까지 일본은 광산 채굴권, 어업권, 철도 부설권 등을 획득하고, 한편으로 방곡령과 같은 기득 권익을 침해하는 요인을 제거하는 데 주력했다. 그러나 1891년에 어업권을 획득한 이외 다른 이권은 어떤 것도 얻을 수 없었다. 방곡령 문제의 교섭도 최종적으로는 1893년 중국의 중재에 의해 배상금을 얻는 데 그쳤을 뿐이었다. 중국의 대한(對韓) 간섭이 지속되고 있는 한 일본이 조선에 강고한 세력을 확보하지 못하리란 것은 명백했다. 일본의 이권 획득 및 조선을 일본의 영향하에 두기 위한 조선의 내정 개혁은 중국을 조선으로부터 배제한 후에야 비로소 실현될 수 있었다. 주지하다시피 이러한 정세는 결국 1894년 청일전쟁에서 중국과 일본의 무력 충돌로 귀결되었다. 그렇다면 궁금한 것이, 일본은 언제부터 한반도를 두고 중국과의 전쟁을 불가피한 것으로 생각하고 있었을까. 이 지점에서 일본 군벌의 거두였던 야마가타 아리토모에게 눈을 돌려보자.

야마가타 아리토모는 이토 히로부미와 더불어 조슈 번 출신의 원로(元老)로, 메이지 일본의 정치사에서 양대 산맥을 이룬 인물이다. 이토가 문관 및 정당 중심의 정치를 지향한 데 반해, 야마가타는 군인 출신 세력을 중심으로 군벌을 조직하고 이들을 중심으로 정치를 했다는 점에서 큰 차이가 있다. 그래서 흔히 말하기를 무단파의 거두라고도 한다. 1910년 일본의 한국병합 과정과 그 이후의 다이쇼(大正), 쇼와(昭和) 시기 일본 정치사에서 야마가타 계열의 군벌 출신들이 지속적으로 권력의 중추를 이루었고, 야마가타가 〈원로 중의 원로〉라고 불렸던 점에서 알 수 있듯이 야마가타가 미친 영향은 지대했다. 그는 84세까지 장수하면서 지속적으로 권력을 행사했다. 그의 인선을 거치지 않고 조선 총독이나 일본 총리의 자리에 오르기란 불가능에 가까웠다는 사실이 이를 잘 보여 준다.

야마가타는 조선 문제에도 깊이 개입했다. 대표적으로 잘 알려진 것이 〈주권선〉과 〈이익선〉 개념이다. 그는 1890년 3월 작성한 「외교정략론(外交政略論)」에서 이를 개념화하였고, 같은 해 12월 제국 의회 시정방침 연설을 하는 자리에서 공식적으로 표명했다. 조선이 일본에 있어 〈이익선〉으로서 전략적인 중요성을 가지고 있는 만큼 언제든 적극적으로 개입할 수 있어야 함을 주장한 것이다. 일본이 조선을 발판 삼아 대외적으로 제국주의 국가로 성장해야 한다는 점을 표방했다는 점에서 중요한 의미를 갖는다. 향후 발발하게 된 청일전쟁과 러일전쟁은 야마가타의 이러한 제국주의 논리를 정교하게 만들고, 실현해 나가는 자리였다.

먼저 「외교정략론」의 내용을 살펴보자.

국가 독립과 자위의 길에는 두 가지가 있다. 첫째로 말하건대 주권선을 지켜서(守禦) 타인의 침해를 용납하지 않는 것이다. 둘째로 말하건대 이익선을 방어하여 자기의 형승(形勝)을 잃지 않는 것이다. 주권선이 무엇이냐 하면 바로 강토(疆土)이다. 이익선이 무엇이냐 하면 바로 이웃 나라와 접촉한 형세로 우리 주권선의 안위와 긴밀히 관계된 구역이다. 무릇 국가로서 주권선을 가지고 있지 않은 것은 없다. 또한 모두 그 이익선을 갖지 않은 나라가 없다. 그리고 외교와 병비(兵備)

의 요결(要訣)은 오로지 이 두 가지 선의 기초에서 존립한다. 바야흐로 열국(列國)의 사이에 서서 국가의 독립을 유지하려 한다면 오로지 주권선을 수호함으로써 충분하다고 할 수 없으며, 반드시 기꺼이 이익선을 방어하고 항상 유리한(形勝) 위치에 서야만 한다. 이익선을 방어하는 길은 어떠한가? 각국이 하고 있는 바인데 적어도 우리에게 불리한 것이 있을 때에는 우리가 책임을 지고 이를 배제한다. 어쩔 수 없을 때에는 강한 힘을 사용하여 우리 의지를 달성하는 데 있다. 대개 이익선을 방어할 수 없는 국가는 그 주권선을 물러나 지키려고 하더라도 역시 타국의 원조에 의지하여 겨우 침해를 면하는 것으로서, 따라서 완전한 독립의 방국이 되는 것을 바랄 수 없게 된다. (……) 우리나라 이익선의 초점은 실로 조선에 있다. 시베리아 철도는 이미 중앙아시아로 진출하였고, 몇 년이 지나 준공에 이르게 되면 러시아 수도를 출발하여 수십 일이 지나 흑룡강에서 말에게 물을 먹일 것이다. 우리에게 시베리아 철도 완성의 날은 곧 조선에 다사(多事)한 시기가 됨을 잊어서는 안 된다. 또한 조선에 일이 많아지게 되는 때는 곧 동양에 일대 변동이 생기는 계기가 됨을 잊어서는 안 된다. (……)

이러한 큰 계책의 지역을 삼는 데에는 첫째, 영국과 독일 두 나라로 하여금 동양 공동 이익의 범위 내에서 연합하도록 하는 일을 힘쓰도록 하기 위해서 외교상 두 나라가 하나에 치우치지 않고, 시기가 일단 무르익기를 기다려 두 나라 또는 두 나라의 하나로 하여금 일청 양국 사이에서 소개와 거중을 하도록 해야 한다. 둘째, 청국과의 교제를 돈독하게 하는 데 힘써야 한다. 셋째, 조선에 파견하는 공사는 전체 국면에 통달하고 기무(機務)에 익숙한 자를 선발해야 한다. 이 일이 만약 이루어진다면 그 외에 또한 간접의 이익에 가장 큰 것이 있다. 즉 일청 양국은 조선의 공동 보호를 주로 하기 위해서 동양의 균세를 만들고, 양국은 장래에 동주상무(同舟尙武)의 기풍은 이것을 고무하고 진작해야지, 이것을 위약하게 만들어서는 안 된다. (……)

앞에서 진술한 이익선을 보호할 외정(外政)에 대하여 필요 불가결한 것은 바로 첫째로 병비, 둘째는 교육이다.

현재 7개 사단을 설치함으로써 주권선을 수비할 것을 기약한다. 그리고 점차 완비하고 충당하여 예비 후비의 병력 수를 합쳐 대개 20만 인을 구비하게 될 때에는 이익선을 방어하는 데 충분할 것이다. 또 해군의 충실을 태만히 하지 않아, 한 해를 시기로 하여 목적을 일정하게 하고, 사업을 계속하여 중간 무렵에 퇴보하지 않는 것은 가장 필요한 바이다. (……)

지금 과연 주권선을 지키는 데 그치지 말고, 나아가 이익선을 보호함으로써 국가의 독립을 완전하게 만들려는 것은 그 일이 애초부터 하루아침의 헛된 말로 할 수 있는 것이 아니기 때문이다. 반드시 장래 20여 년을 기약하여 촌(寸)을 적립하고, 척(尺)을 쌓음으로써 성적을 보는 지경에 도달해야만 한다. 그리고 이러한 20여 년간은 곧 내가 와신상담한 날이다. 지금으로서 묘당의 논의가 정해진다면 후세의 사람들은 반드시 나의 뜻을 계승하는 자가 있지 않겠는가?*

〈우리 나라 이익선의 초점은 실로 조선에 있다〉는 표현이 「외교정략

---

* 「外交政略論」(1890. 3), 『山縣有朋意見書』, 196~200면.

론」의 가장 핵심적인 내용이다. 러시아의 시베리아 철도 준공과 조선을 연결시키면서 이에 대비하기 위해 〈이익선〉 조선 문제에 신경을 써야 하고, 이를 위해서는 병비와 교육이 뒷받침되어야 한다는 논리로 구성되어 있다. 야마가타는 7개 사단의 설치를 통한 주권선의 방위, 더 나아가 예비 병력까지 20만 명을 갖추어야 비로소 자국의 독립을 완전히 달성할 수 있다고 보았다. 러시아라는 적국을 상정하고, 조선을 자신들의 이익선 범위 안에 두어야 한다는 논리에서 군사적인 팽창을 정당화하고 있는 것이 이 문서의 특징이다.

야마가타는 수상 자격으로 제국의회 개회식상에서 〈시정 방침 연설〉을 통해 제국주의 국가 일본의 대외 정책을 천명했다.

국가의 독립과 자영의 길에는 두 가지가 있습니다. 하나는 주권선을 수호하는 것이고, 또 하나는 이익선을 보호하는 것입니다. 주권선이란 국가의 영토를 지칭하고, 이익선이란 그 주권선의 안위와 밀착 관계에 있는 구역을 말합니다. 아마도 국가로서 주권선과 이익선을 지키지 않는 나라는 없을 것입니다. 현재 열국의 틈바구니 사이에서 일국의 독립을 유지하기 위해서는 단지 주권선을 방어하는 것만으로는 결코 충분하지 않습니다. 이익선을 분명하게 보호하지 않으면 안 됩니다. 지금 제가 말씀드리는 주권선만이 아니라 이익선을 지키고 일국의 독립을 완전히 달성하기 위해서는 하루아침의 이야기만으로 이루어 낼 수 없습니다. 필히 많은 시간과 노력을 기울여 점차 국력을 키우고 성적을 올리는 데 모든 힘을 기울여야 합니다. 요컨대 예산에 게재한 바와 같이 거대한 금액을 할애하여 육해군의 경비로 충당한 것은 바로 이러한 취지에 따른 것입니다. 본 대신이 말씀드리는 요점은 이는 정말로 어쩔 수 없이 필요한 경비라는 것입니다. 저는 설령 작은 차이가 있더라도 대체적인 부분에 대해서는 여러분이 모두 협동 일치하여 협조해 주실 것으로 믿어 의심치 않습니다. 이상의 사안은 방금 말씀드린 것처럼 가능한 한 신속히 추진해야 할 공동의 의무입니다. 이렇게 중대한 의무를 다하기 위해서는 각자의 입장에 따른 작은 이익을 희생하고 공평무사하게 서로 모두 흉금을 터놓고 기탄없이 상담하고 상의해야 합니다. 본 대신은 여러분이 마음속에 감추지 않고 서로 논의하여 의견을 일치하는 것이 결코 어렵지 않은 일이라고 믿어 의심치 않습니다. 아무쪼록 여러분의 양해를 바라 마지않습니다.*

야마가타는 이익선이 되는 조선을 보호하기 위해 필요한 예산의 대부분을 점하는 육해군 확장 예산을 의회에서 승인해 달라고 역설했다. 주권선과 이익선 구상에 그치지 않고, 총리라는 지위에서 실제적으로 군비의 증강을 실현해 나가려 했다는 점에서 야마가타의 추진력을 확인할 수 있다. 하지만 의회에서는 이러한 야마가타의 요구를 받아들이지 않고, 오히려 예산안을 삭감함으로써 정부와 대립각을 세웠다.

그러나 야마가타가 제시한 이익선이었던 조선을 점령하기 위한 전략은 군부에 의해 이미 진행되고 있었다. 일본 참모 본부 소속 조선 주재 장교들의 조선에 대한 조사는 갑신정변 이후 더욱 활발히 진행되고 있

---

* 「施政方針演說」(1890. 12), 『山縣有朋意見書』, 203면.

었다. 특히 영국이 거문도를 점령하고 있던 1885년부터 1887년에는 해안 지역에 대한 정밀 조사가 진행되었으며 그중에서도 중국과 대면하고 있는 서북 지역 해안에 대해 상세한 조사가 이루어졌다. 이들의 조사 결과는 참모 본부에 의해 1888년에 『조선지지략(朝鮮地誌略)』전 8권으로 간행되었다. 『조선지지략』은 일반 지지와는 달리 명확한 목적의식하에 작성된 군사용으로, 지형 등도 군사적 관점에서 다루고 있다. 예를 들어 1894년 동학농민전쟁 최후의 격전지였던 공주의 지형을 다음과 같이 파악하고 있었다.

치소의 형세는 남서로 망월산, 정남으로 주미산, 동쪽으로 월성산이 있어 모두 우뚝 솟아 여러 산의 머리를 이룬다. 망월산에서 이어지는 계곡 사이로 시가지를 이루고 있다. (……) 금강은 동으로부터 서로 흐르며 그 폭은 약 5백 미터이지만 강안은 모래밭과 진흙탕이어서 실제의 강폭은 2백~3백 미터이다. (……) 이 성은 산이 낮고 규모가 협소하고 또 흙벽 등이 견고하지 않아 오직 동북쪽 금강의 흐름을 이용하여 적을 방어하는 것에 족할 뿐이다.

이 책에서는 충청도 감영 소재지 공주 방어를 위해서는 공주 읍내의 공산성에 근거하는 것보다는 금강과 주변 산악에 근거하는 것이 유리하다고 기록하고 있다. 아울러 계절에 따라 강폭의 실제 넓이와 모래밭의 상태까지도 정확히 서술하고 있는 점으로 미루어 현지 답사에 의한 기록임을 알 수 있다. 실제로 1887년 단계의 참모 본부는 중국과의 구체적 작전을 구상하였고, 1890년을 전후한 시기는 전쟁 준비를 마무리하는 단계였다.

참모 본부의 정밀 조사가 큰 힘을 발휘한 것은 그 이후였다. 1894년 11월 하순 재봉기한 동학농민군은 논산에 집결했다. 논산에서 서울로 향하는 농민군에 대해 일본군은 『조선지지략』의 정보를 바탕으로 공주의 지형을 이용하여 효과적으로 진압 작전을 수행할 수 있었다.

그러나 이러한 대규모 군비 확장 정책의 강행은 국민의 부담을 가중시켜 제1회 의회 개설 이래 의회와 정부의 대립은 계속되었다. 특히 제1회 의회와 제2회 의회에서도 입헌자유당과 입헌개진당 양당의 제휴에 의해 예산안이 대폭 삭감되자 정부는 의회를 해산했다. 1892년 2월의 제2회 총선거는 정부가 적극적으로 선거에 간섭하였음에도 불구하고 민당 세력이 다시 승리함으로써 제3회 의회에 제출된 군함 건조비 등의 추가 예산안이 부결되었다. 이에 대항하여 이토 히로부미는 7월 정계 원로를 총망라한 이른바 원훈 내각을 조직하여 제4회 의회에서 천황의 조칙으로 군함 건조비를 통과시켰다.

일본이 청일전쟁으로 가는 길은 결코 우연에 의한 것이 아니었다. 아시아를 벗어나 서양의 일원이 되겠다는 상상(후쿠자와, 「탈아론」)부터, 그리고 가상 적국으로 러시아까지 염두에 두고 조선을 일본의 이익선으로 세력권에 편입시키려는 선언(야마가타, 「외교정략론」)으로 이어지는 대외 인식을 바탕으로 일본은 군비 확장을 거듭했다. 갑신정변으로부터 10년 뒤 일본은 중국을 상대로 전쟁을 감행하였고, 그로부터 다시 10년 뒤 「외교정략론」에서 언급한 러시아와의 전쟁에 돌입했으며, 전쟁은 다시 1914년 제1차 세계 대전으로 이어졌다.

6장

동학농민전쟁과 열강
: 영국은 왜 〈조선 분할 점령〉을 제안했나(1894)

조선은 중국과 일본이 공동으로 점령하며, 일본은 서울과 제물포에서 철
수해서 수도의 남쪽 지역을 점령하며, 중국은 현재 주둔지로부터 벗어나
서 조선의 북쪽 지역을 점령한다.
— 영국 외교 문서, 영국 외무장관 킴벌리가 주조선 영국 영사 오코너에게[*]

(1) 동학농민전쟁과 일본의 국내 정치

일본은 1885년 영국의 거문도 점령 사건과 1891년 러시아의 시베리
아 철도 착공 같은 동아시아 정세의 변화 속에 커다란 위기의식을 느끼
고, 이러한 위기를 군비 확대의 계기로 삼았다. 일본 정부는 중국을 겨
냥해 군사적 방법으로 조선에서 세력을 회복하겠다는 방침을 세웠다.
앞서 살펴본 내각 총리대신 야마가타 아리토모의 「외교정략론」(1890. 3)
은 일본의 정책 변화와 입장을 극명하게 보여 준다. 조선의 정세 변화를
일본에 대한 위협으로 받아들이고, 이에 〈적극적〉으로 대응하여 일본의

---

[*] Kimberley to O'Conor, July 18, 1894, No.110, FO 405/60.

〈국익〉을 챙긴다는 자세. 조선에서 벌어지는 정치적 사건을 〈확대 해석〉하여 자국이 개입할 기회를 호시탐탐 노리는 모습은, 이미 임오군란을 〈최초의 해외 반일 운동〉으로 규정하여 무력 개입의 명분을 만들어낸 사건에서도 엿볼 수 있었다.

일본은 1894년 조선의 상황을 어떻게 해석하여 이용하고자 했을까. 오늘날 중국은 1894년을 갑오중일전쟁(甲午中日戰爭)으로, 일본은 일청전쟁(日淸戰爭)으로 기억한다. 명칭만 보면 마치 조선은 아무 연관 없이 양국 간에 벌인 전쟁으로 인식될 수도 있다. 그러나 1894년 청일전쟁의 주요 전장은 한반도였고, 한반도에서 희생된 조선인은 수치상으로 셀 수 없이 많다. 당시 희생된 조선인 상당수가 일본군과 싸운 동학농민군이었다.

한국인에게 1894년은 동학농민전쟁의 시기로 기억된다. 농민전쟁의 시작은 전봉준이 농민 1천여 명을 이끌고 군수 조병갑의 악정을 규탄하며 군아를 습격한 사건이었다(고부민란, 2. 15). 전봉준은 총대장이 되어 1만 3천 명의 농민군을 이끌고 관군과 싸워 황토현 전투(5. 11)에서 크게 이긴 뒤 정읍·고창·무장·영광·함평을 차례로 함락하며 전주에 입성했다(5. 31). 이후 중국과의 평양성 전투에서 승리한 일본군이 농민군 쪽으로 공격 방향을 정하자 이에 대항하여 농민군이 다시 일어났다(1894. 10). 대략 2만의 병력으로 우금치 전투(12. 5)를 벌였으나 패하고 전봉준이 체포되면서 농민전쟁은 사실상 막을 내렸다.

동학농민군의 봉기는 일본이 한반도에 개입할 수 있는 중요한 계기였다. 곧 전쟁을 도발할 수 있는 구실로 작용했다. 1894년 5월 31일 농민군에 의해 전주성이 점령되자, 고종은 중국에 군대 파병을 요청하기로 결정했다. 1893년 교조 신원 운동 단계부터 농민군의 움직임을 주시하고 있던 일본은 새로운 상황 전개에 따라 기민하게 대응하기 시작했다. 조선 주재 일본 대리공사 스기무라 후카시(杉村濬)는 조선 정부가 공식적으로 중국에 파병을 요청한 사실을 미리 탐지하고 본국에 정보를 전달했다(6. 1 타전, 6. 2 도착). 일본 정부는 정보를 접하고 사흘 뒤(6. 5) 대본영을 설치했다. 같은 날, 일본에 잠시 귀환 중이었던 주조선 일본 공사 오토리 게이스케(大鳥圭介)는 4백여 명의 해병대를 동원하여 인천항을 향해 출발했다.

물론 일본은 표면적으로는 1885년 체결된 톈진 조약에 따라 중국으로부터 파병을 통지받고 이에 대응하는 형식을 취하여 조선에 군대를 보냈다. 하지만 동학농민군의 움직임을 면밀히 주시하고 있던 일본은 파병을 위한 절차적인 과정을 전광석화처럼 수행했다.

그런데 여기서 우리가 주목해 볼 것은 파병이 결정되고 대본영이 설치된 당시 일본 국내 정치의 상황이다. 이 시기 일본의 국내 정국은 혼란을 거듭하고 있었다. 1890년 이후 정부와 의회가 충돌하며 매년 총선거를 실시했다. 총선은 군비 확장을 위한 증세와 외교 문제에 대한 불만으로 매년 정부에 저항하는 민권파 정당의 승리로 끝났다. 청일전쟁 당시에는 이토 히로부미가 일본의 총리였다. 농민군이 전주성을 점령했던 그 시각(5. 31)에 대외 강경 세력이 주류를 이루고 있던 중의원은 또다시 이토 내각의 불신임안을 통과시켰다. 일본 정부로서는 내각이 총사퇴할 것인가 아니면 의회를 해산하고 총선거를 실시할 것인가 하는 상황에 직면한 것이었다. 바로 이때, 조선 주재 일본 공사관으로부터 농민군의 전주 입성과 조선 정부의 중국에 대한 파병 요청 소식이 전달된

고바야시 기요치카, 「조선 풍도 해전」, 1894

것이다.

　일본 정부는 농민군의 전주성 점령을 국내 정치 위기의 탈출구로 이용하려 했다. 조선 정부의 중국에 대한 파병 요청 첩보를 접한 당일(6. 2) 내각 회의를 열어 의회 해산과 대규모 군대를 파병하기로 결정했다. 나아가 6월 5일에는 1893년 5월에 제정했던 〈전시대본영조례(戰時大本營條例)〉에 의거하여 〈대본영〉을 설치하고, 내각 및 의회에 의한 군의 통수권 및 작전권 관여를 차단함으로써 일거에 국내 통치 체제를 전시 체제로 전환했다. 이런 기민한 조처는 국내 정치적 위기에 처한 이토 내각을 살려 내는 기회가 되었다.

　재차 강조하지만 일본의 입장에서 한국은 동아시아 국제 정치에 작동하는 하나의 주체 이상의 의미를 가지고 있었다. 1873년 정한론, 1882년 임오군란의 경우에서도 볼 수 있듯이, 일본 내부의 정치 세력은 조선의 상황을 자신들의 행동 근거로 삼아 침략 논리를 만들어 갔다. 특히 내부 정치가 혼란스러울 때, 자국민의 눈을 한반도 쪽으로 돌리게 만들면서 위기를 극복해 나갔다. 곧 한반도의 혼란이 일본에 위협이 된다는 논리로써 〈국론 통일〉을 만들어 냈다. 아베 정부가 한반도의 두 국가(남한과 북한)를 〈문제화〉하고 그에 대응하는 일본의 〈단결, 각성〉을 주장하는 방식은 이미 19세기 후반부터 지속되어 온 전략이었던 것이다.

일본이 조선의 상황을 어떻게 이용했는지 좀 더 살펴보자. 중국과 일본의 선발 부대가 6월 8일을 전후하여 각기 아산과 인천에 상륙했다. 전주성을 점령한 동학농민군을 목표로 중국군은 아산만으로 상륙하였고, 일본군은 인천항을 거쳐 바로 서울로 진입했다. 이후 후속 부대도 속속 상륙함으로써 양국은 대치 상태에 돌입했다. 중일 양국군의 대치라는 위기 상황에 직면한 농민군은 정부와 화약을 맺고 6월 11일 전주에서 퇴각하여 사태를 수습하려 했다.

그런데 일본에서 후쿠자와 유키치가 발행하고 있던 일간지 『지지 신보』는 농민군이 전주성에 입성하는 날, 이미 조선 정부의 중국에 대한 파병 요청과 중국군의 파병을 예상하고 일본도 파병할 것을 주장*했다. 또한 6월 5일 사설**에서는 일본의 즉각적인 무력 개입을 요구했다. 출병의 후속책으로 일본 국내의 오사카와 시모노세키 사이 철도의 조기 완공과 조선에서의 통신 수단 확보를 촉구했다. 국내적인 정치 위기를 대외 강경책을 통해 해결하려 했던 일본 정부의 정략과 궤를 같이하여 민간 차원에서도 파병 결정과 더불어 이미 군대의 장기 주둔 및 중국과의 전쟁을 기대하고 있었다.

그러나 중일 양국의 선발 부대가 인천과 아산에 상륙했던 이 시기 조

---

* 「조선 동학당의 소동에 대하여」, 『지지 신보』, 1894. 5. 30 사설.
** 「계획의 면밀함보다는 착수의 신속함이 요망됨」, 『지지 신보』, 1894. 6. 5 사설.

선은 전주 화약(全州和約)으로 평온을 되찾고 있던 상황이었다. 당연히 일본은 조선과 중국으로부터 철병 요구에 직면했다. 중국과 조선 나아가 열강으로부터 철병 요구에 직면한 일본 정부는 일본군의 파병 명분 확보를 위해 조선의 상황을 조직적으로 왜곡 선전할 것을 지시했다.

외무대신 무쓰 무네미쓰(陸奧宗光)는 조선 주재 일본 공사에게 농민 전쟁의 상황을 가능한 한 급박한 것으로, 그리고 조사를 지연시켜 보고할 것을 지시했다.

우리 군대의 철수가 지연되는 이유로 삼기 위해 각하는 공공연한 방법을 써서 공사관 직원이나 영사관 직원을 폭동이 일어나고 있는 지방에 파견하여 실황 조사를 하도록 하여야 한다. 그리고 그 실황 조사는 될 수 있는 대로 느리게 천천히 할 것이며, 그 보고서는 고의로라도 평화로운 상태와는 반대가 되도록 작성케 할 것을 절실히 바란다. 만약 시찰원을 보호하기 위해 필요하면 순사를 수행케 하여도 무방하다. 또한 조선 정부가 평화의 질서가 회복되었다고 말하면서 우리 군대의 철수를 요구해 올 경우에는 제국 정부와 각하가 만족할 만한 바가 있어야 하기 때문에 실황 조사차 특별히 관리한 관리의 보고를 기다려야 한다고 답변하여야 한다.*

정부에 우호적인 여론을 형성하는 데 필요하다면, 일본의 고위 관료들은 언제든지 조선의 상황을 왜곡할 준비가 되어 있었다. 그리고 더 나

* 「각의안 통지 및 조선의 철병 요구에 대한 응답 훈령」, 『주한 일본 공사관 기록』 3권, 2-47.

아가 일본의 한반도 장악을 위해서라면 앞에서는 평화를 이야기하지만, 뒤로는 전쟁을 준비하며 상황을 주시했다. 일본 정부는 농민군과 조선 정부의 화약(6. 11)이 전해진 직후 중국에 대하여 농민군의 봉기를 원천적으로 해결하기 위해서는, 조선 내정에 대한 대대적인 개혁이 선행되어야 한다고 주장하며 〈조선 내정 공동 개혁안〉(6. 13)을 제안했다.

일본 정부가 각의에서 공동 내정 개혁안을 논의하고 있을 시각, 서울에는 일본군 1개 대대가 진입했다. 일본은 조선의 내정 개혁안을 제시하여 시간을 버는 한편으로 완벽한 전쟁 준비를 위한 후속 조처를 속속 수행하며 치밀하게 전쟁을 준비했다.

결국 일본 정부는 중국과의 개전, 조선 정부의 점령 계획을 확정하고, 1894년 7월 23일 경복궁을 무력으로 점령하고 조선 군대를 무장 해제시켰다. 그리고 김홍집을 수반으로 하는 새로운 정권을 수립했다. 그로부터 이틀 뒤 아산만 풍도 앞바다의 중국 함대를 기습 공격해 전쟁을 도발하고, 8월 1일에는 〈조선의 독립과 내정 개혁의 성취를 이룩〉한다는 명분을 내걸고 선전 포고를 했다.

전쟁 초반 국면에 일본은 조선을 상대로 〈잠정합동조관(暫定合同條款)〉(8. 20)과 〈조일맹약(朝日盟約)〉(8. 26)을 연이어 강요했다. 〈잠정합동조관〉은 7월 23일 경복궁 침입 사건 중 발생한 군사 충돌에 대해 더이상 추궁하지 않기로 결정하고, 조선은 일본에 철도, 군용 전신, 개항장 등의 경제적 이권을 일본에 양여한다는 내용이었다. 이러한 내용은 전쟁을 위한 자원을 조선으로부터 보장받는 목적에서 체결된 것이었다. 전체 3조로 구성된 〈조일맹약〉은 더욱 명확히 조선을 일본의 전쟁 파트너로 전락시키는 내용으로 이루어져 있었다. 〈일본은 중국과의 공수 전쟁에 임하고, 조선은 일본 군대가 진퇴할 때 양식 등 많은 사항을 미리 준비해 편의 제공에 진력한다〉는 내용은 일본이 수행하는 전쟁에서 조선에 후방 지원의 임무를 떠맡긴 모양새였다. 일본이 내세운 〈독립〉이라는 명분 뒤로 보이는 양국 관계의 민낯이었다.

(2) 열강은 1894년 한반도를 어떻게 바라보았나

조선 정부가 농민군을 진압하기 위한 군대를 중국에 요청하고, 중국군의 파병과 동시에 일본도 파병하여 대치하면서 결국 일본과 중국 간의 전쟁이 발생했다. 물론 한반도에서의 〈패권〉을 두고 중국과 일본은 지난 10년간 지속적으로 충돌해 왔기 때문에 이는 당연한 귀결이라고 할 수도 있을 것이다. 하지만 우리가 이 시기 한반도 상황과 관련하여, 이전과 달리 주목하는 것은 바로 중국, 일본과 더불어 동아시아에 영향을 끼치고 있던 서양 열강 세력의 동향이다. 그들은 조선 문제를 어떻게 인식하고 있었으며, 또 중국과 일본의 충돌을 어떻게 바라보았을까. 이를 살펴보기 위해서는 약간 시간을 거슬러 올라가 1893년 4월의 서울로 눈을 돌릴 필요가 있다.

농민군이 외세에 대한 저항을 행동의 제1목표로 직접 제시한 것은 1893년 4월의 광화문 복합 상소가 끝난 다음부터였다. 동학 교단의 복합 상소 직후 선교사가 경영하는 학교, 교회와 외국 공사관 등에 동학농민군의 방문이 나붙었다. 2월 14일에는 미국인 기포드Daniel L. Gifford가 경영하는 학교 정문에, 2월 18일에는 미국인 존스H. J. Jones의 교회당에, 그리고 2월 20일 전후에는 프랑스 공사관, 그리고 3월 2일에는 일본 영사관에 방문이 내걸렸다.

존스의 교회에 붙은 방문은 〈……너희들은 빨리 짐을 꾸려 본국으로 돌아가라. 그렇지 않으면 우리의 충성스럽고 의로운 군사들이 오는 3월 7일 너희들의 죄를 성토할 것이다〉*라고 구체적인 행동이 뒤따를 것임을 선언했다. 열강은 동아시아의 새로운 상황 전개와 농민군의 움직임을 예의 주시하고 있었다. 중국과 일본을 비롯하여 서양 열강들은 만약의 사태에 대비하여 군함을 증파하는 등 즉각적인 무력 개입이 가능하도록 태세를 갖추고 있었다. 당시 조선 주재 일본 변리공사 오이시 마사미(大石正巳)는 조선 내의 상황을 다음과 같이 보고(4. 10)했다.

……현재 서울에 거주하는 일본인은 거의 7백여 명으로, 화를 입을 우려가 있다. 비록 경비함 한 척이 인천항에 정박 중에 있다 하더라도, 그 배는 소형으로, 승조원 또한 소수라 유사시에 충분히 보호하기 어려울 것으로 판단된다. 이에 군함의 증파가 무엇보다도 필요하다고 생각되어 지급으로 파견해 주시기를 희망한다. 각국 군함이 이즈음 인천항에 속속 출입하고 있는 것을 보더라도 사태는 우려할 만한 것으로 생각됨.**

위의 자료에서도 볼 수 있듯이 복합 상소 직후 인천항에는 각국의 군함들이 속속 집결하고 있었다. 중국 북양 함대 소속의 〈내원(來遠)〉과 〈정원(靖遠)〉 2척이 4월 8일 인천항에 도착한 이래, 14일에는 영국 군함

* #1072, 고종 30년 2월 19일, 『구한국 외교 문서 10: 미안 1』, 719면.
** 『日本外交文書』 권 26, 문서 번호 205, 415~416면.

세븐호가, 16일에는 일본 군함 야에야마(八重山)호가, 18일에는 미국 군함 패트롤호가 각기 그 위용을 드러냈다. 패트롤호가 조선 주재 미국 공사의 요청에 따라 정박 중이던 도쿄만을 출항한 것은 4월 10일이었으므로, 조선 주재 미국과 일본 공사는 거의 같은 시각에 군함 파견을 요청하였고, 일주일 이내에 양국의 군함이 인천항에 출현한 것이었다. 이미 1893년의 상황에서도 자국 군함을 파견하며 조선 문제를 주시하던 열강은 실제 동학농민전쟁이 한창 진행되던 시기에는 어떤 조치를 취했을까.

조선 정부가 중국에 정식으로 파병을 요청한 것은 농민군의 전주 입성 이틀 뒤인 6월 3일이었다. 6월 5일, 인천항에는 중국 군함 2척과 미국 군함이 동시에 모습을 드러냈다. 미국 군함이 인천항에 입항했을 때 인천항에는 이미 프랑스 군함이 정박해 있었다. 프랑스 군함은 동학농민군의 소요와 관련하여 5월 9일 입항한 이래 정세 추이를 주시하며 계속 정박하고 있었던 것이다. 농민군의 전주 입성으로부터 불과 닷새 이내에 중국을 비롯하여 미국·프랑스 등 서양 열강의 전함이 서울의 관문인 인천에 집결한 것이다. 앞서 살펴보았듯, 같은 날 도쿄만 항구에서는 일본 군함이 인천항을 향해 출발하여 6월 8일 도착했다.

일본과 중국 간의 전쟁 가능성이 높아지면서 양국은 열강을 상대로 자국의 지지를 얻기 위해 다각적인 노력을 시도했다. 일본은 중국의 조선 〈속방론〉이야말로 조선의 독립을 부인하는 것이라고 열강에 선전하며, 중국이 아닌 일본에 대한 지지를 도모했다. 이에 맞서 중국은 이홍장을 중심으로 열강 외교를 통하여 대처했다. 이에 대해 열강은 일본과 중국의 대결 국면에서 자국의 이익을 최대한 확보하기 위한 방안을 모색하기 시작했다.*

중국은 이 지역에 이해관계가 깊은 러시아와 영국을 끌어들여 전쟁을 피하려 했다. 일본의 〈조선 내정 개혁안〉 제의 닷새 후인 6월 20일 이홍장은 톈진에서 주중 러시아 공사 카시니Arthur Cassini와 러시아의 대일 견제를 요청했다. 중국이 영국과 러시아 등 열강의 거중조정을 의뢰한 것은 전통적인 외교 정책 〈이이제이(以夷制夷)〉의 연장선에서 나온 것이라 할 수 있다. 반면 일본은 거문도 점령 사건 이래 한반도 지역에서 러시아의 진출을 견제하던 영국의 지지를 얻기 위해 노력했다.

이와 같이 영국과 러시아를 중심으로 중일 양군의 조정이 시도되는 동안 영국과 미국의 해병대도 서울에 진입했다. 7월 17일 인천항에 정박하고 있던 영국 군함 아처Archer호로부터 5명의 장교와 22명의 해병대가 서울을 향해 출발하였고, 같은 날 미국 군함의 해병대 80명이 수로를 통해 서울로 향했다.** 미국 해병의 서울 진입 목적을 인천 주재 인천 영사 무라다는 미국 공사가 조선 국왕을 미국 공사관으로 옮기기 위한 조치로 보았다.

시간이 지나도 중일 간의 협상은 타결 기미를 보이지 않았다. 중국은 조선에서 〈군대 철수〉를 주장한 반면에, 일본은 〈조선 정부의 개혁〉을 주장했기 때문이었다. 중국으로서는 대치 국면의 유지를 원하지 않았다. 하지만 일본의 입장에서는 열강들이 개입하여 중일 양국의 대치를 해체하는 것은 전쟁 이전 상태로 돌아가는 것이어서 〈조선 정부의 개

* 「인천의 중립항 선언과 일본군에의 항의를 위한 외국인 모임에 관한 보고」, 『주한 일본 공사관 기록』 4권, 6-136.
** 「영미 해병의 경성향발 보고」, 『주한 일본 공사관 기록』 4권, 6-236.

혁)을 내세우며, 열강의 조정을 거부했다.

상황이 진전 국면을 보이지 않자, 영국 외무장관 킴벌리는 중국과 일본에 한반도 분할 점령을 제시했다.* 그것은 〈조선은 중국과 일본이 공동으로 점령하며, 일본은 서울과 제물포에서 철수해서 수도의 남쪽 지역을 점령하며, 중국은 현재 주둔지로부터 벗어나서 조선의 북쪽 지역을 점령한다〉는 내용을 골자로 한 것이었다. 곧 〈조선을 남북으로 분할한다〉는 한반도 분할 점령론을 제안한 것이다. 제5장 서두에 제시한 자료가 바로 이 내용이다.

이 시기 주미 일본 공사 또한 소말리아에 대한 영불 협정을 모델로 조선의 분할 점령안을 제안했다. 이 안은 남부 4개 도의 대외 및 대내 문제를 일본의 단독 보호 아래 두고, 동시에 북부 3개 도에 대해 동일한 조건으로 중국의 보호권을 인정하는 것이었다. 경기도는 제3국의 간섭을 중일 양국이 공동으로 방지하는 조건하에 조선 국왕의 관할하에 둔다는 것이었다.**

영국 정부는 일본에 대하여 중국 정부가 분할 점령안에 동의할 의향이 있음을 전달하면서 동의 여부를 구했다. 그런데 메이지 일본의 최우선 외교 과제가 조선 문제와 함께 열강과 체결했던 불평등 조약을 개정하는 것이었다. 당시 일본은 영국과 통상 조약 개정 문제의 타결을 눈앞에 두고 있던 시점이었다. 이런 중대한 시점이므로 영국의 제의를 일단 검토하는 모양새를 취했다.

* Kimberley to O'Conor, July 14, 1894, No.80, FO 405/60.
** 「조선 8도의 분할 보호에 관한 재미 공사의 건의안」, 『주한 일본 공사관 기록』 4권, 1-29; 「영국 정부가 제의한 청일 양국 군대의 분할 점령안」, 『주한 일본 공사관 기록』 4권, 2-17; 「조선 분할 점령안에 대한 영국 외무대신의 의견」, 『주한 일본 공사관 기록』 4권, 2-23.

영국은 조약 개정과 관련해서 우리에게 매우 호의적이었으며, 러시아의 중재 실패 후 영국은 모든 일에 있어 호의를 보여 주었음. 더욱이 우리의 목표는 중국 및 조선과의 싸움이니 다른 열강들, 특히 경성의 외교 사절들과의 친밀한 접촉을 강화하려는 목적을 마음속에 간직한 영국과는 가급적 우호 관계를 유지함이 매우 중요하다고 생각됨. 영국 및 미국 해병대의 경성 진입에 관해서는 그들과 우리 사이에 있을 수도 있는 어떤 오해나 충돌을 예방하기 위해 그 나라 사절들과 협의할 것.*

위의 자료에서 일본의 속마음을 엿볼 수 있다. 일본 정부는 영국의 제안에 관심을 표명하는 한편, 이면으로는 전쟁 준비에 박차를 가하고 있었다.

영국과의 새로운 통상 항해 조약이 7월 16일 체결되었다. 일본은 관세 자주권을 완전히 회복하지 못했으나 영사 재판권의 폐지, 최혜국 대우 등을 관철했다. 당시까지만 해도 열강과 불평등 조약을 개정한 동아시아 국가는 일본이 처음이었다.

이 조약의 체결은 일본이 영국으로부터 〈문명국〉으로 인정받았으며, 조선 문제에 대한 외교적 양해를 받았음을 의미하는 것이었다. 반면 영국이 통상 조약 개정을 수용한 것은, 이 지역에서 영국의 거중조정 시도를 오해한 러시아가 강하게 개입할 수도 있다는 우려 때문이었다. 그러한 상황은 러시아의 영향력 확대로 이어질 가능성이 있었기 때문이

* 「영국 여론을 유리하게 하는 일에 관한 보고의 건」, 『주한 일본 공사관 기록』 4권, 2-30.

었다.

주한 일본 공사 오토리는 영일 간에 통상 조약 조인 정보를 접한 이틀 뒤 외무대신 무쓰에게 조선 내 친일 정권 수립에 의한 내정 개혁 정책을 수행하기 위해 왕궁을 무력으로 점령하는 안에 대한 동의를 구했다. 이에 대해 무쓰는 일본군이 조선 내에서 군사적인 행동을 수행함에 있어 유의해야 할 점으로 앞으로도 열강과의 마찰을 최대한 회피할 것을 지시하고 있다.

러시아의 거중조정 활동과 영국의 분할 점령 제의 등으로 일시 개전을 미루던 일본은 영국과 통상 조약 개정안 체결을 계기로 개전의 길로 접어들었다. 7월 23일 새벽 경복궁을 무력으로 점령한 일본은 뒤이어 아산만에서 중국 함대를 기습 공격했다. 1894년 7월 25일 아산만 풍도 앞바다에서 중국군 후속 병력 1천6백여 명을 수송하던 영국 상선 고승(高陞)호와 호위함 제원(濟遠), 광을(広乙)에 대해 일본 해군 순양함 요시노(吉野), 아키쓰시마(秋津洲), 나니와(浪速)가 포격을 강행했다. 전투 종료 후 영국 선적의 고승호에 대해 나니와가 따라올 것을 명령했지만, 중국 병사들이 영국인 선장의 행동을 저지했다. 이에 나니와는 수뢰를 발사하여 격침시켰다. 근처 섬으로 헤엄쳐 도망간 160여 명을 제외하고, 일본 해군은 영국인 선장 이하 세 명만을 구조하였고 9백 명 이상의 중국군이 수장되었다. 뒤이어 성환·평택 전투에서 중국군의 기선을 제압한 뒤 8월 1일 〈조선의 자주독립과 동양 평화〉를 지키기 위해 중국과 전쟁에 돌입한다고 선언했다. 전쟁 발발과 함께 영국과 미국을 비롯한 프랑스, 독일, 이탈리아, 러시아 등은 국외 중립을 선언하고 전쟁의 추이를 관망하는 자세로 들어섰다.

(3) 시모노세키 조약과 삼국 간섭

중국과 일본의 협상 그리고 서양 열강의 조정에도 불구하고 8월 1일 선전 포고를 통해 공식적으로 전쟁은 발발했다. 많은 논자들이 중국의 승리를 예상했으나, 예상을 깨고 일본이 이겼다. 이른바 중국 중심의 동아시아 질서가 깨지고 새로운 강자로 일본이 등장하는 순간이었다.

하지만 일본은 청일전쟁을 수행하면서 시종일관 열강의 동향을 고려하지 않을 수 없었다. 조선 문제는 중일 양국의 이해관계뿐만 아니라 영국, 러시아, 독일, 프랑스, 미국 등 제국주의 열강의 이해관계 또한 얽혀 있었기 때문이다. 9월 15일 평양 전투와 17일 황해 해전 이전까지 서구 열강은 최후의 승리가 어느 쪽으로 갈 것인지 예측하지 못하고 있었다. 그러나 일본이 두 전투에서 대승을 거두자 영국이 가장 먼저 움직이기 시작했다. 중국이 평양 전투 이후에도 계속 패전할 경우 러시아에 대한 견제 기능을 상실하게 되고, 영국의 대중 무역도 크게 타격을 받기 때문이었다. 영국은 〈열국 공동 보증에 따른 한국의 독립 보장〉과 〈중국의 일본에 대한 전비 배상〉을 조건으로 공동 강화를 열국에 제안했지만 러시아, 프랑스, 독일은 모두 소극적인 태도를 보였다. 10월 24일에는 일본이 승리의 여세를 몰아 압록강을 건너 중국의 영토까지 돌입하였고, 이후 랴오둥(遼東)반도와 산둥반도의 전략적 요충지인 다롄(11. 3)과 뤼순(11. 21)을 점령하기에 이르자 중립을 표방하던 영국은 일본 쪽으로 기울었다.

중국과의 전투가 한반도를 벗어나면서 일본군은 재봉기한 동학농민군의 진압에 본격적으로 나섰다. 1894년 11월, 일본군 제1군 사령관은 동학군 진압 파견대장에게 작전 계획을 명령했다. 이 자료는 재봉기 이후 농민군의 동향과 일본군의 진압 작전의 전모를 잘 보여 주는 것이다.

동학당 진압을 위해 파견대장에게 주는 훈령*

1. 동학당은 현재 충청도 충주·괴산 및 청주 지방에 군집해 있고 그 남은 무리가 전라·충청 양도 소재 각지에 출몰한다는 보고가 있으니 그 근거지를 찾아서 이를 초절(剿絶)할 것.

2. 조선 정부의 요청에 따라 후비보병 제19대대는 다음 항에서 가리키는 3로로 나누어 진군하고 한국군과 협력해서 연도에 소재하는 동학당의 무리를 격파, 그 화근을 초멸해서 다시 일어나는 후환을 남기지 않음을 요함. 그리고 그 수령으로 인정되는 자는 포박해서 경성 공사관으로 보내고 더욱이 동학당들의 왕복 서류와 괴수들의 왕복 서류, 또는 정부 부내의 관리나 지방관 혹은 유력한 계통에서 동학당과 왕복한 서류는 힘을 다해 이를 수집하여 공사관에 보낼 것. 그러나 협박에 못 이겨 따른 자에 대하여는 그 완급의 정도를 헤아리고 귀순해 오는 자는 이를 관대히 용서하여 군이 가혹하게 처분하는 것을 피할 것. 단, 이번에 동학당 진압을 위해 전후로 파견된 한국군 각 부대의 진퇴와 군수품 조달은 모두 우리 사관의 지휘, 명령에 복종하게 하고 우리 군법을 준수하도록 할 것이며 만일 위배하는 자가 있으면 군율에 따라 처분하라는 취지로 조선 정부에서 한국군 각 부대장에게 시달했다 하니 한국군의 진퇴는 모두 우리 사관들이 지휘, 명령할 것.

* 「後備步兵 第19大隊에 관한 件」, 『주한 일본 공사관 기록』 1권, 4-39.

3. 보병 1개 중대는 서로(西路), 즉 수원·천안 및 공주를 경유해서 전주부 가도로 전진하고, 그 진로 좌우에 있는 역읍을 정찰할 것이며 특히 은진·여산·함열·부안·금구·만경·고부·흥덕 지방을 엄밀히 수색하고 더 전진해서 영광·장성을 경유해서 남원으로 진출, 그 진로에 있는 좌우의 각 역읍을 정찰할 것이며 남원 정찰은 각별히 엄밀히 할 것. 보병 1개 중대는 중로(中路), 즉 용인·죽산 및 청주를 경유해서 성주 가도로 전진하고, 그 진로 좌우에 있는 각 역읍을 정찰할 것이며 특히 청주·보은·청산 지방은 엄밀히 수색할 것.

보병 1개 중대는 동로(東路), 즉 가흥·충주·문경 및 낙동을 경유해서 대구부 가도로 전진하고 그 진로 좌우에 있는 각 역읍을 정찰할 것이며 특히 음성·괴산·원주·청풍은 수색을 엄밀히 할 것.

각 중대는 될 수 있는 대로 서로 연락을 취하고 각처에서 가능한 한 합동으로 초절하는 방략을 취해서 함께 실효를 거두도록 할 것.

각 중대는 적의 무리를 초토해서 그 잔재가 보이지 않을 정도가 되면 경상도 상주에 집합해서 후명을 기다릴 것. 대대 본부는 중로 분진 대와 함께 행진할 것.

4. 각로로 나누어 진군하는 중대는 대략 별지 일정표에 준거할 것이며 동로 분진 중대는 조금 먼저 보내서 비도를 동북쪽에서 서남으로, 즉 전라도 방면으로 구축하도록 노력할 것. 만일 비도들이 강원·함경도 방면, 즉 러시아 국경에 가까운 지방으로 도주하게 되면 후환을 남기는 일이 적지 않을 것이니 이를 엄히 예방할 것. 단, 될 수 있는 한 서로 연락을 취하여 각기 그 소재를 알리도록 꾀할 것.

5. 각 분진 중대에는 한국 조정에서 진무사와 내무 관리 등을 따르

게 하였음. 진무사는 각지에서 감사와 부사를 독려하고 동학당에 대하여는 순역을 설명하여 이해득실을 일깨워 주어서 저들을 반성, 귀순하게 하는 일을 전임함. 내무 관리는 각 중대를 수행해서 대장의 명을 받들고 연도 각처에서 양식과 기타 군수품을 조달, 인마의 고용과 숙사 제공 등을 알선해서 각 중대의 요구를 충족하는 것으로 임무를 삼음.

6. 각 중대는 3일분의 양식과 2일분의 휴대 식량 및 취사도구 등을 휴대하고 갈 것이며 이를 위해 짐말 약간을 따르게 함. 단, 나날의 양식과 여러 물자는 가능한 한 현지에서 조달하고 만일 휴대하고 간 양식과 물자가 소진되었을 때는 힘써서 신속하게 현지의 물자를 사서 보충함이 긴요함.

7. 동학당 진무에 관한 제 보고는 대대장과 각 분진 중대장이 수시로 본관에게 보낼 것.

진압 작전 중 가장 유의해야 할 사항은 동학군의 지도부와 조선 정부 내 관련자들의 색출과 처벌, 특히 대원군 세력과 전봉준의 연락 등에 관한 사항을 집중적으로 조사할 것을 명령했다. 또 관련 주동자들을 가능한 한 생포하여 경성의 일본 공사관으로 데려와 일본 측이 심문한다는 것을 알리고 있다. 실제 전투에서는 충청도와 전라도 주요 지역에 근거를 둔 동학농민군을 3로로 나누어 진격하되 동쪽을 담당하는 부대가 앞서 나가면서 동학군을 서남으로 몰아 협공한다는 것이었다. 이와 같은 작전은 〈만일 비도들이 강원·함경도 방면, 즉 러시아 국경에 가까운 지방으로 도주하게 되면 후환을 남기는 일이 적지 않을 것이니 이를 엄히 예방〉(제4항)하기 위한 것이었다. 동학농민군의 재봉기에 직면하여 농민군을 진압하면서 일본군은 무엇보다도 농민군이 태백산맥을 통하여 러시아 국경으로 넘어가, 항전을 계속할 경우 러시아가 조선 문제에 개입하는 단서를 제공할 수도 있다는 점을 크게 우려하여 대비하고 있었다.

〈동학당 진압을 위해 파견대장에게 주는 훈령〉에서 무엇보다도 눈에 아프게 들어오는 것은 제2항 끝부분에 제시된 부분이었다. 당시 조선 정부군에 대한 지휘권은 일본군이 가지고 있었다. 그 근거가 된 것이 전쟁 발발 초기에 조선이 일본과 체결한 〈조일맹약〉이고, 실제 동학군에 대한 진압 명령도 〈조일맹약〉에 근거한 것이었다. 〈조일맹약〉을 통해 전쟁은 일본이, 전쟁 지원은 조선이 담당하도록 명문화되었던 것이다.

3월 중순에 이르러 일본 육군은 랴오둥반도를 완전히 장악했다. 중국은 우선 휴전 협정을 요구했다. 그러나 일본 입장에서는 오히려 지금의 상황을 유지하는 것이 유리했으므로 회담은 진척되지 않았다. 일본과 중국의 강화 조약을 둘러싼 회담은 3월 20일부터 시모노세키에서 시작되었다. 그런데 3월 24일 중국 측 대표 이홍장이 회담을 마치고 숙소로 돌아가는 도중 일본인에게 저격당하는 사건이 발생했다. 회담은 잠시 중단되었는데 열강의 비난과 간섭을 우려한 일본은 3월 30일 우선 휴전 협정을 체결하고, 휴전 동안 강화 협상을 진행하기로 했다.

협상 과정에서 가장 큰 현안은 영토의 할양과 군비 배상금에 관한 것이었다. 4월 1일 일본은 다음과 같은 조건을 제시했다. 〈첫째 청국은 조선이 완전무결한 독립 자주의 나라임을 확인할 것, 둘째 랴오둥반도를 포함한 남만주, 타이완(臺灣) 전도·펑후(膨湖) 제도의 할양, 셋째 군비 배상금 3억 냥, 넷째 일청 신조약의 체결, 다섯째 3개월 후 철병, 여섯 번째 배상금 지불 종료 시까지 펑톈부에서 웨이하이웨이(威海衛)의 보장 점령〉 등이었다. 일본 측의 강압적인 요구를 전달받은 이홍장은 일본 측의 요구를 영국·러시아·프랑스 공사에게 전달하면서 중재를 요청했다.

중국은 영토 할양의 범위를 일본군이 아직 점령하지 않은 랴오둥반도 등과 타이완 전체 섬으로 제한하고, 손해 배상은 1억 냥 이하로 낮추어 제안했으며, 통상 특권에 대해서도 몇 가지 삭제해 줄 것을 요구했다. 일본 내에서도 해군은 랴오둥반도 점령보다는 타이완 점령이 필요하다는 입장이었고, 육군은 조선 지배와 중국에 대한 장기적인 영향력 유지를 위해 랴오둥반도의 포기를 거부했다. 일본은 전승에 힘입어 자신들의 강화 조건을 허가할 것인지 아닌지에 대해서만 입장을 밝히라고 하며 중국에 강경하게 대응했다. 이렇게 하여 결국 일본은 4월 17일 ① 조선의 완전한 독립, ② 랴오둥반도·타이완·펑후 열도 할양, ③ 배상금 2억 냥, ④ 사스(沙市)·충칭부(重慶府)·쑤저우시(蘇州市)·항저우부(抗州府)의 4항구 개항을 내용으로 하는 강화 조약안을 관철시켰다.

앞서 일본 측의 요구를 확인한 러시아도 4월 6일 강화안에 대해 검토했다. 러시아 정부 내에서 외상과 육군 및 해군의 의견이 엇갈렸으나, 재무상 비테Sergei Witte는 다음과 같은 의견을 제시했다.

일본이 기도한 전쟁은 우리가 시작한 시베리아 철도의 결과라고 생각하고 있다. 유럽의 모든 나라와 마찬가지로 일본 역시 분명 가까운 장래에 중국이 분할될 거라고 생각하고 있으며, 시베리아 철도가 그와 같은 분할 시에 우리의 기회를 극대화시킬 것이라 보고 있다. 일본의 적대적 행동은 주로 우리를 향해 있다. 일본이 제안하는 남만주 점령은 우리에게는 위협이며 아마도 일본은 조선 전체를 병합할 것이다. 청국에게서 6억 루블의 배상금을 획득한다면, 일본은 점령 지역에 뿌리를 내리면서 매우 전투적인 몽골인과 만주족을 같은 편으로 삼을 것이다. 그리고 새로운 전쟁을 시작할 것이다. 이렇다면 수년 후에 미카도(일본 천황)가 청국의 황제가 되는 것도 있을 수 없는 일은 아니다. 만일 현재 우리가 일본을 만주에 들여보낸다면 우리 영토와 시베리아 철도의 방위를 위해서 수십만의 군대가 더 필요하고 우리 해군의 대대적인 증강도 필요해진다. (……) 우리는 일본의 남만주 점령을 허락할 수 없다. 우리의 요구가 이행되지 않을 경우에는 우리는 해야 할 조치를 취할 수밖에 없을 것이다.[*]

재무상 비테는 청일전쟁의 목표가 조선에 대한 지배를 넘어 중국에 대한 러시아의 영향력을 배제하기 위한 것으로 전제하고 있다. 한반도를 넘어 만주와 동아시아 전반에 대한 정세 파악은 1890년의 야마가타의 「외교정략론」에서 제시한 내용과 일치하는 것이었다. 비테는 청일전쟁 이후 열강의 중국 분할이 시작될 것이며, 이 경우 만주에 대한 일본의 진출은 러시아의 직접적인 장애가 될 것으로 파악하고 있다. 이와 대비하여 야마가타 역시 〈시베리아 철도의 완성〉이 일본의 이익선인 한반도와 만주에 대한 위협으로 받아들였던 것이다. 중일 간의 한반도를 둘러싼 열강의 대립이 단순히 동아시아 차원에 한정된 것이 아니었음을

---

[*] АВПРИф 143. Оп 491. Д 1126. ЛЛ4(『동북아시아의 갈등과 대립-청일전쟁에서 한국전쟁까지』, 「삼국 간섭 전후 러시아의 부상과 일본의 대응」, 동북아역사재단, 2008, 29면 참조).

확인하게 된다. 4월 11일 러시아 각료 회의는 최종적으로 다음과 같은 결론에 도달했고, 이를 일본 정부에 전달했다.

러시아는 북중국의 현상을 이전의 상황으로 회복시키는 데 노력한다. 일본에게 남만주를 병합할 의도를 단념하도록 제의한다. 일본이 의도를 단념하지 않을 경우 러시아는 자국의 이해에 따라 자유롭게 행동할 것이라는 점을 주지시킨다.

— 1895년 4월 11일 러시아 각료 회의[*]

이상의 결론에 따라 러시아는 행동에 나섰다. 1895년 4월 23일, 도쿄 주재 러시아·독일·프랑스 공사는 각기 본국의 훈령이라고 칭하며 청일 전쟁 강화 조약안 제1조에 대하여 이의를 제기했다.

러시아 황제 폐하 정부는 일본국이 청국에 대하여 요구하고 있는 강화 조건을 살펴보고, 랴오둥반도를 일본이 점령하게 하는 것은 단순히 청국의 수도를 위협할 우려가 있을 뿐 아니라, 그와 동시에 조선의 독립을 유명무실하게 하는 것이다. 이것은 장래 극동(지역)의 영구 평화에 장애를 초래하는 것으로 러시아 정부는 일본 황제 폐하의 정부를 향하여 거듭 성실한 우의를 표시하기 위하여 일본 정부에 권고하는 것은 랴오둥반도 영유를 확실히 포기하여야 한다고 요청하였다.[**]

[*] АВПРИф 143. Оп 491. Д 1126. ЛЛ6~7(『동북아시아의 갈등과 대립-청일전쟁에서 한국전쟁까지』, 「삼국 간섭 전후 러시아의 부상과 일본의 대응」, 동북아역사재단, 2008, 31~32면 참조).

[**] 『日本外交文書』 권 28-2, 문서 번호 671, 16~17면.

열강들의 입장에서 〈삼국 간섭〉은 조선 문제가 단순히 중국과 일본에 국한된 문제가 아님을 분명히 보여 주었다. 흥미로운 점은 영국이 제안한 공동 중재에 공식·비공식적으로 찬성했던 세 국가(독일·프랑스·러시아)가 약 9개월 후에 일종의 〈강제 중재〉에 나섰다는 사실이다. 열강들 간의 이해관계가 비교적 짧은 시간 안에 바뀔 수 있음을 보여 주는 단면이다. 강화 조약 체결 6일 만에 결행된 삼국 간섭을 일본은 15일을 넘기지 않고 받아들였다. 결국 랴오둥반도를 제외한 수정된 조약을 체결할 수밖에 없었다.

청일전쟁 전 시기를 통해 열강의 조선과 동아시아 정책은 이전과 전혀 다른 차원의 것이었다. 전쟁 초기 러시아를 비롯한 열강 세력들은 중일 양국이 대치하고 있을 때에는 동아시아에서 급격한 정세 변화를 원하지 않아 동시 철병을 요구했다. 그러나 양국이 무력 대치를 계속하면서 전쟁으로 비화될 가능성이 높아지자 중일이 분할 점령하는 한반도 분할 점령론을 내세워 각자의 이익을 확보하려 했다. 그러나 양국이 정식으로 전쟁을 선포하자 열강은 전시 중립을 표방하면서 조선 정국의 추이를 관망했다. 그러나 이 시기에도 미·영 등 열강은 군함을 파견하여 제물포에 상시 정박하면서 필요시에는 자국민 보호를 명분으로 해병대를 서울에 진입시켜 만일의 사태에 대비하고자 했다. 전쟁 초기 중일 양국의 전세를 지켜보던 열강은 예상외의 속도로 일본이 전황을 이끌어 가고 평양 전투와 황해 해전 이후 일본의 우위가 드러나자, 일본의 전승에 대비한 사후 정세에 대응하기 시작했다.

1885년 영국이 거문도를 점령한 이후 한반도는 2021년 현재까지 대륙과 해양 세력이 부딪치는 최전선이 되고 있다. 대륙과 해양 세력의 갈등이 전쟁으로 분출하는 결정적인 순간에 양대 세력이 가장 먼저, 그리고 손쉽게 내미는 것은 대립하는 두 세력이 해양으로 돌출한 반도를 중간에서 나누어 점령하는 것이었다. 한국 분단의 기원은 70여 년 전의 한국전쟁보다 더 거슬러 올라가야 한다. 한반도를 둘러싸고 강대국 간의 이해가 충돌했을 때 그들로서는 가장 쉽게, 그리고 안정적으로 제시한 방안이 남북으로 나누어 지배하는 것, 즉 한반도 분단(분할)이었다.

[연표 6] 1894~1895년 조선과 세계

연도	조선	일본, 중국, 열강
1894. 5~6.	• 황토현 전투(5. 11) • 전주성 점령(5. 31) • 중국에 파병 요청(6. 1) • 중국군 아산만 상륙(6. 7) • 전주 화약(6. 11)	• 내각 탄핵안 의회 통과(5. 31) • 의회 해산, 파병 결의(6. 2), 대본영 설치(6. 5) • 선발 부대 서울 입성(6. 9) • 조선 내정 개혁안을 중국에 제안(6. 20~7. 10), 그러나 중국 측 거절
1894. 7.	• 제1차 갑오개혁: 군국기무처 설치 (7. 27 / 12월 폐지)	• 영국, 청·일에 의한 조선 분할 점령론 제안 • 일본·영국 항해통상조약(7. 16) • 일본, 단독 내정 개혁을 조선 정부에 통고(7. 17) • 중국과의 종속 관계를 폐기할 것, 중국군 철병시킬 것을 조선 정부에 요구(7. 20) • 조선 왕궁 점령(7. 23) • 풍도 해상서 중국 군함 공격 (7. 25) • 성환 전투(7. 28)
1894. 8.		• 일본, 중국에 대한 선전 포고(8. 1) • 〈잠정합동조관〉 체결(8. 20) • 〈조일맹약〉 체결(8. 26)
1894. 9~12.	• 동학군 재기포(10월 중순) • 공주 지역 전투(11월 말~12월 초), 우금치 전투 • 제2차 갑오개혁: 박영효·김홍집 연립 내각(1894. 12~1895. 7) • 전봉준 체포(12. 28)	• 평양 전투(9.15) • 영국, 독·프·러·미에 공동 간섭 제안, 독·미 거절 • 이노우에 가오루, 주조선 일본 공사 취임(10. 25)

| 1895 | • 독립서고문, 홍범 14조(1. 7)
• 전봉준 처형(4. 24)
• 을미개혁: 김홍집 내각(1895.
  10~1896. 2)
• 을미사변(10. 8)
• 춘생문 사건(미국 공사관 파천
  시도 실패, 11. 28)
• 단발령(12. 30) | • 시모노세키 조약(4. 17)
• 삼국 간섭(4. 23)
• 랴오둥반도 반환(5. 10)
• 미우라 고로, 주조선 일본 공사
  취임(9. 1) |
| 1896 | • 아관파천(러시아 공사관 파천,
  1896. 2. 11) | |

3부

대한제국, 내부와 외부의 시선
1896~1910

7장

제1차 헤이그 만국평화회의와 대한제국
: 고종은 왜 40주년 칭경 기념비를 세웠나(1899)

우리는 다음과 같은 말들을 진정으로 믿을 정도로 순진하고 시대에 뒤떨어진 사람들이다. 〈지상의 유일한 평화 약속은 목자들에게 예수 그리스도의 탄생을 선포한 천사의 입술에서 온 것이며, 그리스도의 원칙이 사람의 삶과 국가의 의회에서 가장 중요하게 될 때에만 인류의 군대가 해산될 것이다.〉

— 『독립신문The Independent』 영문판, 1899년 6월 22일

(1) 러시아와 일본: 새로운 라이벌 구도를 형성하다

1896년 2월 11일 새벽, 고종은 경복궁을 몰래 빠져나와 정동에 위치한 러시아 공사관으로 피신했다. 아관파천(俄館播遷)이라 불리는 이 사건으로 조선을 둘러싼 국내외 정황은 급변했다. 거처를 옮긴 바로 다음 날, 고종은 내각 대신들을 새로운 인물들로 교체했다. 고위직을 차지하고 있던 친일 인사들을 자신과 가까운 친미, 친러적 성향의 인물들로 바꾼 것이다. 황후가 일본 낭인들에게 살해당하고, 자신의 목숨마저 위태로운 지경에 이르렀다고 생각한 고종은 자신의 안전이 확실하게 보장

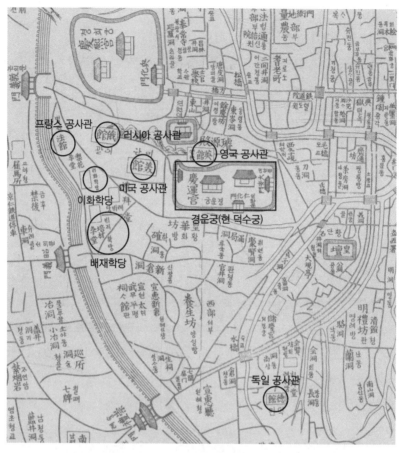

캐나다 선교사 제임스 S. 게일이 영국 왕립 아시아 학회 기관지인
『트랜스액션*Transactions*』에 소개한 서울 지도의 일부, 1902. 경운궁(현 덕수궁)을 둘러싸고
외국 공사관과 외국인 선교사가 운영하는 학교가 위치해 있음을 알 수 있다.

될 때까지 러시아 공사관을 떠날 생각이 없었다.

고종이 러시아 공사관으로 옮겨 가자 일본은 거듭하여 갖가지 협박
과 설득을 통해 환궁시키려 했다. 전대미문의 황후 시해 사건으로 인해
국왕의 신뢰를 잃었고 동시에 국제 사회로부터도 큰 비난을 받던 일본

으로서는 강압적 방법으로 고종을 원상 복귀시킬 수도 없는 노릇이었다. 한편 자신들의 구미에 맞는 친일적 인물들로 구성되었던 조선 정권이 무너지고, 고종과 러시아의 의도에 부응하는 새로운 인물들로 정부가 구성되었지만 이미 조선에서 영향력이 약화된 일본으로서는 어찌할 도리가 없었다. 명성황후 시해와 단발령으로 조선 내에서 반일 감정이 최고조에 이른 상황이었다. 여러모로 조선에 대한 일본의 영향력은 급속히 약화되어 가고 있었다.

반면 러시아는 국왕을 자국의 공사관에 보호하게 되면서 조선 문제에 적극적으로 개입해 막대한 영향력을 행사할 수 있는 기회를 잡았다. 고종을 비롯한 정부 관료들은 조선에 대한 러시아의 재정적, 군사적 지원을 크게 기대하고 있었다. 만일 러시아가 이러한 기대를 충족시켜 줄 경우 조선의 러시아에 대한 의존도는 높아질 것이고, 러시아의 입김은 자연스럽게 더욱 강해질 수 있는 것이었다.

그렇다면 러시아의 입장은 어떤 것이었을까. 우선 표면적으로 보이는 러시아의 행동은 조선에 적극적인 자세는 아니었다. 국왕이 러시아 공사관으로 거처를 옮긴 후, 조선에는 러시아의 고관들과 직접 협상할 수 있는 기회가 생겼다. 1896년 5월, 러시아의 새로운 황제 니콜라이 2세Nikolai II의 대관식이 거행될 예정이었다. 조선 정부는 고종의 최측근이라 할 수 있는 민영환(閔泳煥)을 대관식 축하 사절로 파견했다. 1896년 4월 1일, 조선을 출발한 민영환은 긴 여정을 거쳐 5월 19일 러시아에 도착했다. 민영환은 러시아 황제 니콜라이 2세와 정부 주요 인사들을 여러 차례 만나 조선 국왕의 환궁 이후 신변 보호를 위한 왕실 수비병의 파견과 경비 지원, 일본에서 빌린 국채를 상환하기 위한 3백만 엔 차관 제공,

조선과 러시아 간의 전신선 가설을 요청했다. 또 재정 고문과 군사 고문을 파견해 줄 것도 요청했다.

하지만 민영환이 멀고도 먼 러시아 모스크바에서 얻어 온 대답은 단지 13명의 군사 교관을 파견하겠다는 답변뿐이었다. 조선 정부를 만족시켜 줄 만큼의 지원 대신 러시아 정부의 애매모호한 협상 자세가 지속되었다. 이를 통해 보더라도, 러시아의 조선에 대한 입장은 적극적인 것이 아니었다. 삼국 간섭과 명성황후 살해 이후 조선에서 영향력을 상실한 일본을 대신하여 적극적으로 영향력을 확대하고자 하는 태도가 아니었다. 러시아는 왜 이런 소극적인 자세를 취했던 것일까.

그 이유를 알아내기 위해서는 당시 러시아의 동아시아 정책을 살펴봐야 한다. 동아시아에서 러시아의 최대 관심 지역은 조선이 아닌 중국, 특히 만주 지방이었다. 러시아는 당시 한창 공사가 진행되고 있던 시베리아 횡단 철도Trans-Siberian Railway가 완성되어 동아시아에서 군사·전략적 우위가 확보되는 시점까지 일본과의 직접 충돌을 피하겠다는 것이 기본 방침이었다. 섣불리 조선에서 영향력 확장을 시도할 경우 일본 및 열강의 방해로 인해 자신들이 원하던 만주로의 진출이 어려워질 수도 있었기 때문이다. 조선의 일방적인 구애와는 별도로, 러시아는 조선에 대해 몸을 사리고 있었다.

심지어 러시아와 일본은 민영환이 대관식 참석을 위해 조선을 출발하고, 러시아에 아직 도착하지 않았던 5월 14일, 조선과 관련하여 외교적 타결책을 마련했다. 그것이 한성 주재 러시아 공사 베베르Karl Ivanovich Weber와 일본 공사 고무라 주타로(小村壽太郎) 사이에 체결된 〈베베르 - 고무라 각서〉였다. 각서는 일본이 아관파천이라는 상황을 인정하고 러시아가 조선에서 일본과 같은 수의 주병권(駐兵權)을 확보하는 데 합의하는 내용을 담고 있다. 전체 4개 항으로 이루어진 각서의 일부 내용을 보자.

제1조. 조선 국왕 폐하의 환궁 문제는 폐하 자신의 재도(裁度)와 판단에 일임할 것으로되 러시아와 일본 양국의 대표자는 폐하가 환궁(還宮)하더라도 그의 안전상 의구심을 품을 필요가 없다고 인정될 때에는 환궁하기를 충고할 것이다. (……)

제3조. 러시아 대표자는 다음 사항에 대해 전적으로 일본 대표와 의견을 같이한다. 즉 조선국의 현 상황에서 부산과 경성 사이에 놓여 있는 일본 전신선 보호를 위해 몇몇 지점에 일본 위병을 배치할 필요가 있으며, 현재 3개 중대의 병정으로 구성된 위병은 가급적 속히 이를 철수하고 대신해 헌병을 아래와 같이 배치한다. (……) 그리고 이들 헌병도 장래 조선 정부가 안녕질서를 회복하게 되는 각 지역부터 점차 철수한다.

제4조. 조선인에게서 만일 습격당하게 될 경우 경성 및 개항장에 있는 일본인 거류지를 보호하기 위해 경성에 2개 중대, 부산에 1개 중대, 원산에 1개 중대의 일본군을 배치할 수 있다. (……) 또 러시아 공사관 및 영사관을 보호하기 위해 러시아 정부도 역시 위의 각 지역에서 일본군의 숫자를 초과하지 않는 위병을 배치할 수 있다. 그리고 이 위병은 내지가 완전히 평온하게 되는 대로 이를 철수한다.

일본은 아관파천 직후 자신들이 조선에서 한발 후퇴해야 하는 시점이라는 것을 잘 알고 있었다. 따라서 현재 러시아 공사관에 머무는 고종의 상황을 인정할 수밖에 없었다(제1조). 하지만 일본이 조선 내 영향력을 완전히 잃은 것은 아니었다. 자국의 전신선 보호와 개항장의 자국민을 보호한다는 명목으로 조선에 군대를 주둔시킬 수 있는 권리를 러시아로부터 획득했기 때문이다(제3, 4조). 물론 그에 대응하는 러시아 군대의 주둔 권리를 상호 간에 인정하였지만, 일본의 입장에서는 출병당하지 않은 점만으로도 상당한 성과를 거둔 것이었다.

러시아가 한반도 내 일본의 세력을 어느 정도 인정해 주는 타협적인 각서를 체결한 이유는 앞서도 이야기했듯이, 그들의 관심이 한반도가 아닌 중국, 특히 만주 지방이었기 때문이었다. 즉 러시아는 만주를 염두에 두고 조선 문제에 관해서는 일본에 일정한 〈양보〉를 했던 것이다. 일본과 이 정도의 타협을 하더라도 국왕을 자신들이 〈보호〉하고 있는 한 조선에서 자신들의 이익을 획득하고 영향력을 발휘하는 데 문제가 없을 것으로 판단했다. 실제 아관파천 시기 러시아는 조선 정부로부터 삼림권을 포함한 여러 가지 이권을 획득했다.

〈베베르 – 고무라 각서〉는 러시아와 일본, 두 제국주의 국가가 조선과 만주를 둘러싸고 자국의 이해를 확보하기 위한 협상의 결과물이었다. 협상 대상이 되었던 조선으로서는 국가의 자주권과 독립을 크게 훼손당하는 내용을 담고 있었다. 이러한 점을 잘 알고 있던 러시아와 일본은 조선의 반발을 예상해 조약 체결 사실과 내용을 비밀로 했다. 러일 양국의 서울 주재 공사가 상황을 타결했던 시기에 민영환은 모스크바로 달려가고 있었다.

한편 일본도 러시아 황제 니콜라이 2세의 대관식에 야마가타 아리토모를 특사로 파견했다. 러시아 외상 로바노프Aleksey Lobanov Rostovsky와 조선 문제를 놓고 여러 차례 회담을 가졌다. 회담에서 야마가타는 로바노프에게 조선을 39도선으로 분할할 것을 제의했다. 로바노프는 조선의 독립과 영토를 보전한다는 명목으로 야마가타의 분할 제안을 거부했는데, 아관파천으로 조선에서 유리한 입장이었던 러시아로서는 자국의 황해 진출이 차단될 우려가 있는 영토 분할 제의를 받아들일 이유가 없었던 것이다. 그러나 만주에 더 큰 관심을 기울이고 있던 러시아는 조선 문제를 둘러싸고 일본과의 심각한 대립을 원치 않았고 〈베베르 – 고무라 각서〉를 보완하는 내용의 〈로바노프 – 야마가타 의정서〉를 이번에는 모스크바에서 체결했다.

러시아의 로바노프는 이러한 내용을 담고 있는 의정서가 조선 측에 알려질 경우 러시아에 대한 조선의 신뢰를 잃게 될 것이므로 일본 측에 비공개를 요구했다. 그러나 일본 정부는 고종이 환궁한 직후인 1897년 3월 2일, 조선 외부대신 이완용에게 〈로바노프 – 야마가타 의정서〉와 〈베베르 – 고무라 각서〉의 사본을 송부했다. 러시아와 일본 간에 이루어진 협약 내용을 알게 된 조선 정부는 러시아에 크게 실망했다. 고종이 러시아 공사관에 머물며 특사를 파견하면서까지 러시아 정부에 절실히 도움을 구하던 바로 그때 러시아와 일본이 조선을 두고 협상을 진행했다는 사실만으로도 러시아에 대한 조선의 신뢰와 기대는 추락할 수밖에 없었다. 일본은 바로 이 점을 노리고 조약의 내용을 조선 정부에 알렸던 것이다.

이상에서 보듯이 일본과 러시아는 한반도와 만주를 두고 서로 타협의 줄다리기를 지속했다. 러시아의 주된 관심은 만주였지만, 선뜻 한반도에서 상대의 세력을 인정해 주는 것은 불가능한 일이었다. 그러던 중 러시아는 한국에서 부동항을 구하는 것보다 시베리아 철도와 연결할 수 있는 뤼순(旅順)항과 다롄(大連)항이 보다 편리하다고 판단하여 1897년 12월 11일에 이 두 항구를 강점했다. 이에 대해 영국이 일본과 공동으로 대응하려는 움직임을 보였다. 러시아는 만일 영국과 일본이 동맹을 체결할 경우 러시아에 불리한 것을 우려했고, 이 문제를 다시 일본과 조약을 체결함으로써 해결하려 했다.

러시아가 일본과의 협상을 요청해 왔을 때, 일본은 러시아에 만주와 한국을 각자의 세력 범위로 정하자는 이른바 〈만한교환(滿韓交換)〉을 제안했다. 러시아는 일본의 제안을 받아들일 수 없었다. 한반도가 완전히 일본의 세력권으로 편입될 경우 장차 일본의 전략 기지로 활용되어 만주를 위협할 가능성이 존재했고, 또 뤼순과 블라디보스토크를 연결하는 중간 연료 공급지로 한반도의 남해안에 해군 기지를 건설할 계획을 갖고 있었기 때문이었다. 러시아의 의중을 파악한 일본은 다시 타협책을 내놓았고, 로만 로젠Roman Romanovitch Rosen 주일 러시아 공사와 니시 도쿠지로(西德二郞) 일본 외무대신 사이에 조인된 것이 1898년 4월 25일에 체결한 〈로젠 – 니시 의정서〉였다.

〈로젠 – 니시 의정서〉는 이전에 체결한 두 개의 조약과는 〈상호 타협〉이라는 측면에서 연장선상에 놓여 있지만, 약간 성격이 달랐다. 1896년에는 일본이 수세에 있었고 우위에 있던 러시아가 일본을 일정 정도 인정해 준 것이었다면, 1898년의 상황에서는 일본이 러시아로부터 많은 것을 받아 내는 모습이었다.

제2조 장래에 오해를 가져올 우려를 피하기 위해 러시아와 일본 양국 정부는 한국이 일본국 혹은 러시아국에 대해 권언(勸言) 및 조력(助力)을 구할 경우 연병 교관(鍊兵敎官) 혹은 재정 고문관의 임명에 관해서는 먼저 상호 협상을 하지 않고서는 어떠한 조처도 취하지 않기로 약정한다.

　제3조 러시아국 정부는 한국에서 일본의 상업 및 공업에 관한 기업이 크게 발달한 것과 그 나라에 거류하는 일본국 신민(臣民)이 다수임을 인정해 한일 양국 간에 있어 상업상 및 공업상 관계의 발달을 방해하지 않는다.

　제2조에서 러시아와 일본 양국 정부는 한국 정부가 어떤 도움을 요청할 경우, 군사 교관 혹은 재정 고문관의 임명에 관해서는 먼저 상호 협상을 해야 한다고 규정했다. 이 조항은 일본이 한국에 군사 교관과 재정 고문관을 파견했던 러시아를 견제하기 위한 것으로 볼 수 있다. 제3조에서 러시아는 〈한국에서 일본의 상업 및 공업에 관한 기업이 크게 발달한 것〉과 〈한일 양국 간에 있어 상업상 및 공업상 관계의 발달을 방해하지 않는다〉고 함으로써 한국에서 일본의 경제적 이해관계가 크다는 것을 인정하고 있다.

　왜 러시아는 자국에 불리한 듯 보이는, 조선에서 일본의 영향력을 회복할 수 있는 이러한 내용의 협상을 인정한 것일까. 러시아가 한국 문제에 관해 일본에 일정하게 양보하게 된 배경은 러시아의 동아시아 정책의 변화 때문이었다. 러시아는 중국 정부에 랴오둥반도 조차를 요구하며 한반도보다는 만주로의 진출을 꾀하고 있었고, 이러한 러시아의 계획을 간파한 일본이 〈만한교환〉을 요구했지만 러시아로서는 한반도를 완전히 포기할 수 없었다. 대신 러시아는 한국에서 일본의 경제적 영향력을 인정해 줌으로써 일본의 반발을 무마하려 했던 것이다.

조선을 두고 벌인 러시아와 일본의 라이벌전은, 뜨거운 열전이라기보다 차가운 냉전 같은 것이었다. 1896년부터 1898년 사이에 체결된 세 개의 조약은 현상을 유지하는 상황에서 줄을 약간씩 자기 쪽으로 약하게 끌어당기는 모습으로 구현되었다. 하지만 이런 조용한 경쟁은 오래 가지 않았다. 1898년 중국-만주가 본격적으로 열강의 분할 대상이 되면서, 각국은 그들의 속내를 숨기지 않았다. 만주와 조선에 모두 관심이 있었던 러시아와, 한반도를 이익선으로 생각했던 일본. 그리고 러시아를 견제해야 한다는 위기감에 일본을 파트너로 삼았던 영국과 미국의 대립은 결국 1904년 러일전쟁으로 귀결되었다.

(2) 문명국가 대한제국의 빛과 그림자

서울 시내를 지나다가 사진 속의 건축물을 본 적이 있는가. 사진은 종로구 교보빌딩 사거리에 위치해 있는 〈고종 어극 40년 칭경 기념비(高宗御極四十年稱慶紀念碑)〉다. 고종이 즉위한 지 40년이 된 것을 기념하며 1902년에 세운 비다. 고종은 1863년 12세의 어린 나이로 국왕에 즉위한 이후, 1907년 7월 강제 퇴위를 당하기까지 약 43년 7개월간 재위했다.

고종은 왜 40주년을 기념하는 기념비를 세운 것일까. 어떤 자신감이 있었던 것일까. 이 정도면 충분히 나라다운 나라를 만들었다고 자족했

고종 어극 40년 칭경 기념비

던 것일까. 후대 사람인 우리는 역사의 진행을 알고 있다. 망국까지는
겨우 8년 남짓이었다. 고종이 진행한 여러 가지 정책을 통해 대한제국
이 보여 줬던 빛과 그림자를 살펴보기로 하자.

아관파천 직후 고종은 경운궁(현재의 덕수궁)의 중건을 지시하였고,
1897년 2월 고종은 러시아 공사관에서 경운궁으로 환궁했다. 독립 국
가의 군주가 언제까지 다른 나라 공사관에 머물 수는 없는 일이었다. 일
본의 위협에서도 어느 정도 벗어난 데다, 국왕을 지키는 근위대도 갖추
어진 상황이었다. 환궁 이후 칭제(稱帝)를 요청하는 상소가 꾸준히 올라
왔다. 조선의 입장에서도 〈중국으로부터의 독립〉이라는 역사적인 상황
을 맞이하여 국왕과 국가의 위상을 〈황제〉와 〈제국〉으로 승격시키는 것
은 나쁘지 않은 선택이었다. 1897년 8월 광무(光武)라는 연호를 제정하

고, 10월 11일 국호를 대한제국으로 고치고, 다음 날 황제 즉위식을 거행했다.

즉위식은 천명(天命) 계승을 재확인하기 위해 환구단(圜丘壇)에서 실시했다. 제천 의식은 조선 왕조 초기 종주국인 명이 꺼려서 중지한 이래로 시행한 적이 없었다. 이 즉위식은 천명의 계승자인 고종이 상제(上帝)와의 군신 관계를 맺은 정통 군주임을 국민인 신민에게 보여 준다는 데 의미가 있었다. 이러한 과정을 거쳐 조선은 〈제국〉이 되었다. 바로 대한제국이었다.

대한제국은 광무개혁(光武改革)으로 통칭되는 〈근대화 개혁〉을 진행했다. 우선 국가의 외형적인 모습을 바꾸기 위해 많은 노력을 기울였다. 대표적으로 서울 도시 개조 사업을 들 수 있다. 광화문과 흥인문, 광통교와 남대문의 도로와 건축물, 상하수도를 정비했다. 1899년 5월에는 돈의문-흥화문-종로-동대문-청량리 구간의 전차 운행이 시작됐다. 1900년 4월부터는 서울의 대로에 전기 가로등이 설치되어 빛났다. 1899년에는 경인선이 개통되었고, 1900년에는 한강 철교가 완성되었다. 서울의 이러한 외형상 변화에 외국인들은 찬사를 보냈다.

경제 분야에서는 토지 개혁과 상공업 개혁에 집중했다. 광무양전(光武量田)이라 칭하는 토지 조사 사업을 실시하여 근대적 제도의 도입을 위한 기반을 마련했다. 또한 상업·금융·공업·운수 교통·토건 등의 분야에서 각종 회사가 설립되었다. 오늘날까지 이어지는 근대적 회사가 이 시기에 출발한 것이다. 인삼, 쌀 등 곡식류, 소가죽, 목재, 면화, 금 등의 수출을 통해 외화 획득에 노력했다.

교육/생활 분야에서는 관립·사립 학교와 각종 외국어·실업 교육 기관이 신설되었다. 과거 제도의 폐지 이후 사람들은 신식 교육에 더욱 빠져들었다. 국기, 국가, 훈장 제도를 창설하여 사람들의 애국심을 고취하려는 노력도 진행되었다.

무엇보다도 많은 예산이 투입된 분야는 군사 부문이었다. 외세의 위협을 피해 다른 나라 공사관으로 피신까지 했던 고종의 입장에서 군사 분야는 시종일관 중시했던 사항이었다. 정부 총예산 가운데 차지하는 군사비는 16.28퍼센트(1896), 23.38퍼센트(1897), 27.66퍼센트(1898), 22.37퍼센트(1899), 28.13퍼센트(1900), 41.02퍼센트(1901), 38.33퍼센트(1902), 39.46퍼센트(1903), 37.63퍼센트(1904)였다. 1년 예산 중 40퍼센트에 육박하는 돈이 군사 분야에 투입되고 있었다. 또한 군제 개혁을 통해 근대적 육군을 창설하였고, 원수부(대원수-황제, 원수-황태자) 아래에 중앙군으로서 시위대(侍衛隊), 친위대(親衛隊)가 있었으며, 지방군으로서는 진위대(鎭衛隊)가 있었다.

군사 부문에서 대규모의 예산을 투입한 프로젝트는 군함을 구입하는 것이었다. 양무(揚武)호는 원래 1888년 영국의 딕슨Dixon사에서 건조한 3,432톤급 원양 항해용 화물선이었다. 일본 미쓰이(三井) 물산이 1894년 25만 엔에 구입하여 석탄 운반선으로 사용했는데, 1903년 대한제국 정부에서 사들인 뒤 81밀리 포 4문 등을 달아 군함으로 개조한 것이었다. 구입 대금은 55만 엔(대한제국 돈으로 110만 원)으로, 당시 정부 예산 1천만 원의 10퍼센트 남짓 되는 규모였다.

이상에서 살펴보았듯이, 고종은 대한제국의 근대화를 위해 여러 분야에서 새로운 시도를 지속했다. 러시아와 일본의 라이벌 대결 속에서, 1898년 러시아가 재정 고문 등을 철수한 이후로는 외교적으로 나름대로 독립성을 유지하고 있었다. 열강들에 많은 이권을 넘겨준 것을 두고 고종 입장에서 생각해 보자면, 이권을 통해 열강을 대한제국에 끌어들여 서로 교착시킴으로써 어느 한 국가가 한국을 독점할 수 없도록 만들고자 하는 이이제이책의 일환이었다고 평가할 수 있겠다. 또한 칭경 40주년을 바라보며 대외 활동에도 힘을 기울였다. 고종은 환궁 이후 외교 정책에서 전과 다른 면모를 보여 주었다. 1900년에는 만국우편연합, 1903년에는 국제적십자사에 가입했다. 국제기구에 가입하는 것이 독립국으로 인정받는 방법이라고 생각했기 때문이었다.

대한제국의 정비가 이루어지면서 고종 황제는 1903년 즉위 40주년을 기념하는 칭경 예식(稱慶禮式)을 준비했다. 행사를 진행할 장소로는 2천여 명을 수용할 수 있는 큰 연회 장소인 칭경예식장(稱慶禮式場)을 지었는데, 현재의 종로구 새문안교회 자리에 〈희대(戲臺)〉라는 이름의 극장이었다. 특히 서구 열강의 특사들이 참석하는 열병식이 기획되었다. 고종은 각국 주재 공사들에게 특사 파견을 요청하라고 지시했고, 그 결과 미국, 영국, 러시아, 프랑스, 중국, 일본이 특사를 파견하기로 결정했다. 고종은 예식에 참석한 특사들에게 대한제국이 중립국임을 승인받고자 계획했다. 그러나 행사 두 달 전에 콜레라가 창궐하여 행사를 취소할 수밖에 없었다.

이상에서 대한제국의 출범 이후 제국의 밝은 면을 주로 살펴보았다. 그렇다면 그림자는 없었을까. 물론 여러 가지를 지적할 수 있겠지만, 대표적으로 칭경 예식과 관련된 예산의 사용처를 통해 당 시대가 지니고 있던 문제점을 파악해 보자.

앞에서 살펴본 바와 같이 군사 부문 예산은 전체 예산의 30~40퍼센

대한제국의 양무호

트에 육박할 정도의 규모였다. 그리고 해당 예산은 대부분 증설된 군대
의 유지를 위해 사용되었다. 특히 1901년 이후 군부로 예산이 집중되었
는데, 그럼에도 군대의 유지 비용은 여전히 부족한 실정이었다. 그러나
고종은 1902년에 내년으로 예정된 칭경 예식을 위한 각종 비용 105만
원 남짓을 예비금에서 지출하도록 했다. 1902년의 실제 세입은 587만
원이었는데 그 가운데 6분의 1 정도가 각종 경축 행사의 비용으로 편성
된 것이다. 게다가 고종은 칭경 예식 때 관병식을 계획하고, 지방 진위
대 일부를 한성으로 불러들여 혼성 여단을 편제했다. 혼성 여단의 규모
는 보병 2개 연대와 기병 1개 중대 그리고 포병 1개 중대로 계획되었다.
이 혼성 여단의 편성 비용에 대한 정확한 통계는 남아 있지 않지만 예산
외 지출로 1902년도 예산에서 2백 원, 1903년도 예산에 7백 원이 사용

되었다는 기록이 있다. 고종은 1900년 후반 국내외 위기 상황에 대비하여 군대를 증설했지만, 어느 정도 상황이 정리된 1902년에 이르러서는 국위 선양과 황제 자신의 위엄을 과시하기 위한 칭경 예식에 더 신경 쓰고 있었던 것이다.

양무호의 예를 들 수도 있다. 1년 예산의 10퍼센트가 넘는 돈을 들여 군함을 구해 왔다. 그러나 양무호는 효율적이지 못했다. 석탄 운반선을 군함으로 개조한 것이고, 또한 워낙 낡아 운영비만 많이 들어갈 뿐 제 역할은 하지 못했다. 일본은 러일전쟁이 일어나자 선원 교육을 명분으로 내세워 양무호를 일본으로 옮긴 후 군수품 수송에 이용했다.

대한제국은 개최하지 못한 칭경 예식 혹은 보여 주기 위한 군함 양무호와 비슷한 운명이었을까.

(3) 러시아가 평화회의를 제안한 이유는

한국인에게 1907년의 헤이그 만국평화회의는 익숙한 사건이다. 이준, 이상설, 이위종 열사가 네덜란드까지 갔으나 일본의 방해로 참석하지 못했던 바로 그 회의. 그런데 우리에게 친숙한 이 회의가 제2차 회의라는 사실은 잘 모르는 경우가 많다. 제1차 헤이그 평화회의는 1899년에 열렸다. 이것은 최초 러시아 황제의 제안을 계기로 삼아 개최될 수 있었다. 그런데 러시아는 왜 평화회의를 제안했을까.

과거 20여 년간 문명국 간의 평화를 기원하는 목소리는 높아졌지만 열강은 평화를 명목으로 동맹을 체결하고 나아가 그 평화를 보장하기 위해 오히려 군비를 대규모로 확장하고 비용을 뒤돌아보지는 않았다. 그 때문에 재정 부담은 증가하여 공공의 행복을 저해하고 국민의 노력과 자본은 파괴적인 병기를 위해 사용되고 있다. 그러나 아무리 많은 돈을 무기 개발에 투자하더라도 신무기가 발명되면 구식의 무기는 가치를 상실하게 되는 것이다. 그리하여 헛되게 국민 부담만 한정 없이 늘어 가고 있다. 이와 같은 악순환을 끊기 위한 군비 축소와 전쟁의 위기를 피하기 위한 방법을 발견하는 것은 인류에게 부과된 최고의 의무로, 정의와 인도의 원칙을 열국이 하나로 뭉쳐 확보해야 한다.

—「헤이그 평화회의 제안서」, 러시아 황제 니콜라이 2세(1898. 8)

제1차 만국평화회의 개최의 직접적인 계기는 1898년 8월 러시아의 니콜라이 2세가 군비 제한과 분쟁의 평화적 해결을 위한 열강들의 회의체 구성을 제안한 것이었다. 니콜라이 2세는 주러시아 외국 대사를 상대로 이와 같은 제안을 했다.

당시 러시아는 서유럽으로부터 사회주의 혁명의 분위기가 침투하여 정치적으로 매우 불안한 상황이었다. 동시에 경제적으로 불황을 겪고 있었다. 외교적으로는 앞서 살펴보았듯이 동아시아 지역 특히 한반도와 만주 지역을 둘러싸고 영국, 일본, 독일, 프랑스 등과 대립하고 있으며 군비의 증대로 곤경에 처한 상태였다. 이러한 시대적 상황을 염두에 두고 성명서를 읽어 보면, 러시아 황제의 고민을 잘 보여 주고 있다는 생각이 든다.

1898년은 전 지구적으로 확대되었던 제국주의 시대의 세력권 경쟁이 한반도와 동아시아를 중심으로 막판 경쟁에 치닫던 시기였다. 1898년 초 영국은 홍콩(香港)을 향후 1백 년간 조차지로 점령하였고, 독일은 산둥반도의 칭다오(靑島)에, 러시아가 랴오둥반도의 전략적 요충지 뤼순과 다롄을, 이에 맞서 영국은 뤼순과 다롄을 마주 보는 지점인 웨이하이웨이를 조차했던 시기였다. 또한 태평양을 횡단한 미국은 하와이를 병합(1898)하고, 뒤이어 필리핀을 점령(1899)하여 아시아 태평양 국가의 일원이 되었다.

중국과 비교할 때, 대한제국에 대한 열강의 요구는 영토 분할보다는 이권 영역에 집중되어 있었다. 운산 금광 채굴권이 미국에 넘어간 것(1895)을 필두로, 러시아에 압록강 삼림 채벌권(1896), 프랑스에는 경의 철도 부설권(1896) 등이 넘어가는 상황에서 열강의 대한제국 침탈상은 청일전쟁 이전과는 다른 양상으로 전개되고 있었다(제7장 마지막에 첨부한 〈표〉 참조). 한편으로 동아시아에 대한 열강의 군사적 규모는 대한제국에도 두려운 것이었다. 당시 발행된 『독립신문』은 열강의 군비 증강 상황을 수차례 보도하고 있었다.

아라사 금년도 해군 예산비는 5992만 175원이라더라[*]

아라사 정부에서 근일에 수뢰선 20척을 맞추었는데 그중에 10척과 새 군함 3척은 해삼위와 여순구에 보호하는 함대로 보낸다더라[**]

[*] 『독립신문』, 1897. 6. 8 「전보」.
[**] 『독립신문』, 1898. 7. 13 「전보: 아라사 함대」.

영국 정부에서 해군을 확장하야 큰 군함 4척과 순양함 4척과 수뢰선 12척을 더 짓는데 예산은 영국 돈으로 8백만 방이요 이 확장은 아라사 확장하는 일을 보고 예비하는 일이라더라*

미국이 포와(하와이)국 경성 호노룰루를 포대로 방비하야 태평양에 엄중한 군대를 만든다 한다더라**

이번 싸움에 미국 군비가 미국 돈으로 7억 5천만이라더라***

미국 정부에서 내년 해군 예산비를 금전으로 4천 7백만 원을 작정하였다더라****

3년 후면 영국 철갑 군함이 512척이 될 터이요 법국 군함은 411척이 될 터인데 한 불란서 사람이 말하기를 3년 후에는 영국 함대가 혼자 능히 구라파 여러 나라 함대들을 이길 만하리라고 하였더라*****

툴논이라 하는 항구는 법국에 유명한 해군 요새라 법국 해군의 운동은 다 그곳에서 하는데 일전에 육군 4대대와 해군 1천5백 명과 포병 6백 명을 툴논으로 보내었다더라 (……) 영국서도 해군 준비를 부

---

* 『독립신문』, 1898. 8. 3 「전보: 영국 해군 확장」.
** 『독립신문』, 1898. 8. 3 「전보: 미국 군비」.
*** 『독립신문』, 1898. 8. 27 「전보: 미국 군비」.
**** 『독립신문』, 1898. 10. 7 「전보: 미국 해군 예산」.
***** 『독립신문』, 1898. 10. 8 「전보: 영법 함대 비교」.

조르주 비고의 만평 「일본, 열강클럽에 입장하다」, 1898

지런히 하야 곧 운동하기에 군색함이 없이 차린다더라*

  19세기 초와 달리 당시 제국주의 열강의 대외 침략과 국내 경제를 선
도하는 산업은 첨단 과학 기술이 집중되었던 중화학 공업, 즉 군수 산업
이었다. 기술의 발달은 곧 신무기 개발로 이어졌고, 이는 국방비의 확대
로 이어지는 악순환이 되풀이되었던 것이다. 니콜라이 2세가 평화회의
를 제안하는 성명에서 언급한 신무기 개발에 의한 무한 경쟁의 상황이
란 바로 이를 가리키는 것이었다. 청일전쟁과 삼국 간섭으로 이어지는
시기의 동아시아 상황에서 선도적인 역할을 수행했던 러시아는 만주
지역의 세력권 확보를 위한 뤼순, 다롄을 확보함으로써 영국과의 경쟁

* 『독립신문』, 1898. 11. 2 「전보: 법국 해군, 영국 해군 군비」.

에서 우위를 차지하는 한편, 한반도에서 일본과의 경쟁 상황에서 국방비의 압력이 가중되고 있었다. 일본 또한 막대한 청일전쟁의 배상금을 포함하여 전 국가 예산의 60퍼센트를 러시아와의 전쟁에 대비한 군비 예산으로 투입하고 있던 시기였다.

일본 정부의 해군력 확장 추세는 당시 열강 간의 군비 경쟁을 구체적으로 보여 주는 사례이다. 한반도와 만주에서 러시아와 대치하고 있던 일본의 해군력은 불과 10여 년 사이에 청일전쟁 당시와는 비교가 되지 않을 정도로 세계적인 수준으로 확장되었다. 1만 2천 톤부터 1만 5천 톤급의 일급 전함 6척과 1만 톤급의 일등 장갑 순양함 6척을 중심핵으로 하는 이른바 〈6·6함대〉의 완성을 목표로 했다. 러일전쟁 개전 당시 일본 해군의 총 보유 톤수는 26만 톤 정도로, 청일전쟁 당시 채 6만 톤에 미치지 못했던 전력과 비교해 보면 잘 드러난다. 이러한 해군의 대확충은 전면적으로 영국의 지원에 의한 것이었다. 청일전쟁 이후 러일전쟁 시기까지 진수한 함정 44척(194,473톤) 가운데 27척(133,367톤), 즉 약 7할에 가까운 함정이 영국제였다. 그 외 미국과 이탈리아에서 생산한 함정이 각각 2척, 독일과 프랑스에서 건조한 것이 각각 1척, 요코스카를 비롯하여 일본 국내에서 생산된 것이 11척(17,275톤)으로 전체의 8.9퍼센트를 점할 정도였다. 특히 전함 6척은 전부 영국에서 건조한 것이었고 그 외 1급과 2급 순양함도 영국산을 필두로 모두 외국에서 건조한 것이었다. 어느 정도 국내 생산 기반을 갖추었다고 하는 육군의 경우와는 다른 것이었다.

예산 면에서 청일전쟁 직후인 1896년의 국가 세출 총액은 약 1억 6885만 엔이었다. 이 규모는 청일전쟁 개전 이전인 1893년 세액인

8460만 엔의 약 2배에 달하는 것으로 청일전쟁 중이었던 1894년(1억 8500만 엔)과 1895년(1억 7860만 엔)에 맞먹는 것이었다. 이러한 경향은 지속되어 1897년 이후의 규모는 꾸준히 증가하였는데, 그 가운데 군사비가 약 4할 내지 5할을 차지하고 있었다.

19세기 말에서 20세기 초의 한반도에서 10년이란 시간을 두고 벌어진 중국과 일본, 러시아와 일본 사이에 벌어진 전쟁은 당시까지 발명된 신무기의 대량 소비장이었고, 관계국은 그 이전 어떤 전쟁보다 많은 전비를 쏟아부은 전쟁이었다. 이때 한반도 해역에 출동한 영국, 미국, 독일, 프랑스, 일본 전함은 당시 과학 기술 분야의 최첨단 기술을 적용한 최신의 군함이었다. 청일전쟁과 러일전쟁은 그때까지 인류가 개발한 최고의 성능을 가진 첨단 무기를 최대로 동원한 공전의 전쟁이었던 것이다.

제국주의 국가의 팽창. 이것은 멈추면 쓰러질 수밖에 없는 외발자전거 같은 운명이었다. 내가 차지하지 않으면 남이 차지하고 나를 위협하는 상황. 이러한 경쟁의 지속은 거대한 열강들로서도 쉽지 않은 무한의 폭주였다. 신무기 개발과 끝없이 확대되는 군사비 지출을 줄이면서, 다른 한편으로는 이미 확보한 세력권의 안정적 확보와 통제를 위해 보다 경제적이고 효율적인 세계 정책이 제국주의 열강들 사이에 요구되던 시점. 이러한 세계사적 배경 위에서 러시아가 분쟁의 평화(효율)적 해결을 위한 규칙을 협의하는 회의체 구성을 제안한 것이다. 그리고 제1차 만국평화회의가 개최되었다.

제1차 회의는 1899년 5월 19일부터 7월 29일까지 네덜란드 헤이그에서 개최되었다. 제1차 만국평화회의에는 26개국 사절이 참가(제2차 회의는 54개국 참가)하였으며, 회의의 결과 인체에 맞으면 치명적인 덤덤탄의 사용 금지, 독가스 사용 제한 등을 담은 선언서가 합의되었지만, 실제로 군비 규제에 관해서는 성과를 거두지 못했다. 그러나 상설 중재 재판소의 설치, 육전의 법규 관례에 관한 조약, 약탈의 금지, 비무장 시가지와 건물에 대한 포격 금지 등 전시법의 법전화에 중요한 초석을 쌓았다고 평가되고 있다. 특히 〈국제 분쟁을 조속히 중재에 의뢰하여 해결하기 위한 목적으로 외교적 수단에 해결이 불가능하다고 판단되는 경우, 체약국은 상설 중재 재판소를 구성·추진한다〉(국제 분쟁의 평화적 해결을 위한 협정 제20조)는 국제 분쟁의 평화적 해결을 위한 협정은 이 회의의 주요 성과였다.

제1차 회의가 끝나고, 세계의 평화는 지켜졌는가? 회의 종료 5년 후인 1904년 러일전쟁이 발발했다. 러시아와 일본, 영국, 미국이 대결한 이 전쟁은, 역설적이게도 당시 기술로 등장한 세계 최신의 무기가 사용된 대결이었다. 만국평화회의 직후에 사용된 최신식 무기가 보여 주듯이, 열강의 모임에서 지속적으로 언급된 〈평화〉는 다음 전쟁을 위해 잠시 쉬어 가는 장소였을 뿐이었다.

과거 20여 년간 문명국 사이에는 평화를 추구하는 노력들이 있었지만 열강은 평화를 명분으로 동맹을 체결하고 나아가 평화를 보장하는 것 대신 군비를 대규모를 확장하였고 국민의 노력과 자본은 파괴적 병기를 위해 사용되었다. 그러나 신무기가 발명되면 곧바로 구식 무기는 가치를 상실하게 되어 국민의 부담이 되는 악순환이 되풀이되고 있다. 이와 같은 악순환을 단절하여 군비 축소와 전쟁의 위험을 피할 수 있는 방법을 발견하는 것은 인류에게 지워진 지상의 의무이며 정의 인도의 원칙을 열국이 협력 일치하여 확립하여야 할 것이다.

앞의 인용문은 폴란드 출신의 은행가이자 사업가였던 블로흐M. Jean de Bloch(1836~1902)가 쓴 책 『전쟁의 미래The Wars of Future』(1897)의 한 부분이다. 그는 사상적으로 만국평화회의 개최의 사상적 기반을 제공한 인물이었다. 블로흐는 국가 간 평화적인 경쟁과 협력이 세계 경제 시스템을 유지하는 데 중요하다는 점을 확신하였으며, 전쟁은 근대 사회에서 비현실적일뿐더러 파멸을 초래할 것이라고 여겼다. 미래에 일어날 열강들의 전쟁은 유럽 국가 시스템에 있어 손댈 수 없을 정도로 정치 경제적 긴장을 초래할 것이라고 주장했다.

하지만 당시 블로흐의 인터뷰를 소개했던 『독립신문The Independent』 영문판은 블로흐의 의견 및 이에 수반한 평화론에 대해서는 시종일관 부정적인 입장을 견지하고 있었다.* 예컨대 6월 22일의 논설 「평화회의The Peace Conference」에서는 〈평화회의가 어느 외교 회의보다 최대의 참가국이 참가한 《19세기 최대의 이벤트》임에는 확실하지만 회의의 유용성에 대해서는 현재 양극단의 견해가 있다고 하였다. 그러나 러시아가 제안한 군비 축소는 인간의 이기심에서 비롯될 뿐 아니라 서로 다른 국제 환경과 이에 따른 군비의 질적·양적 차이에 있으므로, 자국의 이익을 우선시하는 국제 사회의 현실을 고려할 때 불가능한 것〉으로 파악하고 있었

---

* *The Independent*, 1899. 8. 17 "The Apostle Of Peace; A Times Interview With M. De Bloch".

다.* 평화회의 제안에 대한 회의적인 입장은 아래의 기사에서도 엿보인다.

니콜라이 황제의 병비 절감하자는 의안이 난 후에 아라사 정부의 지금 행동은 뜻밖에 기이한 광경이 있으니 바다에 선거의 고쳐 수축하고 새로 베푸는 것이며 육지에 포대의 더 쌓고 또 새로 베풀기를 심히 바쁘게 하고 육해군의 대신과 협판 등 관원은 각처의 요해 수비한 데를 몸소 스스로 순항하고 검찰하여 방어 준비의 속히 이루기를 전혀 힘쓰며 또 금년에 모집하는 새 군사의 미리 정한 인원은 그 수효가 대단히 많은 중에 그 분배하여 둘 땅은 극동 방면과 아라사 지경에 있다 하니 아라사의 황제의 한 것은 이미 눈 있는 자의 알아본 바가 된지라 한 사람의 손으로 천하의 눈을 어찌 가히 가리기를 얻으리요 하고 어느 월보에 말을 하였더라
이때를 당하여 동양 각국이 뉘 아니 정신을 차르리요만은 대한 관민들은 더욱히 잠들을 깨여 시세 형편이 이러한 줄을 쾌히 깨닫고 나라를 잘 보호하야 위태한 경우에 이르지 말게 할지어다**

이 기사는 만국평화회의를 제안하며 평화론을 주창한 러시아조차도 다른 한편으로는 여전히 군비 증강에 열을 올리는 광경을 비판하고 있다. 본 장의 맨 앞에 인용했던 인용구는 대한제국이 외교 정책에만 매달리며 순진하게 평화라는 언사를 받아들이는 자세를 비판하며 쓴 기사

* The Independent, 1899. 6. 22 , "The Peace Conference [Communicated]".
** 『독립신문』, 1899. 9. 6 「외보: 아라사의 외면과 중심」,

의 일부다. 〈평화〉라는 말조차 평화롭게 받아들일 수 없는 상황이 야속하긴 하지만, 19세기 말 세계를 바라보는 눈은 대한제국 황제의 것보다는 『독립신문』 논자의 것이 더욱 정세에 부합했다.

세계 평화를 외치는 강대국의 지도자들이 지역의 패권을 위해 여전히 군대를 파견하고, 군비를 증강하며, 때로는 무력 사용까지 불사하는 21세기 현재의 모습을 떠올리면, 『독립신문』 논자의 회의론이 단순히 120여 년 전에 국한될 필요는 없겠다는 생각도 해본다. 다만 당시와 지금이 다른 점은, 현재 한국은 아덴만의 청해부대를 비롯하여 세계 12개국에 군대를 파병하고 있는 국가로, 과거와 달리 더 이상 제국주의 열강의 먹잇감은 아니라는 사실이다.

[연표 7] 대한제국과 세계

연도	한국	국제 관계
1895	• 을미사변(10. 8)	• 시모노세키 조약(4. 17) • 삼국 간섭(4. 23) • 랴오둥반도 반환(5. 10)
1896	• 아관파천(러시아 공사관 파천, 2. 11) • 『독립신문』 창간(4. 7) • 독립협회 창설(7. 2) • 독립문 건립(10월)	• 〈베베르-고무라 각서〉 체결(5. 14) • 〈로바노프-야마가타 의정서〉 체결(6. 9)
1897	• 고종, 러시아 공사관에서 경운궁(현 덕수궁)으로 환궁(2. 20) • 광무 건원(8. 17) • 대한제국 황제 즉위식(10. 13)	• 의화단 사건(1898. 7~1900. 6)
1898	• 양전 사업 시작 • 황국중앙총상회 성립 • 만민공동회(3~12월) • 헌의 6조(10. 29)	• 〈로젠-니시 의정서〉 체결(4. 25) • 중국, 무술변법(4~8월) • 독일: 중국 자오저우만(膠州灣) 조차(3. 6) • 러시아: 뤼순·다롄 조차(3. 27) • 영국: 주룽(九龍)·웨이하이웨이 조차(6. 9) • 프랑스: 광저우만(廣州灣) 조차(11. 16) • 미국: 필리핀 점령(10월)
1899	• 대한국국제 반포(8. 14)	• 헤이그 제1차 만국평화회의(6월)

[연표 8] 열강에 빼앗긴 이권(1896~1905)

연도	이권 내용	양여 국가
1895	운산 금광 채굴권	미국
	인천-부산, 인천-대동강, 인천-함경도 윤선 정기 항로 개설권	일본
1896	경인 철도 부설권	미국
	경원·종성 광산 채굴권	러시아
	인천 월미도 저탄소 설치권	
	압록강·울릉도 산림 채벌권	
	동해 포경권	
	경의 철도 부설권	프랑스
1897	당현(강원도 금성군) 금광 채굴권	독일
	부산 절영도 저탄소 설치권	러시아
	서울 전기 수도 시설권	미국
1898	서울 전차 부설권	미국
	운산(평북) 금광 채굴권	
	경부 철도 부설권	일본
	평양 탄광 석탄 전매권	
1900	직산(충남) 금광 채굴권	일본
1901	창성(평북) 금광 채굴권	프랑스
	경기도 연해 어업권	일본
1903	평양 무연탄 채굴권	프랑스
1904	충청·황해·평안도 어채권	일본
1905	후창(평북) 광산 채굴권	일본
	통신 관리권	
	하천 운행권	
	화폐 주조권	

8장
러일전쟁, 한반도에서 벌어진 열강의 전쟁
: 미국은 왜 조선을 버렸나(1905)

현 한국 정부의 활동과 운영을 다음과 같이 요약할 수 있다. 즉 동 정부는
인민으로부터 생계 수준 이상의 것은 모든 것을 간접 또는 직접 빼앗고 아
무런 보상도 하지 않으며, 생명과 재산권을 보호하지 않으며, 눈에 뜨일
만한 교육 시설을 마련하지 않고, 도로를 건설치 않고, 항구를 보수하지
않고, 등대도 세우지 않고, 거리의 청소라든가 공중위생에 아무런 관심도
보이지 않는다.

—조지 케넌*

나는 『아웃룩outlook』 잡지에 실린 귀하(케넌)의 한국 기사가 참으로 마음
에 든다.

—시어도어 루스벨트**

* George Kennan, "Korea: A Degenerate State", *The Outlook*, October 7, 1905.
** Theodore Roosevelt to Kennan confidential, October 15, 1905, Roosevelt Papers.

(1) 영일 동맹은 왜 등장했는가

국가의 명운을 스스로 결정하기 위해 대한제국은 온갖 노력을 기울였지만, 동아시아 정세는 한국의 희망과는 다른 방향으로 움직였다. 1899년부터 1903년까지는 상대적으로 세력 균형의 공간을 형성하는 듯했다. 그러나 1904년 2월 러일전쟁이 결정적인 계기가 되어 한국의 자주권은 보장되지 못했다. 러일전쟁에서 승리한 일본이 〈을사늑약〉을 강제하며 한국은 일본의 보호국이 되었다(1905. 11. 27).

일본이 한국을 자신의 세력하에 완전히 편입하는 과정을 볼 때 가장 중요한 사건은 역시 러일전쟁의 승리라고 할 수 있을 것이다. 그리고 러일전쟁 승리를 가능케 했던 배경이 무엇일까를 생각해 보면 역시 영일 동맹의 출현이 중요한 계기였다.

1902년 1월 30일 영국과 일본은 〈극동의 평화〉와 〈청제국과 대한제국의 독립과 영토 보전〉, 〈두 나라에서 각국의 상공업의 균등한 기회〉 확보를 내걸고 동맹 조약을 체결했다. 제국주의 열강의 선두 주자였던 영국과, 청일전쟁으로 이제 막 제국주의 클럽에 첫발을 내디딘 일본이 대등한 자격으로 동맹 조약을 체결한 것이다.

영국은 명실상부하게 19세기를 지배하던 패권 국가였다. 〈해가 지지 않는 나라〉라는 별칭에서 볼 수 있듯이 전 세계에 걸쳐 세력을 펼치고 있던 국가였다. 19세기 후반부 영국의 외교 정책은 흔히 〈화려한 고립 Splendid Isolation〉 전략이라고 불리는 고립 정책이었다. 유럽 강대국들과 동맹을 맺지 않고 전 세계를 대상으로 자유 무역을 진행하는 것이 당시 영국의 성장 방식이었다. 그런데 왜 영국은 자신들의 정책 기조를 바꿔 가

프랑스 일간지 『르 프티 주르날Le Petit Journal』에 실린 만평,
「중국에서, 왕들과…… 황제들의 파이」, 1898. 1. 16.

면서까지 일본과 동맹을 체결한 것일까. 가장 중요한 이유는 바로 러시
아였다.

청일전쟁의 패전국 중국이 일본으로부터 랴오둥반도를 돌려받도록
독일, 프랑스와 더불어 간섭을 주도했던 러시아는 이후 동아시아에서
영향력을 넓혀 갔다. 1897년 삼국 간섭의 일원이었던 독일이 자오저우
만을 조차한 것을 선도로 제국주의 열강은 경쟁적으로 연해의 주요 지
점을 조차지로 확보하며 세력권을 형성했다. 영국과 프랑스가 홍콩과
광저우만의 조차지를 확장하였고, 러시아가 랴오둥반도의 전략적 요충
지인 뤼순과 다롄을 조차하고, 랴오둥반도를 관통하는 동청(東淸) 철도

부설권을 획득하자, 이를 견제하기 위해 영국은 마주 보고 있는 웨이하이웨이를 차지했다. 이처럼 제국주의 열강의 침략이 확대되면서, 중국내 반제국주의 세력의 저항은 1898년 산둥반도에서 봉기한 의화단이 1900년 6월 20일 베이징의 열국 공사관 지역을 포위하면서 절정에 이르렀다. 의화단은 영국, 미국, 러시아, 독일, 프랑스, 오스트리아 – 헝가리 제국, 이탈리아, 일본 등 8개국 연합군에 의해 진압되었다. 의화단 진압에 가장 많은 병력을 파견한 국가는 지리적으로 인접한 러시아와 일본이었다. 특히 의화단이 진압된 이후에도 러시아는 10만 대군을 만주에 주둔시켜 만주와 한반도에서 세력을 유지하고자 했다.

앞 장에서도 서술한 바와 같이 청일전쟁 이후 러시아는 조선에서도 확고한 지반을 구축했다. 아관파천 직후 러시아와 일본은 〈베베르 – 고무라 각서〉, 〈로바노프 – 야마가타 의정서〉, 〈로젠-니시 협정〉을 통해 한반도에서 대립과 협상을 이어 갔다. 아관파천 3개월 후 서울에서 체결한 전체 4개 항의 〈베베르 – 고무라 각서〉는 파천으로 성립한 친러 내각을 일본이 승인하고, 일본이 전쟁 이후 주둔해 있던 군인 가운데 전신선 보호를 위한 헌병 1개 중대와 서울의 공사관 및 부산 거류지 보호를 위한 3개 중대의 병력을 유지하고 러시아도 공사관 보호를 위한 일본과 동일한 수준의 군대를 보유하는 것으로 채워졌다. 아관파천으로 조선에서 영향력이 축소되었던 일본 측이 아관파천이라는 특수한 상황을 인정한 가운데 타협한 것이었다.

니콜라이 2세 대관식에 특명전권대신으로 참석했던 야마가타와 러시아 외무대신 로바노프가 모스크바에서 조인한 4개 항의 〈로바노프 – 야마가타 의정서〉는 조선에 차관을 제공하는 문제에 있어 러일 간의 협의와 한반도 내 일본의 전신선 유지와 러시아의 전신선 부설권 등을 규정했다. 특히 본 조항 이외에 2개 항의 비밀 조관을 두었다. 비밀 조관에서는 조선 내 상황과 관련하여 러일 양국의 협의에 의한 군대 파견과 양국의 충돌 방지를 위해 비점령의 공지(空地) 설정 조항을 두었다. 장차 조선의 치안 상황이 어지러워질 경우 양국은 군대를 파병할 수 있고, 양군의 충돌을 방지하기 위해 비무장 지역을 설정하고 양국의 군대가 주둔지역에서 활동한다는 것이었다.

특히 〈로젠-니시 협정〉은 러시아가 한국에서 일본의 상업상 및 공업상의 우위를 인정하고 있다. 〈로젠-니시 협정〉이 체결된 1898년 러시아는 중국으로부터 뤼순과 다롄을 조차했다. 러시아가 만주의 관문을 확보하여 지속적으로 영향력을 확대하는 과정에서 한반도에서 일본의 상공업상의 우위를 인정한 것으로, 러시아의 만주 진출이 본격화되는 시기였다. 앞에서도 설명한 바와 같이 러시아가 만주에서 정치적·군사적 우위를 바탕으로 동청 철도 부설권 확보 등을 통해 세력을 확장하자 영국을 비롯한 열강이 견제에 나섰다.

러시아는 1902년 4월 〈러청만주철병조약〉을 체결하여 3차에 걸쳐 철병을 약속했다. 하지만 제1차 철병(1902. 10)은 이행했으나, 1903년 4월 예정되었던 제2차 철병은 이행하지 않고 오히려 병력을 증파했다. 러시아의 만주와 한반도에 대한 적극적인 모습은 두 국가의 입장을 난처하게 만들었다. 한반도에서 우위를 점하는 것이 최고의 목표였던 일본과, 세계적 차원에서 러시아와 라이벌 구도를 형성하며 동아시아에서 러시아의 세력 확장을 막아야만 했던 영국이었다. 영일 동맹은 전통적으로 러시아의 남진 정책을 견제하던 영국과, 한반도를 그들의 세력권으로 확보하려 한 일본의 이익이 맞아떨어진 것이었다. 1902년의 영일 동맹은 한반도와 동북아시아에서 세계적으로 러시아의 남진을 방어해 왔던 영국과, 한반도에서 독자적인 세력을 구출하고자 했던 일본이 동맹 관계로 발전한 것이었다. 영일 동맹은 러시아를 상대로 한반도와 만주 지역을 두고 전쟁 발발을 앞두고 체결한 군사 동맹이었다.

영일 동맹 전문과 제1조는 〈청제국과 대한제국의 독립과 영토 보전〉이었다. 그러나 영국과 일본이 진정 원하는 것은 중국과 한국의 독립이 아니었다. 러시아가 중국과 한국에 영향을 끼치지 못하도록 막는 것이 동맹의 목표임을 드러낸 문구였다는 것을 우리는 알 수 있다.

(2) 대한제국의 중립 선언은 어떻게 받아들여졌는가

대한제국은 이전과 달리 외교적 측면에서 독립을 유지하기 위한 여러 가지 새로운 노력을 기울이고 있었다. 예컨대 1900년 1월 1일에 〈만국우편연합〉에 가입하였고, 1월 19일 처음으로 미국에 우편물을 발송했다. 다음 해에는 벨기에와 수호 통상 조약을 체결(1901. 3. 23)했다. 특히 이때까지는 이범진이 러시아와 프랑스, 오스트리아 공사를 겸하고 있었는데, 대러시아 외교에 집중할 수 있게 러시아 공사에 한정했고, 민영찬을 프랑스 공사로, 영국과 독일, 이탈리아 특명전권공사를 담당하던 민철훈을 독일과 오스트리아 공사로, 민영돈을 영국과 이탈리아 특명전권공사로 임명했다. 이는 러시아와 프랑스 그리고 독일과 영국에 상주 공사관을 설치하여 유럽 열강과의 외교 접촉을 다양화하겠다는 계산이었다. 전통적으로 외교 관계를 가지고 있던 동아시아 지역 중심 그리고 미국 중심의 외교 관계망을 유럽까지 확대한 것이었다. 1902년 12월에는 〈적십자사〉 가입을 신청하였고, 다음 해 1월 정식으로 회원국이 되었다. 대외 정책 면에서 주목할 만한 변화였다.

대한제국이 이 시기 대외 정책의 확대와 전환을 시도한 것은 만주와 한반도를 둘러싼 열강들의 대치 국면에 즈음하여 열강들로부터 〈중립국〉 지위를 획득하기 위한 사전 작업이었다. 1864년 제네바 조약에 의해 전시 부상자 보호를 표방한 적십자 활동 지역은 중립 지역으로 인정받았다. 고종은 전쟁이 발발할 경우 적십자 활동을 이용하면 중립 지역이 될 것이라는 기대도 가지고 있었다. 유럽 각국과의 외교 관계를 확장하는 출발이었던 벨기에와의 수교 통상 조약 체결 역시 중립화 시도와 관련된 것으로 파악할 수 있다.

갑신정변 이후 한반도를 둘러싼 국제 정세가 동아시아 차원을 넘어 열강들의 분쟁 지역으로 부상한 이후 〈한반도 중립화〉 시도는 지속적으로 제기되어 왔다. 다만 한반도의 중립화를 이끌어 가는 중심 역할을 담당할 국가에 대한 구상이 조금씩 달랐다. 앞서 제5장의 김옥균, 유길준의 경우에서 보았듯이 청일전쟁 이전까지는 주로 중국이었다. 하지만 청일전쟁 이후 중국의 실질적 영향력이 제거된 상황에서 영국과 러시아, 미국 등 다양한 조합의 중립화안 제안과 시도가 있었다. 여러 차례 시도된 한반도 중립화의 역사적인 전범으로 가장 많이 비교 검토되었던 사례가 벨기에였다. 유길준의 「중립론」에서도 벨기에를 중요하게 검토하고 있었다.

고종은 중립화 정책을 추진하기 위해 유럽 주요 국가의 공사와 친밀한 관계를 유지하려 노력하였고, 벨기에 사람 아데마르 델쿠아뉴Adhémar

Delcoigne를 내부 고문으로 초빙했다. 국내에 와 있던 영국과 미국, 프랑스 독일어 학교의 교사들도 관여했다. 국내에서 중립화 정책을 추진하던 세력으로는 새로 단행한 유럽의 특명전권공사 인사에서 잘 드러나는데 주로 민씨 척족 세력과 강석호, 현상건, 이인영 등 이용익 계열의 인물이었다.

1903년 들어 러시아와 일본 간의 전쟁이 임박했음을 알리는 소식들이 속속 전해지기 시작했다. 이에 따라 대한제국 정부는 〈전시 중립화〉 방안을 실행에 옮겼다. 고종은 1903년 8월 현영운과 현상건을 각각 일본과 러시아에 파견했다. 파리에 먼저 도착한 현상건은 주프랑스 공사 민영찬과 함께 프랑스 외무대신 테오필 델카세Théophile Delcassé에게 접근하여 중립화에 대한 지지를 얻으려 했다. 그 결과 현상건은 프랑스 대통령 에밀 루베Émile Loubet가 고종에게 보내는 친서를 받을 수 있었다.

프랑스는 1902년 1월에 맺어진 영일 동맹에 대항하여 3월 16일 〈러불 공동 선언〉을 통해 러시아를 지원하고 있었다. 현상건은 10월 하순 프랑스를 떠나 베를린을 거쳐 11월 14일 상트페테르부르크에 도착했다. 현상건은 전 주한 러시아 공사였던 베베르의 도움을 받아 고종의 친서를 러시아 황제에게 전달하였고, 뤼순을 거쳐 1904년 1월 11일 러시아 군함을 타고 귀국했다.

이와 같은 사전 작업을 바탕으로 1월 23일 중국의 즈푸 전신국에서 대한제국의 전시 중립 선언이 전신으로 각국에 전달되었다. 대한제국의 중립 선언에 대해 영국 정부를 필두로 이탈리아, 독일, 프랑스, 덴마크, 중국 정부가 회신을 보내왔다. 대한제국은 열강의 회신을 중립 선언이 성공한 것으로 판단했다.

대한제국이 러시아와 일본의 전쟁 발발에 대비하여 중립화 정책을 구체적으로 추진하던 시기, 일본 정부는 전쟁을 전제로 수립한 대한(對韓) 정책을 실행에 옮겼다. 현상건이 프랑스 파리에 체류하고 있던 1903년 9월 29일 주한 일본 공사 하야시 곤스케(林權助)는 일본 외무대신 고무라 주타로로부터 〈러시아와의 전쟁이 발발할 경우 한국과 전시 군사 동맹 조약 체결이 선행되어야 한다〉는 훈령을 접수했다. 전쟁의 효과적인 수행을 위한 최우선 정책이 한국을 전시 군사 동맹 조약 체제에 반드시 편입시켜야 한다는 것이었다. 일본이 이와 같은 정책의 필요성을 깨달은 것은 청일전쟁 때였다. 청일전쟁 발발 후 일본은 조선에 〈잠정합동조관〉과 〈조일맹약〉을 강요하여 체결했다. 특히 〈조일맹약〉은 일본이 전쟁을 수행하고, 조선이 지원을 담당한다는 내용을 담고 있었는데, 제6장의 〈동학당 진압을 위해 파견대장에게 주는 훈령〉에서 보는 것처럼 전쟁 수행에 결정적인 기여를 했다.

1903년 12월 30일 일본은 러시아와의 교섭이 결렬될 경우에 대비하여 일본이 취해야 할 〈대한 방침(對韓方針)〉을 각의에서 결정했다. 〈대한 방침〉에서는 한반도에서 효과적인 전쟁 수행을 위해서는 청일전쟁의 경우처럼 한국과 〈공수 동맹〉이나 다른 〈보호적 협약〉의 체결을 제시했다. 1904년 2월 4일 일본 정부는 임시 각의 및 어전 회의에서 러시아와의 전쟁을 최종 결정하고, 2월 6일 러시아와의 국교 단절을 선언했다. 그리고 1904년 2월 10일 심야에 일본 정부는 관보로 러일전쟁 개전을 선언했다. 대러 선전 포고문에서 일본은 청일전쟁 때와 마찬가지로 〈한국의 독립〉과 〈동양 평화〉를 명분으로 내세웠다.

그러나 일본은 공식적인 선전 포고 엿새 전인 2월 4일 오후에 일본 해

영국의 주간지 『펀치*punch*』에 실린 만평.
「궁지에 몰려서In a Tight Place」, 1904. 2. 3.

군 7전대가 마산포항에 진입하여 마산과 부산의 전신국을 점령했다. 이미 전쟁은 이때부터 시작되었다. 이틀 후인 2월 8일에는 뤼순항과 인천 앞바다에 정박 중이던 러시아 함대에 포격을 개시했다. 인천항에서는 오후 5시경 러시아 함대에 대한 포격이 있었고, 7시 20분경부터 수송선을 타고 온 2천2백 명 규모의 육군이 상륙을 시작했다. 0시 40분경 상륙을 마친 일본군은 다음 날 아침 9시경 인천역을 점거하고 철도를 이용해 서울에 진입했다. 이날 오전 인천항에 정박해 있던 프랑스와 영국 그리고 이탈리아 함대의 함장들이 회합한 뒤 공동 항의문을 전달하였으나, 11시 30분이 지나면서 일본 함대는 두 척의 러시아 군함에 대해 전격적인 공격을 개시했다. 오후 4시경 코레예츠Koryeets함이 자폭하였고, 6시경 바랴크Varyag호가 침몰했다.

일본 정부는 청일전쟁 시기와 마찬가지로 조선에 주둔하고 있던 상대국의 전함에 일격을 가한 후 선전 포고를 발동했다. 먼저 공격하고 이후 선전 포고를 한 꼴이었다. 이와 함께 1월 23일 발표한 대한제국의 전시 중립 선언은 인천항에 정박 중이던 프랑스와 영국 및 이탈리아 해군 함장들의 항의를 무시하고 일본이 러시아 함대에 대한 포격을 감행함으로써 효력을 상실했다. 한국의 중립 선언은 무시되고 말았다.

육군 선발대가 서울로 진입한 오후, 주한 일본 공사 하야시는 고종을 알현한 자리에서 일본과의 전시 군사 동맹안 체결을 제안했다. 2월 10일 러일 양국의 공식적인 선전 포고가 발표된 뒤, 러시아 공사 파블로프는 프랑스 공사에게 사무를 위임한 후 공사관 직원들과 함께 2월 12일 인천에서 프랑스 군함을 타고 퇴거했다. 결국 대한제국 정부가 전시 중립 선언을 선포한 날로부터 1개월째 되던 2월 23일 일본의 요구에 굴복하여 전시 군사 동맹을 규정한 〈한일의정서〉를 체결했다.

전문 6개조로 이루어진 〈한일의정서〉는 일본이 1894년 청일전쟁 초기 조선 정부에 대해 내정 개혁을 요구하면서 제시했던 〈잠정합동조관〉과 군사 동맹 관계를 명시했던 〈조일맹약〉의 확대판이었다. 일본으로서는 한일의정서를 체결함으로써 조선을 예속적인 전시 군사 동맹 국가로 편입시켰으며, 실질적으로 조선을 보호국화하기 위한 기반을 마련한 것이었다. 주한 미국 공사 알렌은 의정서 체결 당일 국무장관에게 〈어젯밤 일본이 한국 보호국제를 확립한다는 조항에 황제가 서명했다〉고 보고했다.

전체 6개 조항으로 이루어진 의정서는 외형상으로는 〈대한제국 황실의 안전 강령〉과 〈대한제국의 독립과 영토의 보전〉을 약속했다. 하지만 그 이면에는 대한제국의 정치적·군사적·외교적 자주권을 제약하는 중대한 조항들을 담고 있었다. 일본은 〈한일의정서〉를 통해 청일전쟁 이래 자신들이 꿈꿔 왔던 조선의 〈보호국화〉라는 구상을 실현할 수 있었다. 〈한일의정서〉 체결은 대한제국 식민지화의 서막을 여는 중요한 계기로 작용하며, 장래 두 나라의 보호/피보호 관계의 형성에 결정적인 역할을 했다. 해외 언론들 역시 〈한일의정서〉를 이러한 측면에 주목하며 일본이 이를 통해 대한제국을 이집트와 같은 상황으로 만들 것이라고 논평했다. 〈한일의정서〉의 구체적인 조항들을 살펴보면 일본의 의도가 더욱 명확하게 보인다.

제1조는 〈한일 양국 사이의 항구적이고 변함없는 친교를 유지하고 동양의 평화를 확립하기 위해 대한제국 정부는 대일본제국 정부를 확신하고 시정(施政) 개선에 관한 충고를 받아들인다〉로 되어 있다. 일본은 〈시정 개선〉과 〈충고〉라는 애매한 표현으로 대한제국의 내정에 간여할 수 있는 결정적인 단서를 마련했다. 청일전쟁 당시 〈잠정합동조관〉의 제1조에서는 〈시정 개선에 관한 권고를 힘써 시행〉하는 내용이었던 점과 비교하면 〈한일의정서〉는 〈충고를 받아들이는 것〉으로 양국 관계를 확정했다. 〈한일의정서〉 체결 이후 일본은 〈시정 개선〉이라는 명목으로 자신들의 이권을 다양한 방면에 적용하여 실천에 옮겼다. 전쟁 수행을 위해 일본이 착수한 사업이 한반도를 종관하는 경부 철도와 경의 철도를 부설하는 것이었다. 일본은 전략상 필요하다는 핑계로 전국에 걸쳐 광범위하게 토지를 군용지로 수용하고, 어업권을 확장하였고, 나아가 황무지 개척권도 〈시정 개선〉에 포함시켜 요구했다. 결국 일본이 말하는 〈충고〉는 조선의 이익을 위한 것이라기보다는 자국의 이익을 증진시

키기 위한 것이었다. 제1조 〈시정 개선에 관한 권고 조항〉은 어떻게 활용하느냐에 따라 대한제국의 이권은 물론 주권까지도 심각하게 침해할 수 있는 것이었다.

제2조는 〈대일본제국 정부는 대한제국 황실을 확신한 친의(親誼)로 황실을 안전 강령(安全綱領)하게 한다〉는 조문이다. 러일 간의 전운이 감돌자 고종과 측근 세력들은 만일의 사태에 대비하여 러시아 공사관이나 프랑스 공사관 등의 외국 공사관으로 파천하거나 지방으로 피란하는 방법 등을 고려하고 있었다. 한반도에 외국 군대가 오가는 상황에서 황실에 대한 안전 보장은 대한제국 황실로서는 무엇보다도 중요한 부분이었다. 황실로서는 청일전쟁 당시 겪었던 경복궁 점령 사건이나 을미사변과 같은 불행한 기억들을 떠올릴 수밖에 없었을 것이다. 주한 일본 공사 하야시는 개전 직전인 1903년 12월 이지용을 통해 이미 〈사변〉 발생 시 경성(京城)의 안전에 대하여 적절한 조치를 취하게 한다는 제안을 전달한 바 있었다. 또한 전쟁 발발 직후 고종에게 올린 상주문을 통해서도 〈이번 의거는 황실과 국토를 보호하고 독립을 영구히 유지하기 위한 것이며, 일본군이 입국하더라도 인민에게 해를 입히거나 궁궐을 침범하는 일이 없을 것임을 담보한다〉고 재차 확인한 바 있었다. 제2조에서 약속하고 있는 〈황실의 안전 강령〉은 이러한 사정들을 반영한 것이었다.

제3조는 〈대일본제국 정부는 대한제국의 독립과 영토 보전을 확실하게 보증한다〉는 문구다. 일본은 청일전쟁 이래 조선의 독립을 여러 차례 강조해 왔다. 러일전쟁 선전 포고문에 내걸었던 전쟁의 명분 역시 〈동양 평화〉와 〈한국의 완전한 독립〉이었다. 제3조에서 말한 대한제국의

독립과 영토 보전에 대한 약속 역시 러일전쟁의 개전에 대한 국제적 명분을 마련하는 동시에 대한제국의 반발을 무마하려는 외교적 제스처에 불과했다. 〈한일의정서〉가 체결되자 일본 언론들은 한국이 일본의 보호국이 되었다는 기사들을 앞다투어 실었다. 결국 일본이 의정서에서 말한 대한제국의 〈독립〉이란 일본이 아닌 다른 국가가 대한제국에 영향력을 행사하는 것을 차단하겠다는 의미였다.

제4조는 〈제3국의 침략이나 내란으로 인하여 대한제국 황실의 안녕과 영토 보전에 위험이 있을 경우 대일본제국 정부는 속히 정황에 따라 필요한 조치를 취할 수 있다. 대한제국 정부는 앞에 말한 대일본제국 정부의 행동이 용이하도록 충분히 편의를 제공한다. 대일본제국 정부는 앞 항의 목적을 이루기 위하여 군략상 필요한 지점을 정황에 따라 차지하여 이용할 수 있다〉는 조항이다. 일본은 〈정황에 따라〉, 〈군략상 필요한 지점〉을 이용할 수 있도록 허용했다. 조선과 일본은 10년 전인 청일전쟁 당시에도 〈조일맹약〉이라는 공수 동맹을 맺은 바 있었다. 이를 통해 조선 정부는 한반도에서 일본군의 이동과 식량 준비 등과 같은 전쟁 수행에 필요한 협력을 약속했다. 그러나 〈조일맹약〉은 중국과의 전쟁이 끝남과 동시에 해지됨으로써 이를 근거로 조선에 대한 간섭이나 물리적 강제를 시도할 수는 없었다.

반면 러시아에 대한 대한제국과 일본의 공수 동맹이라는 명분으로 추진된 〈한일의정서〉는 대한제국 영토 내에서 일본군의 군사적 행동을 허용하는 것은 물론 군략상 필요 지점에 대한 일본군의 점령 및 수용이라는 공수 동맹 본래의 성격을 넘어서는 방향으로 확장되어 있었다. 또한 동맹국인 대한제국의 〈내란〉에까지 일본군이 출동할 수 있도록 규정함으로써 일본은 공수 동맹의 형식을 빌려 자신들이 구상하고 있는 한반도에 대한 침략적 의도를 철저하게 관철시켜 나갔다.

또한 〈조일맹약〉과 달리 〈한일의정서〉에서는 동맹의 효력 기간에 대해서도 구체적으로 명시하지 않았음은 물론, 군용지로 수용될 지역이나 이용 면적, 이용 기간 등에 대해서도 구체적인 단서를 달지 않았다. 이는 전쟁 수행에 필요한 군사적 활동이란 명분으로 대한제국 곳곳을 제한 없이 점유할 수 있는 가능성을 열어 둔 것이었다.

이 조항에 의거해 러일전쟁이 발발하기 전부터 아무런 법적 근거 없이 국내에 들어와 있던 일본군의 주둔은 합법화되었고, 개전과 더불어 한국 주둔 일본군은 〈한국주차군(韓國駐箚軍)〉으로 확대 개편되었다. 한국주차군은 러시아군과의 직접 전투가 아닌 후방 경계와 병참을 통한 전투 지원을 주된 임무로 맡고 있었다. 따라서 한국주차군의 활동은 전투 지역이 아닌 전투 배후 지역으로서 한반도를 직접 겨냥한 것이었다.

한국주차군의 활동은 한반도 전역에서 전쟁을 실감케 했다. 우선 군대의 보급 및 연락에 중요한 철도와 전신을 보호한다는 미명하에 1904년 7월 전국 일원에서 〈군율(軍律)〉이 시행되었다. 〈군율〉은 일본군이 제정한 군 법률로서 제3국인인 한국인에게 일본 군대의 군율을 적용하는 것은 국제법적으로 근거를 갖지 못한 것이었다. 그러나 일본 정부는 〈한일의정서〉에 의거해 〈군율〉 시행을 공표함으로써 일본군에 대한 방해 행위뿐만 아니라 치안을 방해하는 문서·집회·신문 등과 위험물을 소지한 자를 처분하였으며 우편·전보를 검열하는 등 한국인에 대한 군사적 사찰을 강행할 수 있었다. 일본의 군사 활동에 방해될 경우 최고 사형까지 구형할 수 있는 〈군율〉은 일제가 의병 운동을 탄압하는 근거가 되었다.

이와 함께 직접적인 전투 지역이었던 함경도 일원에는 군정(軍政)이 선포되었다. 해당 지역에 군율이 적용되는 것은 물론이고 지방관의 임면과 군사 명령, 재정 등을 일본군이 간섭할 수 있게 된 것이다. 그뿐만 아니라 한반도 전역에 걸친 방대한 토지가 군용 시설 및 군사 작전과 병참을 위해 강제로 수용되었고 군사 시설 건설을 위해 한국인에 대한 인력 동원이 자행되었다. 물론 이 모든 것을 가능케 한 물리력은 한반도에 주둔한 〈한국주차군〉이었고, 그들의 활동은 〈한일의정서〉를 통해 정당성을 부여받았다.

제5조는 〈대한제국 정부와 대일본제국 정부는 상호 승인을 거치지 않고는 앞으로 본 협정의 취지를 위반하는 협약을 제삼국과 맺을 수 없다〉라고 하여, 대한제국의 외교권을 제약했다. 반면 일본은 〈제2차 영일 동맹〉(1905. 8. 12)과 〈가쓰라 – 태프트 밀약〉(1905. 7. 27)과 〈포츠머스 조약〉(1905. 9. 5) 등 열강들과 일련의 조약을 맺음으로써 〈한국에 대한 지도, 감리 및 보호의 권리〉를 명문화했다. 〈한일의정서〉의 규정대로라면 일본은 상호 승인을 거친다는 약속을 위반하고 제3국과 협약을 체결한 셈이었다. 결국 〈한일의정서〉에서 말하는 상호 승인 없는 조약 체결 금지의 의도가 대한제국과 열강 사이의 외교를 단절시키려는 일방적 조치였다는 것을 알 수 있다.

제6조는 〈본 협약에 관련되는 미비한 세부 조항은 대일본제국 대표자와 대한제국 외부대신 사이에서 그때그때 협정한다〉라는 단서 조항이다. 조약 체결 당시 부족한 부분에 대해 차후 따로 협정하겠다는 단서

조항은 조약문에 흔히 등장하는 일반적인 문구다. 하지만 〈한일의정서〉 제1조의 시정 개선에 대한 조항과 제6조의 단서 조항을 결합하여 이후 일본은 대한제국에 대한 자신들의 정치적·경제적·군사적 영향력을 지속적으로 확장했다. 이후 대한제국이 일제의 식민지 체제에 편입되는 시기까지 모든 결정적인 조처는 전쟁 초기 맺었던 〈한일의정서〉에 근거한 것이었다.

의정서를 체결한 이후 일본은 의정서의 공식 발표일이 결정될 때까지 체결 사실을 비밀에 부쳐 줄 것을 요구했다. 특히 『황성신문』과 『제국신문』을 엄격히 통제하여 의정서의 내용이 기사화되는 것을 막아 달라고 했다. 이는 의정서 체결 소식이 알려짐으로써 일어나게 될 열강의 반발을 차단하고, 의정서에 대한 반대 여론의 형성을 미연에 방지하려는 것이었다. 그러나 2월 22일부터 의정서의 체결 가능성이 신문에 보도되기 시작하자 일본 정부는 서둘러 2월 27일 자국의 관보를 통해 한일의정서 체결을 공식적으로 발표했다. 이는 한일의정서 체결 사실을 신속히 공개함으로써 대한제국의 중립 선언을 실질적으로 무력화하기 위한 것이었다.

(3) 미국에 조선은 무엇이었나

일본은 러일전쟁 초기 체결했던 〈한일의정서〉를 통해 조선을 예속적인 전시 군사 동맹 국가로 편입하고, 실질적으로 조선을 보호국화하기 위한 기반을 마련했다. 5월 이후 압록강을 넘어 전장이 만주 지역까지 확대되었고, 8월 중순 황해(8. 10)와 울산 앞바다에서 러시아의 극동 함대가 무너지면서 전세는 일시 일본에 유리하게 전개되었다.

이러한 분위기 속에 일본 정부는 8월 22일 〈제1차 한일협약(고문 용빙에 관한 협정서)〉 체결을 강요했다. 한국 정부가 일본이 추천하는 재무 및 외교 고문을 초빙하여 재정 개혁과 외교 사안에 대해 일본 대표와 사전에 협의하고 시행할 것을 요구한 것이었다. 〈제1차 한일협약〉은 바로 〈한일의정서〉 제1조에서 규정한 〈시정 개선〉에 대한 충고를 받아들인 것이었다.

〈제1차 한일협약〉 체결 후 러일전쟁의 주 전선은 뤼순과 만주 지역으로 확대되어 1905년 3월 전후까지 확전을 거듭했다. 1905년 1월 1일 일본군은 뤼순항을 점령하였고, 3월에는 선양(瀋陽) 지역을 점령했다. 일본 정부는 4월 〈조선 보호권 확립의 건〉을 결정했다. 즉 조선과의 보호 조약을 체결하여 외교권을 이양받고 이를 열강들로부터 확인받음으로써 조선을 보호국으로 만들기 위한 정책을 구체화한 것이었다.

1905년 5월 말 일본은 러시아의 발틱 함대를 동해에서 격멸함으로써 승세를 굳힌 뒤 열강에 전쟁 종결을 위한 강화 회의를 의뢰했다. 동아시아 지역에서 러시아와 일본 양국의 세력 확대를 우려하던 열강들 가운데 특히 미국이 적극적으로 강화 회의를 주선했다. 러일전쟁을 종결짓기 위한 회의는 8월 10일 미국 뉴햄프셔주의 군항이었던 포츠머스에서 처음 개최되었다.

강화 회의 타결에 앞서 이미 일본은 미국과 영국으로부터 조선의 보호권을 인정받았다. 일본 수상 가쓰라 다로(桂太郎)는 7월 일본을 방문한 미 국무장관 태프트William Howard Taft와 만나 미국의 필리핀 지배를 인정하는 대신 한국에 대한 일본의 보호국화를 인정하는 비밀 협정을 체

"GOOD OFFICES"

미국의 주간지 『하퍼스 위클리Harper's Weekly』에 실린 만평,
「거중조정Good offices」, 1905. 6. 24.

결했다. 그것이 바로 〈가쓰라 - 태프트 밀약〉이었다. 영국과도 영국의
인도 점령을 인정하는 대신 일본의 한국 보호국화를 인정하는 〈제2차
영일 동맹〉을 러일 강화 회의가 개최되고 이틀 뒤 체결했다.

9월 5일 러일 간에 전쟁을 종결짓는 회의가 타결되었다(〈포츠머스 조
약〉). 〈포츠머스 조약〉은 조선에서 일본의 우월한 지위를 전면적으로 인
정하고, 일본의 뤼순-다롄 조차권 양여, 창춘(長春)-뤼순 간 철도 및 북
위 50도 이남의 사할린과 그 부속 도서의 양여 등을 내용으로 하는 것이
었다. 러시아도 미국, 영국과 마찬가지로 조선에 대한 일본의 보호권을
인정했다. 이리하여 일본은 〈한국의 독립〉과 〈동양 평화〉를 명분으로

중국과 러시아를 상대로 한반도를 전쟁터 삼아 벌인 전쟁에 승리함으로써 열강으로부터 한국에 대한 보호권을 인정받아 보호국 체제 구축의 길로 나아갔다.

보호 조약 체결을 위한 사전 작업을 마친 일본은 10월 27일 〈한국 보호권 확립 실행에 관한 각의 결정〉을 발표했다. 조약 체결을 위한 세부적 진행 계획과 함께 조약의 초안도 마련되었다. 조약 체결은 치밀한 준비 아래 이루어졌다. 우선 11월 2일 주한 일본 공사 하야시가 임지인 서울로 돌아왔다. 조약 체결을 위해 특파대사가 내한하기에 앞서 사전 작업을 진행하기 위해서였다. 보호 조약 체결을 찬성하는 취지의 〈일진회 선언서〉를 사주하였고, 심상훈 등 원로 대신을 조종해 고종의 의사를 확인하고자 했다. 한편 대한제국 정부가 조약 체결에 대비해 사전 대책을 수립하는 것을 방해했고, 이완용 등에 대한 매수 작업도 진행되었다. 이와 더불어 현지에서 증원 병력을 받아 하세가와 요시미치(長谷川好道) 조선 주둔군 사령관의 지휘하에 궁궐 주변과 서울 일원에 대규모 병력을 배치했다.

이 같은 하야시의 사전 준비가 마무리되자 조약 체결을 위해 특파대사 이토 히로부미가 일본 천황의 친서를 가지고 내한했다. 11월 9일 서울에 도착한 이토는 손탁 호텔에 여장을 풀고 이튿날인 11월 10일 수행원을 대동하고 입궐해 고종을 알현한 자리에서 일본 천황의 친서를 전달했다. 친서는 〈일본이 지난해 대한제국과 협약을 맺고 대한제국 방위의 책무를 담당하며 동아시아의 평화를 회복했으나 항구히 동양 평화를 유지하고 장래의 분란을 방지하기 위해 두 나라의 결합을 보다 공고히 할 필요가 있다〉는 내용이었다. 이는 러일전쟁을 전후해 일본이 강제

했던 〈한일의정서〉나 〈제1차 한일협약〉을 뛰어넘는 강도 높은 조약의 체결이 임박해 있음을 예고하는 것이었다.

친서를 전달한 이토는 곧바로 보호 조약 체결에 착수하려 했다. 그러나 고종의 병환을 이유로 알현이 지연되어 고종과 이토의 만남은 11월 15일에야 다시 이루어졌다. 이토는 대한제국의 외부(外部)를 폐지하고 대한제국의 모든 외교권을 일본 정부에 위임할 것을 골자로 하는 조약안을 내놓으며 인허를 강요했다. 고종은 이토의 요구에 〈대외 관계의 위임을 완전히 거부하는 것은 아니나 외교권을 행사하는 독립국이라는 형식만은 존치시켜 줄 것〉을 청했다. 즉 대한제국의 외교 사무에 대해 일본의 감독을 받는 한이 있더라도 독립 국가로서의 외교 권한만은 그대로 유지하도록 해달라는 것이었다. 만일 〈이러한 형식을 유지할 수 없다면 오스트리아에 병합된 헝가리나 열강의 식민지가 된 아프리카와 같은 처지에 놓이는 것이 아니냐〉고 반문했다. 이에 대해 이토는 〈한일 양국의 관계를 헝가리나 아프리카와 비교하는 것은 지나친 망상〉이라며 고종의 주장을 일축했다. 고종은 사안이 중대한 만큼 〈정부 신료에게 자문하고 일반 인민의 의향도 살펴보아야 한다〉고 응수했다. 하지만 이토는 〈전제 군주 국가의 국왕이 백성들의 뜻을 살피겠다는 것은 인민을 선동해 일본에 저항하려는 뜻일 뿐〉이라고 반박하며 대신들의 의향을 묻는 것만 용인했다.

11월 16일 오후, 이토는 참정 이하 각 대신과 경리원경 심상훈 등을 자신의 숙소로 불러 협약안의 필요성을 역설하며 조약 체결에 찬성할 것을 요구했다. 11월 17일 오전, 하야시 공사는 대한제국 대신들을 일본 공사관으로 소집했다. 보호 조약의 조인이라는 중대한 사안에 대해 앞

장서서 찬성하는 의견을 내놓는 이는 없었다. 결국 대신들끼리 결정할 수 없는 중대한 사건인 만큼 국왕에게 상주해 의견을 듣는 방법밖에 없다는 데 뜻이 모아졌다. 어전 회의를 위해 하야시는 대신들을 대동하고 경운궁으로 향했다. 일본군이 궁궐을 에워싼 가운데 어전 회의가 시작되었다. 오후 4시경 시작된 어전 회의는 7시가 되도록 결론을 내리지 못하고 계속되었다. 대신들은 그사이 두 차례에 걸쳐 고종에게 조약안을 거절할 것을 상주했다. 오후 8시경 고종은 궁내부대신 이재극을 이토에게 보내 대신들이 조약에 반대 의견을 표한다며 협의의 확정을 잠시 유예해 달라고 알려 왔다. 이토는 어전 회의가 열리고 있는 곳으로 가서 대신들에게 일일이 조약 체결에 대한 찬성과 반대 여부를 묻기 시작했다. 참정대신 한규설은 조약 체결에 극력 반대했지만 일본 헌병들에게 끌려 나가 회의장 밖 별실에 감금당했다. 참정대신이 빠진 회의 석상에서 탁지부대신 민영기와 법부대신 이하영이 다시 반대 의사를 표했고, 학부대신 이완용, 내부대신 이지용, 외부대신 박제순, 군부대신 이근택, 농상공부대신 권중현 등이 일본의 강압에 따라 찬성의 뜻을 표했다. 이토는 참정대신과 일부 대신들이 반대했지만 8명의 대신 중 5명의 대신이 찬성했기 때문에 다수결에 의해 조약안이 가결되었다고 일방적으로 선언했다. 이렇게 체결한 조약이 〈제2차 한일협약〉이다. 보통 1905년 을사년에 체결되었다 하여 〈을사조약〉이라고 불리며, 일본에 강제당했다는 의미에서 〈을사늑약〉이라는 표현도 사용한다. 또는 외교권이 박탈당하고 보호국이 되었다는 점을 강조하여 〈(을사)보호조약〉이라고도 칭한다.

일본 정부는 11월 20일과 21일 영국, 미국, 독일, 프랑스에 주재한 자국 공사에게 〈제2차 한일협약〉 조인을 해당 정부에 알리도록 훈령했다. 22일에는 중국, 오스트리아, 이탈리아, 벨기에, 덴마크 주재 공사에게 협약 전문과 체결에 이른 이유 및 각국이 한국과 맺고 있는 조약의 존중, 한국에서 각국의 정당한 상공업상의 이익을 보장한다는 선언을 통고하라고 지시했다.

전체 5개 조항으로 이루어진 〈제2차 한일협약〉은 1904년 2월 〈한일의정서〉 체결 이래 점차 제약해 오던 대한제국의 외교권을 박탈함과 동시에 청일전쟁 이래 자신들이 대내외적으로 선전하던 〈조선의 독립 보장〉이라는 약속을 완전히 깨뜨리는 것이었다.

제1조에서는 대한제국의 외교권 이양을 명시하고 있다. 향후 한국과 외국의 관계 및 사무는 일본 외무성을 통해 감독하고 지휘할 것이며, 해외에 거주하고 있는 한국인들과 그 이익에 대해서는 일본의 외교 대표와 영사가 보호할 것임을 규정했다. 외교권 박탈이 외부 세계와의 고립·단절을 노린 것이었던 만큼, 〈제2차 한일협약〉 체결은 한국에 주재하던 각국 공사관의 철수로 이어졌다. 조약 체결 직후인 11월 19일 주한 영국·미국 공사로부터 조약 체결을 축하하는 전문이 도착했고, 11월 24일 열강 가운데 가장 먼저 미국이 공사관 철수 의사를 밝힌 것을 시작으로 12월 초까지 대부분의 주한 외교 사절이 한국을 떠났다. 또한 〈한일의정서〉 체결 이래 재정 부족을 빌미로 진행된 해외 한국 공관의 철수 작업도 빠른 속도로 진행되었다. 일부 외교관들이 철수를 거부하기도 했지만 12월 14일 보유 기록과 재산을 일본 대표에게 이전하고 철수하라는 외부대신 명의의 훈령이 내려지고, 16일 관보를 통해 조약 체결이 공식적으로 발표되자 더 이상 재외 공관을 유지하는 것은 불가능하게

되었다.

재외 공관이 철수함으로써 해외 한인들은 외교권을 상실한 조국의 위상을 가장 먼저 체감했다. 미주 한인의 경우를 보면, 〈제2차 한일협약〉 체결의 결과 1906년 2월 워싱턴 주재 대리공사가 주미 일본 공사에게 업무를 이관하고 귀국하는 바람에 일본을 매개하지 않고는 국가의 보호를 바랄 수 없게 되었다. 1906년 4월 샌프란시스코 대지진 당시에는 피해 한인을 위해 국내에서 모금한 구휼금마저 샌프란시스코 일본 영사관을 통해 지급되어 외교권을 박탈당한 망국의 상황은 더욱 뚜렷이 각인될 수밖에 없었다. 재외 국민에 대한 정부의 관할권마저 부정함으로써 국외에서 대한제국의 주권 행사는 완전히 부정되었다.

〈제2차 한일협약〉에 의해 대한제국은 일본 통감의 감독을 받는, 사실상 보호국 체제로 전락하고 말았다. 주권 국가로서의 권리를 상당 부분 박탈당한 상황에서 약속된 〈황실의 안녕과 존엄〉은 전 민족적 저항을 촉발했다. 한국인들에게 〈을사보호조약〉의 체결은 사실상 대한제국의 멸망을 의미했다. 〈보호조약〉이 체결되었다는 소식이 전해지자 전국에서 조약의 무효화를 주장하는 상소가 빗발쳤고 나라 팔아먹은 역적들을 처형해야 한다는 집회가 연이었으며 상인들은 자발적으로 점포를 거두며 조약에 대한 반대 의사를 표출했다. 망국의 충격은 전현직 관료에서부터 이름 없는 인력거꾼에 이르기까지 무려 10여 명이 넘는 사람들이 연이어 목숨을 끊을 만큼 엄청난 것이었고, 조약 체결을 비판하다 투옥된 사람만도 3백여 명에 이를 정도였다.

하지만 조약을 비판하며 자결과 의병 항쟁 등으로 확산되는 한국 내의 상황과 서구 열강의 입장은 크게 달랐다. 특히 〈가쓰라 – 태프트 밀약)과 〈제2차 영일 동맹〉으로 일본에 우호적인 입장을 보이던 영국과 미국은 조약 체결 직후인 11월 19일에 주한 영국·미국 공사를 통해 조약 체결을 축하했으며, 11월 24일에는 주한 외교 사절 가운데 미국이 가장 먼저 공사관 철수 의사를 밝혔다. 그리고 12월 초까지 대부분의 주한 외교 사절이 한국을 떠났다.

을사조약 체결에 대한 공식 보도가 발표되기 이전인 11월 20일 『뉴욕타임스』는 한일 간의 조약 체결을 알리는 기사를 보도했는데, 1905년 11월 20일 자 논설 「일본의 한국 통제Japan's Control of Korea」를 보자.

도쿄, 11월 19일 – 한국과 일본이 금요일 일본의 한국 정부에 대한 계획과 개발에 대해 승인하면서 합의에 도달했다. 중요한 점은, 소문에 따르면 일본이 서울에 통감부를 설치한다는 것이다. 그리고 모든 개항장에 분과branches를 설치하고, 모든 한국 외무를 일본의 손에 넘긴다는 것이다.

어떠한 공식 전보도 아직 발표되지 않았지만, 결과적으로 세부 사항은 아직 불확실하며, 최종적으로 급진적인 합의가 한국 문제에 영향을 끼쳤다는 것이 일반적인 인상이다. 이를 통해 극동 지역 폭풍의 눈이었던 상황에 종지부를 찍고 태평양 발전의 시대에 들어설 것이다. 한국 황제의 바람이 삽입된 조약 제1항은 군주의 특권과 권위가 유지되어야 함을 일본으로부터 약속받았다고 전해진다.

이 기사는 이번 조약의 체결이 동아시아에서 조선이 더 이상 폭풍의 핵이 되는 것을 막고 평화로운 발전의 시대에 접어들게 할 것이라는 희

망적인 전망을 싣고 있다. 철저하게 열강 중심의 시각에서 〈보호조약〉
을 바라보고 있었다.

그로부터 이틀 뒤인 11월 22일에는 조약 체결의 배경과 경과 그리고
앞으로의 상황 전개에 대해 〈사라지는 한국Obliterating Korea〉이라는 제목
으로 다음과 같이 비교적 상세한 기사를 게재했다.

한국 대신들이 일본과의 조약에 사인하는 것을 거절하면서 한국 황
제의 불만을 드러냈다고 전해지는 그들의 입장을 이해하기에는 당황
스러운 점이 있다. 비록 그렇게 하라고 시켰으며 암살의 위협을 받고
있었다 하더라도 말이다. 한 한국의 애국자는, 〈은자의 나라〉로 알려
진 것에 대해 다소 자랑스러워하는 국가의 독립적 존재를 끝내야 하
는 조약에 사인하는 것을 거절했다. 현재 합의하에, 한국은 더 이상
존재하지 않는다. 그것은, 한국의 외교가 결국 도쿄로부터 수행될 것
이라는 것이 명백하므로, 해외에 한국을 나타내는 것은 소용 없다는
꽤 당연한 결론에 이르게 된다. 새로운 합의하에 한국 황제의 지위는
한 세기 이상 유지되었던 영국의 〈라자Rajahs (1841년에서 1946년까지
사라왁주를 통치한 영국계 가문의 국왕을 이르는 말)〉 아래 인도의 국
왕들 중 한 명이 될 것이다. 세습되는 통치자가 만약 정치에 섞이지
않는다면, 그의 수도에서 군주의 타이틀을 가질 것이다. 그러나 이런
경우 영국 주민이나 혹은 일본의 공무원들은 〈왕은 군림하나 통치하
지는 않는다〉는 것을 목격할 것이다.

한국 지배는 일본이 극동 지배를 열망하기 시작한 이래 일본 정책
의 주요한 목적이었다. 그러나 두 가지 장애물이 있었다. 하나는,

10년 전 결국 처리된 중국이었다. 두 번째로는 러시아였다. 〈압록강 삼림 채벌권〉은 독립국으로 간주된다는 한국의 주장과 한국 지배에 대한 일본의 주장에 대한 모욕이었다. 일본은 이를 위해, 중국을 이미 물리쳤던 것처럼 러시아를 물리쳐야만 했다. 이제 마침내 일본은 잘 완수했다. 더 이상 일본의 한국 지배에 대한 주장에 대해 외부로부터의 반대는 없을 것이다. 조약에 사인을 거절한 한국 대신들의 불복종은 내부에서 기대되었을 반대의 한 예라고 할 것이다. 현 상황은 의존적인 행정부에 대한 일본의 능력 테스트가 될 것이다. 영국의 능력은, 본토인들의 지배하에서보다 영국의 지배하에서가 훨씬 만족스럽다는 것이 오래전에 입증되었다. 만약 일본의 지배가 한국을 만족시킨다면, 일본은 마찬가지로 정당성을 입증하게 될 것이다. 만약 그렇지 못하다면, 천만의 한국인들은 일본에게 강점보다는 약점의 공급원임을 드러낼 것이다.

『뉴욕 타임스』는 을사조약의 체결로 대한제국이 직면하게 될 비극적 전망들을 보도하기 시작했다. 즉 현재의 조약 체제 아래에서는 더 이상 한국이 존재할 수 없다는 것이다. 향후 한국의 외교 업무가 도쿄를 통해 대행됨에 따라 해외 공관들도 더 이상 유지되지 않을 것이라고 보도했다. 장차 대한제국 황제의 지위는 한 세기 전 영국 통치 아래 있던 인도 국왕의 지위와 같이 국왕으로서의 지위만 가질 뿐 통치권은 행사할 수 없는 상태에 놓이게 될 것이라고 보았다. 이와 함께 일본의 조선 지배의 걸림돌은 더 이상 중국이나 러시아 같은 외부 세력이 아닌 조선 내부에서 파생될 것이므로 보호국에 대한 효율적인 행정 능력을 통해 일본의 능력을 입증해 나가야 한다고 논평했다.

이후의 역사 흐름을 알고 있는 우리로서는 『뉴욕 타임스』가 당시 동아시아 정세에 대해 정확히 판단했다고 이야기할 수도 있겠지만, 다른 한편으로 냉정한 시각으로 다가오는 차가움을 피할 길이 없다. 특히 이것이 미국의 시각이라는 측면에서 그렇다.

서양 열강의 언론이 한국을 바라보는 시각은 문명국인 제국, 비문명국인 식민지의 전제가 그대로 깔려 있다. 제8장 서두에서 제시한 자료가 그런 점을 잘 보여 준다. 조지 케넌이 1904년과 1905년 여름 각각 한 달 정도 한국을 방문한 이후 시사 잡지 『아웃룩』에 기고한 글의 일부가 상단의 자료다. 그의 기고문은 한국에 대한 〈악의적〉 〈편견〉에 가득 차 있다. 그런데 그 글을 읽고 당시 미국의 대통령이었던 시어도어 루스벨트Theodore Roosevelt Jr. 대통령은 조지 케넌에게 〈마음에 든다〉는 내용의 사신을 보냈다. 루스벨트 대통령이 가지고 있는 한국에 대한 인식이 어떤 것이었는지를 보여 주는 대목이다.

〈가쓰라 - 태프트 밀약〉이 체결된 배경에는 이런 인식이 강하게 깔려 있었다. 문명국의 반열에 올라선 일본이 비문명국 한국을 보호하고 지배할 수 있다는 생각은 루스벨트에게 충분히 받아들여질 수 있는 것이었다. 〈가쓰라 - 태프트 밀약〉은 비밀리에 체결되어 이후 1924년이 되어서야 세상에 알려졌다. 1905년 당시에는 대외적으로 공개되지 않았다.

그러나 고종 혹은 한국의 측근 관료들은 여전히 미국에 대한 기대를 버리지 못하고 있었다. 1882년 〈조미수호통상조약〉 제1조의 거중조정 조항에 근거하여 미국의 도움을 바라고 있었던 것이 당시 현실이었다.

미국은 이미 한국을 버렸지만, 한국은 그런 상황을 인지하지 못했다. 러일 강화 조약을 미국 땅 포츠머스에서 중재한 공로로 루스벨트 대통령은 다음 해 노벨 평화상을 수상했다. 한국으로서는 뼈아픈 1905년의 세계였다.

9장

1910년 〈병합〉을 어떻게 기억할 것인가?

제3조 일본국 황제 폐하는 한국 황제 폐하, 태황제 폐하, 황태자 전하, 그 황후, 왕비, 후예로 하여금 각기 지위에 걸맞은 존칭, 위엄, 명예를 향유하게 하고 이를 유지하는 데 충분한 세비를 공급할 것을 약속한다.

제4조 일본국 황제 폐하는 앞의 조항 이외에 한국의 황족과 그 후예에 대해 각기 걸맞은 명예와 대우를 향유하게 하고 이를 유지하는 데 필요한 자금을 공여할 것을 약속한다.

(1) 한국 대표는 왜 헤이그 평화회의에 참석하지 못했나

한국은 제국주의 시대 서구 열강의 식민 통치를 받았던 대부분의 지역과 달리 국제 사회에서 열강과 정식으로 통상 조약을 체결한 국제적 지위를 가진 국가였다. 조선은 〈조미수호통상조약〉(1882)과 〈조영수호통상조약〉(1883)을 필두로 제국주의 열강과 대등한 조약을 체결한 주권 국가였다. 또한 일본도 청일전쟁의 〈선전 포고문〉과 〈시모노세키 조약〉의 제1조, 러일전쟁의 〈선전 포고문〉 등에서 전쟁 명분으로 〈동양 평화〉와 〈조선의 자주독립〉을 천명했다. 러일전쟁 초기에 한국과 체결한 〈한일의정서〉 제1조와 제3조에서도 〈대한제국의 영토와 영토 보전〉을 확실히 보증하고 있었다.

러일전쟁 이후 일본이 한국을 식민지로 편입시키는 행위는 이러한 과거의 선언과는 모순되는 정책이었다. 결국 일본이 한국을 식민지화 하기 위해서는 그간 대외적으로 한국의 〈자주독립〉을 위해 왔다고 밝혔 던 청일·러일 전쟁 선전 포고문의 전쟁 명분을 폐기하고, 열강으로부터 식민 지배를 승인받아야만 했다. 〈을사조약〉(1905) 이후 〈병합조약〉 (1910)까지 일본은 스스로가 대외적으로 선언한 조선의 〈독립 보장 조 항에 대한 의무〉를 폐기하는 모순에 직면했다. 일본은 이러한 모순을 돌 파하기 위해 어떤 국제적인 노력을 경주했는가. 이와 함께 한국은 식민 지화를 저지하기 위해 어떤 저항을 수행했는가. 제9장에서는 한국이 〈병합〉으로 가는 길을 살펴보고자 한다.

대한제국은 1907년 제2차 헤이그 평화회의에 국제적으로 한국의 자 주권을 인정받기 위해 특사단을 파견했다. 대한제국의 제2차 회의 특사 단 파견은 제1차 회의 이후 전개된 세계 정세의 변화에 대한 이해를 바 탕으로 한 것이었다. 대한제국 정부는 출범 이후 제국주의 시대 열강에 대한 외교 정책의 중요성을 확인하고, 세계사적 변화에 능동적으로 대 응하기 위한 적극적인 방안을 추진했다. 제1차 헤이그 회의에서는 〈국 제 분쟁의 평화로운 해결을 위한 협약〉, 〈육상전에 대한 법률과 관습에 대한 협약(육전조약)〉, 〈1864년 제네바 협약 원칙의 해상전 적용에 대 한 협약〉 등이 채택되었다. 당초 목표로 내세웠던 군비 축소에 대해서는 열강 간의 입장 차이로 거의 진전이 없었지만, 국제 중재 재판소 설치를 의결한 점 등은 성과라고 할 수 있겠다. 중재 재판소는 재판 관련국의 동의에 의해 중재 재판이 열리는데, 설치 이후 20세기 최초의 10년간 1백 건 이상의 중재 재판 조약을 진행했다.

대한제국 정부는 제1차 회의 직후였던 1901년 벨기에와, 다음 해인 1902년에 덴마크와 수호 통상 조약을 체결하였고, 민영찬을 프랑스와 벨기에 특명전권공사로 파견했다. 민영찬은 부임 직후부터 1864년 제네바 협정과 제1차 평화회의의 결과물이었던 세 개의 협정에 가입을 추진했다. 네덜란드 외무장관이며 평화회의 국제부 상임위원회 의장이었던 드 보포트K. A. de Beaufort는 1903년 5월 협정국들에 한국이 〈육전조약〉과 〈적십자조약〉에 가입했음을 알렸다. 당시 앞의 두 조약은 정식으로 통지만 하면 가입할 수 있었다. 다만 〈국제 분쟁의 평화로운 해결을 위한 협약〉은 제2차 회의 이전까지 가입 조건에 대한 합의가 이루어지지 않았으며, 상황에 따라 회원국의 만장일치를 통해 가입이 결정되었다. 이에 앞서 4월 1일 네덜란드 외무장관 린덴Robert Melvil van Lynden은 해외 주재 네덜란드 대사관에 한국과 과테말라가 〈국제 분쟁의 평화로운 해결을 위한 협약〉에 가입하기를 원한다는 것을 주재국에 통지하도록 지시했다.

제2차 회의는 원래 5년 뒤인 1904년에 개최할 예정이었으나 러일전쟁으로 연기되었다가 1907년 6월 개최되었다. 〈을사늑약〉이 체결되기 직전인 1905년 10월 9일 러시아 정부는 주러 한국 공사 이범진에게 제2차 헤이그 평화회의에 초청한다고 통고했다. 최종적으로 제2차 회의에는 총 44개국이 참석했다. 제2차 회의에 참가국이 크게 늘어난 것은 중남미 지역에서 독립한 신생 국가가 미국의 주도로 참석했기 때문이었다. 제2차 헤이그 평화회의는 당시까지 개최되었던 국제회의로는 가장 많은 국가가 참석한 것이었다.

1905년 이후 고종의 외교 전략은 시종일관 헤이그 평화회의 정식 참가와 〈국제 분쟁 평화적 처리 조약〉의 가맹, 동 조약의 체약국으로서 상설 중재 재판소에 〈을사늑약〉의 불법성을 근거로 일본을 제소하는 것이었다. 헤이그 평화회의에 대한 고종의 방침은 〈을사늑약〉이 〈한일의정서〉의 내용에 정면으로 위배되며, 주권자에 대해 강압적인 상태에서 체결된 불법 조약임을 알리는 것이었다. 〈포츠머스 조약〉에는 한국의 주권 상실 내지 독립을 부정하는 조문이 없었고, 주최국인 러시아의 초청장을 접수하였기에 평화회의 참석을 통해 〈을사늑약〉의 불법성과 무력에 의한 살상 등을 알림으로써 중재 재판에 의한 한국의 독립을 인정받고자 했던 것이다. 대한제국의 입장에서 일본의 〈을사늑약〉은 1904년 체결된 〈한일의정서〉 제3조 〈대일본제국 정부는 대한제국의 독립과 영토 보전을 확실하게 보증한다〉는 내용을 위배한 것이었다. 〈대한제국의 독립과 영토의 보전〉은 일본이 한일의정서 이전 청일전쟁 초기에 체결하였던 〈잠정합동조관〉과 〈조일맹약〉, 그리고 중일 간 강화 조약이었던 〈시모노세키 조약〉에서도 일관되게 약속한 사항이었다.

제2차 평화회의 개최를 앞두고 〈포츠머스 조약〉 이후에도 한국을 포기하지 않으려는 러시아에 대해 〈을사늑약〉으로 외교권 상실을 주장하는 일본 정부는 강력 반발했다. 한반도를 둘러싸고 전쟁까지 벌였지만, 러일 양국에 한국의 독립 문제는 아직 풀리지 않은 문제로 남아 있었다. 그러나 1906년 10월 9일 주일 러시아 공사 바흐메티예프G. P. Bakhmeteff는 일본 외상 하야시 다다스(林董)를 만나 헤이그 평화회의에 한국의 참석이 불가능하다고 통고하면서 입장을 바꾸었다. 이는 러시아 신임 외상 이즈볼스키A. P. Izvolskii의 동아시아 정책 변화와 관련된 것이었다. 패전과 혁명의 소용돌이 속에서 국내 개혁을 성공적으로 완수하기 위해선 장기간의 평화가 필요하다고 보았던 이즈볼스키 외상은 일본 및 영국과의 적대 관계에 기초한 기존의 대외 정책을 청산해야 한다고 생각했다. 우선 동아시아에서 교착 상태에 빠진 대일 관계의 개선이 시급했다. 이를 위해 전임 람즈도르프V. N. Lamzdorf 외상 시절 한국에 통보한 헤이그 평화회의 참석 문제를 교착 상태에 빠진 대일 관계를 개선하는 카드로 활용했다.

러시아 문제를 해결한 일본은 이제 〈한일의정서〉에 입각한 〈을사늑약〉 체결의 불법성 논리를 방어하기 위해 다각적인 외교 활동을 전개했다. 러일전쟁 중 영국, 미국에는 〈제2차 영일 동맹〉과 〈가쓰라-태프트 밀약〉을 통해 한국에 대한 지배권을 인정받았으나 그 외 열강의 외교적 승인을 얻는 과정이 필요했다. 제2차 평화회의를 전후하여 일본은 프랑스와 〈불일 협약〉(1907. 6. 20)을, 러시아와는 〈러일 어업 협약〉(1907. 7. 28)과 〈러일 제1회 협약〉(1907. 7. 30)을 체결하여 〈포츠머스 조약〉 이후의 외교적 과제에 대해 협상을 마무리 지었다. 〈러일 제1회 협약〉은 다음에서 제시하는 것처럼 본문과 비밀 조약으로 구성되어 있다.

〈러일 제1회 협약〉 중 비밀 협약

일본국 황제 폐하의 정부 및 전 러시아 황제 폐하의 정부는 만주 한국 및 몽고에 관한 일체의 분쟁과 오해의 원인을 제거하기를 희망하여 다음과 같은 조항을 협정함. (……)

특사들의 사진과 이위종의 인터뷰 기사가 실린 1907년 7월 5일 자 『만국평화회의보』

제2조. 러시아는 일본과 한국 사이에 있어서 존속하는 제 조약과 협약(일본국으로부터 러시아 정부에 등본을 교부한 것)에 기초하여 존재하는 정치상 이해 공통의 관계를 승인하고 이 관계를 더욱 발전 하기를 기원하여 이것을 방해하거나 또는 이것을 간섭하지 않을 것 을 약속하여 상대국의 인민에게 최혜국 대우를 부여할 것을 약속하 였다. 일본국은 한국에 있어서 러시아국의 정부, 영사관, 신민, 상업, 공업 및 항해업에 대하여 특히 이것에 관한 조약을 체결할 때까지 일 체 최혜국 대우를 부여할 것을 약속함.

본문에서 다룬 안건은 상대국의 영토 존중과 중국에 있어 독립과 영 토 보전, 여러 나라 상공업의 기회 균등주의 승인 등이었다. 대외적으로 공표하기 어려웠던 주요 조항은 비밀 협약으로 약정했다. 이 비밀 조약의 제2조는 러시아가 한일 간 관계를 인정하고 상대국의 인민에게 최혜국 대우를 부여할 것을 약속하는 내용이다. 러시아는 〈포츠머스 조약〉 제2조에서 일본의 한국에서의 지도 보호 및 감리 조치를 승인했지만, 일본의 한국 보호국화를 총체적으로 인정한 것은 아니었다. 한국 역시 열강과 한국의 조약 관계를 공식적으로 폐기하지 않고 있었다.

이상의 조약 체결은 〈정미조약〉 전후 일본이 프랑스, 러시아와 한국과 만주에서의 관계를 분명히 하고자 한 것이었다. 특히 협약의 조인을 맡았던 주러 일본 공사는 러시아 외무대신과의 개인적인 대화에서 비밀 조약 제2조 후반부에서 언급한 관계 〈발전〉의 의미를 러시아가 〈한국병합〉으로 이해하고 있었다고 전달하기도 했다. 일본이 러시아에 한국에서의 완전한 우위를 인정받는 순간이었다.

한국 특사단은 〈을사조약〉의 불법성과 조선에서의 일본 통치의 참상을 기술한 부속 문서를 각국 대표에게 전달하고, 평화회의 의장과 부의장 등 주최 측을 방문하여 본회의 참석을 시도했다. 당시 평화회의 의장은 러시아인 넬리도프A. I. Nelidov였고, 부의장은 네덜란드 외무상 드 보포트였다. 의장인 넬리도프는 러일전쟁의 결과 러시아가 조선에 대해 우호적인 조처가 없다는 입장이었고, 드 보포트는 특사단과 면담을 허용했으나, 최종적으로 네덜란드의 입장에서는 일본이 만주와 한반도가 아닌 해양으로 진출할 경우 네덜란드의 식민지인 인도네시아에 세력을 미칠 것을 염려하여 일본에 우호적인 자세를 유지했다. 이 때문에 특사단의 회의 참석은 끝내 이루어지지 못했다.

헤이그 특사의 존재에 대해 언론이 처음 보도한 것은 헤이그 도착 이후 일주일이 지난 시점부터였다. 『대한매일신보』 등 당시 언론은 한국의 특사가 등장하고 나서부터 이들이 가지고 있는 여론 환기적인 기능에 주목하고, 이에 대한 일정한 의의를 부여하고 있었다. 당시 언론은 1907년 7월 5일의 기사를 통해 이들이 거절당한 상황을 자세히 서술하였고, 세 한국인의 정체와 이들이 황제의 명을 받고 평화회의장에 간 특사라는 것을 상세하게 밝혔다. 특사 가운데 이준의 자살설이 『대한매일신보』와 『황성신문』에 7월 18일 보도된 이후 특사들의 활동에 대해 애국적인 행동으로 적극 평가하기 시작했다.

하지만 이준에 대한 애도의 글이나 그의 〈순국〉을 찬양하는 등의 논설은 보이지 않는다. 당시 국내 언론의 입장에서는 그보다는 눈앞에 있는 황제의 양위가 더 다급하고 충격적인 사건이었고, 이준 등을 애도하는 보도는 허용되기 어려웠을 것이다. 오히려 이들이 고종의 특사임을 부인하려는 경향조차 있었다. 당시 언론은 특사단이 미국 위원을 방문하여 항의서를 보였으나 미국 위원은 호의만 표시하고 아무런 협조의 기색을 보이지 않았다는 점과, 이들이 황제가 비난받음에도 불구하고 활동을 지속하기 위해 미국으로 건너간다는 기사를 다루고 있다.

헤이그 특사에 대한 회의 개최 시기의 최종 기사는 8월 27일 자 『대한매일신보』였다. 이상설과 이위종이 7월 24일 로이터 통신원과 대담한 내용을 8월 27일 자에 별보로 싣고 있다. 이들은 황제가 자신들을 보낼 때 자기가 죽더라도 활동을 멈추지 말라고 했으며, 애초에 자신들의 목적은 헤이그 회의에 참석하는 것뿐 아니라 각국 대사들에게 이 상황을 이야기하고 협조하겠다는 확정을 받아 오는 데 있었다고 했다. 그리고 자신들은 미국으로 건너가 루스벨트 대통령을 만나는 등의 활동을 계속할 것이라고 밝혔다.* 이후 특사에 대한 기사는 등장하지 않는다.

이와 같이 특사들의 활동의 의미와 영향력에 대한 국내 신문 보도를 보면 적극적인 평가와 아울러 일부 부정적인 평가도 있었다. 그리고 한국 특사단의 활동과 영향에 대한 평가는 일본 정부 내에서도 엇갈리고 있었다. 평화회의 당시 네덜란드 주재 일본 대사였던 스즈키 게이로쿠(都筑馨六)의 다음과 같은 보고문은 한국 특사의 활동이 약소국 대표들에게 영향을 끼치고 있었음을 보여 준다.

1. 여기 컨퍼런스는 압도적으로 많은 수의 약소국으로 구성되어 있습니다. 그리고 모든 정치적인 문제들에 대해서 이 컨퍼런스에서 (논의되는 것이) 아님에도 불구하고, 이는 자칫하면 약소국들에게는 공감대(동정이라는 관점이 포함됨)가 형성되는 장으로 될 수 있습니다.

2. 여기에서 대표단들 사이에 구체화되는 여론들은 일반적으로 비교적 오랫동안 세계 여론에 영향을 미칠 것입니다.

3. 이 컨퍼런스는 모르면 모르되 몇 주 뒤인 8월 중순이나 말경 사이에 폐회할 것입니다.

4. 지금 이 시점에서 우리 측에서 어떠한 움직임이 여기 대표단들에게 불가피하게 인상을 줄 수도 있겠습니다. 그러나 폐위나 퇴위와 같은 황제의 존재나 상태에 대한 움직임들은 어느 정도 베일에 싸인 병합이거나 공개된 병합과 같은 완전히 정치적인 상태의 움직임보다 한국에 대해서 찬성하는 불필요한 공감대(동정심)를 더욱 쉽게 일깨

---

* 『대한매일신보』, 1907. 8. 27 「海牙의 韓國使節의 演說」.

우게 할 것입니다.*

즉 평화회의에 참석한 다수의 국가들이 열강의 세력권 내에 편입된 약소 국가들인 관계로 고종 퇴위 등과 같은 강경한 정책은 포기하는 것이 바람직하다는 현지 일본 공사의 보고가 있었던 것이다.

그러나 이와 같은 주재국 대사의 보고를 접했음에도 불구하고 일본 정부는 고종의 양위를 추진했다. 한국에 대한 이와 같은 강경 정책의 추진은 미국·영국·프랑스·러시아 등으로부터 한국에 대한 지배권을 이미 승인받은 상황이라는 일본 정부의 인식을 바탕으로 진행된 것이었다. 결국 고종은 강제로 황권을 양위하고 물러났으며, 일본과 한국 사이에는 〈정미조약〉(제3차 한일협약)이 체결되고 말았다. 1907년 여름의 일이었다.

(2) 1907년, 병합으로 가는 결정적 길목

1905년 11월 17일 〈을사늑약〉 체결로 국제 사회에서 대한제국의 외교권은 소멸되었다. 그럼에도 불구하고 대한제국 정부는 국제법에 의거한 주권 수호 가능성을 줄기차게 모색하고 있었다. 그 마지막 시도로 제2차 헤이그 평화회의에 특사단을 파견했지만 끝내 회의장에 들어설 수 없었다. 열강이 주도하는 평화회의와 국제법은 대한제국의 간절한 바람을 외면했다.

* 市川正明, 1978, 「韓國皇帝の背信行爲に対する措置に付き意見上申の件」, 『日韓倂合史料』 3, 巖南堂書店.

이토는 고종이 특사를 파견한다는 사실을 블라디보스토크 등 여러 지역의 영사와 정보망을 통해 사전에 알고 있었다. 이토 통감은 밀사 파견 사실이 공개되자 헤이그 평화회의에 특사를 파견한 책임은 전적으로 고종에게 있으며, 이처럼 공공연히 적의를 드러내는 행위는 협약 위반이므로 일본은 한국에 선전 포고를 할 권리가 있음을 통보했다. 그리고 국가와 국민을 지키기 위해서는 양위해야 한다며 고종을 압박했다. 이토는 헤이그 밀사 파견을 빌미로 고종의 폐위를 추진하고, 대한제국에 보다 강력한 지배권을 행사하려 했다.

헤이그 밀사 사건은 일본의 대한(對韓) 정책을 강경 국면으로 전환시키는 중요한 계기가 되었다. 7월 12일 일본 정부는 각의에서 〈제국 정부는 이번 기회를 놓치지 말고 한국 내정에 관한 전권(全權)을 장악할 것을 희망하며, 만약 이것이 어렵다면 적어도 내각 대신 이하 중요 관헌의 임명은 통감의 동의로써 행하고, 통감이 추천하는 일본인을 내각 대신 이하 중요 관헌에 임명하도록 한다〉는 방침을 정했다.

일본 정부의 방침을 전달받은 이완용 내각은 7월 16일 고종을 알현하고 황제의 섭정을 추천할 것, 황제가 직접 일본에 가서 천황에게 사과할 것 등을 상주했지만 고종은 이를 모두 거부했다. 그러나 고종의 저항은 오래가지 못했다. 7월 18일 하야시가 서울에 도착해 고종을 알현한 이후 이완용 등 내각 대신들이 밤새도록 양위를 강요하자 결국 고종은 7월 19일 황태자로 하여금 〈군국대사(軍國大事)를 대리〉하게 한다는 조칙을 내렸다. 물론 고종이 발표한 조칙은 양위가 아닌 일시적 대리(代理)를 밝힌 것일 뿐이지만, 일제는 7월 20일 서둘러 양위식을 거행하고 각국에 이를 알려 고종의 퇴위를 기정사실화했다.

고종이 강제 퇴위된 이후 〈을사조약〉을 대체할 새로운 조약안을 체결하는 데 이를 저지할 만한 세력은 더 이상 존재하지 않았다. 일제는 고종을 퇴위시킨 여세를 몰아 〈정미조약〉 체결을 요구했다. 고종을 격리시키고 치안 유지를 명목으로 일본의 혼성 제1여단이 급파되는 등 시종일관 강압적 분위기에서 7월 24일 일본 측의 요구는 별다른 수정 없이 가결되었다. 내각 총리대신 이완용과 통감 이토 사이에 체결된 〈정미조약〉은 다음 날인 1907년 7월 25일 관보에 〈한일협약(韓日協約)〉으로 공표되었고, 각국 주재 일본 대표들을 통해 열강들에 통보되었다.

전체 7개조로 이루어진 〈정미조약〉은 일본 정부를 대리한 통감이 한국 정부의 시정 개선을 지휘하도록 했다. 통감은 주요 법령의 제정 및 중요한 행정상의 처분 등 일체의 사무에 대한 승인권을 장악함으로써 입법·사법 및 고등 관리의 임면 등 대한제국의 내정 전반에 걸쳐 실질적인 영향력을 행사할 수 있었다. 7월 31일에는 〈군대 해산 조칙〉과 함께 군대 해산으로 야기될 수 있는 폭동 진압의 임무를 통감에게 위임한다는 내용의 조칙이 발표되었다. 8월 1일 중앙군인 시위대의 해산을 시작으로 대한제국의 군대에 대한 강제 해산이 실시되었다. 이로써 사실상 국가를 구성하는 기본적인 물리력을 모두 일제에 넘겨주게 되었다. 대한제국은 정미조약으로 종래 외교권을 상실했던 보호국 체제의 단계를 넘어 실질적으로 식민 통치를 받는 차원으로 진입했다.

통감부는 〈정미조약〉 체결 당일 〈신문지법〉(7. 31)을 제정하여 언론에 대한 통제를 강화했다. 이틀 뒤 군대 해산에 저항하여 박승환이 자결(8. 1)하였고, 유생 민긍호가 원주에서 봉기하는 등 의병 전쟁이 시작되었다. 12월 6일에는 허위를 대장으로 서울 진격을 목표로 경기도 양주에서 13도 창의대진소가 설치되어 전국에 의병 활동이 확산되었다. 이른바 의병 전쟁의 본격화라고 할 수 있다.

제2차 헤이그 평화회의가 개최되었던 1907년은 계몽 운동에도 중대한 전환점을 가져온 해였다. 1907년 1월 서상돈, 김광제 등이 발기하여 국채 보상 운동을 전개하였고, 3월 일본 도쿄에서는 대한유학생회가 결성되어 『대한유학생회보』를 창간했다. 국내에서 활발히 전개되던 학회 활동이 해외로까지 확대된 것이었다. 학회 활동과 언론을 통한 국민의 정치의식이 높아지는 것을 막기 위해 통감부는 신문지법, 보안법 등을 제정하여 합법적 활동을 탄압했다. 이와 같은 일제의 회유와 탄압을 피해 안창호, 이갑, 이동휘, 신채호 등 주요 인물들은 비밀 조직으로 신민회(新民會)를 창립(11. 29)했다. 대한제국 정부는 군대 해산 조칙을 내린 이틀 뒤 연호를 융희로 변경한다고 공포했다. 『대한매일신보』는 연호를 융희로 변경한 다음 날 사설에서 다음과 같이 고종 퇴위에 대한 사설을 실었다.

대한 황제의 지위를 폐하고 세운다. 이튿날 조칙이 반포되자 온 장안 백성들이 물 끓듯 하여 마침내 피를 흘리는 지경에 이르렀으니 세계 각국의 역사의 붓을 잡는 자들이 이것을 어떻게 평론하겠는가? 이번 일이 만일 황제의 성의로 된 일이면 백성이 다 춤을 추고 경축할 터인데, 이제 이같이 백성의 뜻이 분격하고 효상(爻象)이 참담한 것은 이번 일이 외국 사람의 억제와 내각 대신이 강제로 청하여 된 일이기 때문이오.*

혜이그 특사를 통해 보여 준 일본에 대한 저항은 황제의 퇴위로 이어 졌고, 새로운 조약과 군대 해산으로 귀결되었다. 한국 민중은 더욱 거세 게 저항하였고 의병 전쟁과 계몽 운동으로 그 에너지가 결집되었다. 1907년은 한국의 운명에 중요한 해였다.

(3) 병합조약, 누구를 위한 조약이었나

1910년 7월 23일 데라우치 마사타케(寺內正毅)가 제3대 통감으로 부 임했다. 1910년 데라우치는 8월 16일 내각 총리대신 이완용을 통감 관 저로 불러 〈병합조약〉의 내용을 담은 각서를 전달했다. 이완용은 데라 우치에게 병합 이후에도 국호를 존속할 수 있도록 해줄 것과 황실의 존 칭에 있어 왕의 칭호를 보존할 수 있도록 해줄 것을 요청했다. 일본 측 은 이완용이 제기한 내용들을 수락하기로 했다.

8월 18일 한국 정부의 대신들이 모여 이완용과 데라우치가 논의한 〈병합조약〉안을 수락할 것인지에 관해 내각 회의를 개최했으나 결론을 얻지는 못했다. 8월 22일 어전 회의에서 순종 황제는 대한제국의 통치 권을 일본 황제에게 양위한다는 내용의 조령을 발표하고 이완용을 전 권위원으로 임명해 〈병합조약〉 체결을 지시했다. 이날 오후 이완용과 데라우치 통감 사이에 〈병합조약〉을 조인했다. 일본 측이 조약안을 제 시한 지 6일 만에 〈병합조약〉이 체결되고, 29일 공포되었다.

* 『대한매일신보』, 1907. 7. 23.

관보에 실린 〈병합조약〉

병합조약

한국 황제 폐하 및 일본국 황제 폐하는 양국 간의 특수하게 친밀한 관계를 고려해 서로의 행복을 증진하며 동양의 평화를 영구히 확보하고자 한다. 이 목적을 달성하기 위해서는 한국을 일본국에 병합하는 수밖에 없음을 확신해, 이에 양국 간에 병합조약을 체결하기로 결정한다. 이를 위해 한국 황제 폐하는 내각 총리대신 이완용을, 일본국 황제 폐하는 통감 자작 데라우치 마사타케를 각기 전권위원으로 임명한다. 이에 따라 전권위원은 회동 협의하여 다음과 같은 제 조항을 협정한다.

제1조: 한국 황제 폐하는 한국의 모든 일에 관한 일체의 통치권을 완전히 또 영구히 일본국 황제 폐하에게 양여한다.

제2조: 일본국 황제 폐하는 앞 조항에 게재한 양여를 수락하고 한국을 완전히 일본제국에 병합할 것을 승낙한다.

제3조: 일본국 황제 폐하는 한국 황제 폐하, 태황제 폐하, 황태자 전하, 그 황후, 왕비, 후예로 하여금 각기 지위에 걸맞은 존칭, 위엄, 명예를 향유하게 하고 이를 유지하는 데 충분한 세비를 공급할 것을 약속한다.

제4조: 일본국 황제 폐하는 앞의 조항 이외에 한국의 황족과 그 후예에 대해 각기 걸맞은 명예와 대우를 향유하게 하고 이를 유지하는 데 필요한 자금을 공여할 것을 약속한다.

제5조: 일본국 황제 폐하는 훈공이 있는 한인 중 특히 표창하는 것이 적당하다고 인정되는 자에 대해 영작을 수여하고 은사금을 준다.

제6조: 일본국 정부는 앞의 병합의 결과로서 완전히 한국의 시정을 담임하고 그곳에서 시행하는 법규를 준수하는 한인의 신체와 재산에 대해 충분한 보호를 베풀어 복리의 증진을 도모한다.

제7조: 일본국 정부는 성의껏 충실하게 신제도를 존중하는 한인 중 상당한 자격을 갖는 자를 사정이 허락하는 범위에서 재한국 제국 관리로 등용한다.

제8조: 본 조약은 한국 황제 폐하 및 일본국 황제 폐하의 재가를 받은 것으로 공포일로부터 이를 시행한다.

이상의 증거로 양국의 전권위원은 본 조약에 기명 조인한다.

융희 4년 8월 22일　내각 총리대신 이완용

메이지 43년 8월 22일 통감 자작 데라우치 마사타케

병합조약은 전문과 본문 8조로 이루어져 있다. 전문에서 강조하고 있는 것은 러일전쟁의 개전 이래 일본이 항상 염려하던 〈동양의 평화〉를 영원히 확보하고, 한일 〈양국의 상호 행복〉을 위해 대한제국을 병합한다는 내용이었다. 본문 제1조와 제2조에서 대한제국의 주권자인 황제가 일본 황제에게 〈일체의 통치권을 완전히 또 영구적으로 양여〉하고 일본 황제는 이를 〈승낙한다〉로 되어 있다. 나머지 6개조 가운데 제3조와 제4조는 황제와 황제 직계 즉 황실에 대해 존칭, 위엄, 명예를 향유하게 하고 이를 유지하는 데 충분한 세비를 공급할 것을 약속했다. 제5조는 병합에 기여한 친일 인사에 대한 예우와 은사금 지급, 제6조와 제7조는 병합 이후 신제도를 존중하는 한인에 한하여 보호와 신분 보장 규정으로 채워져 있다.

제9장 서두에서도 제시한 〈병합조약〉의 제3조와 제4조는 〈병합〉이라는 행위가 미치는 범위를 잘 보여 주고 있다. 〈병합조약〉은 대한제국이 정치적으로 소멸하는 내용을 담고 있었다. 그런데 주권 이양 과정에서 일반적으로 예상할 수 있는 정치적·경제적·물리적 충돌 상황에 대한 해결 규정은 전혀 제시되어 있지 않다. 오로지 황제와 황실 직계 가족의 영예와 금전적 지원이 최우선 사항이었다. 뒤를 이은 조항도 병합에 기여한 고위 관리, 그리고 신제도를 존중하는 한국인 가운데 자격을 갖춘 소수의 한인을 대상으로 하고 있을 뿐이었다.

〈병합조약〉이 이처럼 간단한 내용으로 구성된 이유는 일본이 러일전쟁 직후 조선에 강요했던 〈한일의정서〉 이후 치밀하게 구성하여 체결한 〈제1차 한일 협약(재정 외교 고문 용빙 협약)〉, 〈제2차 한일협약(을사늑약)〉, 〈제3차 한일협약(정미조약)〉 외 여러 조약들이 양국 관계를 규정하고 있기 때문이었다. 일본은 이미 외교 문제를 넘어 내정 전반에까지 통치권을 확보한 상황이었다. 실제로 1907년 이후에는 〈한국 사법 및 감옥사무 위탁에 관한 각서(기유각서)〉 등을 통하여 군대와 경찰권 및 사법권이라는 물리적 통치 수단까지 법적으로 장악한 상황이었으므로 한반도에는 새로운 조약을 통해 강탈해 갈 것이 더 이상 없었던 것이다. 그리고 〈병합조약〉은 무엇보다도 대한제국의 통치 체제의 법적 신분에 기인한 것이었다. 대한제국은 황제의 나라였고, 황제가 주권을 포기하면 그것으로 국가의 운명은 다할 수밖에 없었다. 백성 다수의 주권은 존재하지 않았다.

대한제국의 대외적인 권한을 일본에 이양했던 1905년의 〈을사늑약〉 체결 당시와 비교할 때 서울의 상황은 외부적으로는 의외로 평온을 유지했다. 조약 체결을 위해 파견된 이토가 〈보호조약안〉을 제시하자, 고종은 국가의 중요한 사항이므로 대신들과 민(民)의 의견을 들은 뒤 결정하겠다고 대답했다. 그러나 이토는 〈대한제국의 주권은 황제에게 있기 때문에 대신들의 의견을 듣겠다는 것은 민의를 선동하는 행위〉라며 일축했다. 병합조약의 핵심 내용이 황제와 황실의 영예와 지원에 초점을 맞춘 것은 대한제국의 주권자가 바로 황제 자신이었기 때문이었다.

1898년 12월 25일, 고종 황제는 독립협회가 주최한 만민공동회에 대해 11개조의 죄목을 들어 황국협회와 시위대를 동원한 강제 해산에 나섰다. 강제 해산의 실질적인 이유는 독립협회가 중추원 의관의 절반을 독립협회 회원이 차지하는 의회 형태로 개편하려고 했기 때문이었다. 황제는 절대 권력에 대한 제한을 용납할 수 없었던 것이다.

청일전쟁의 결과 중국의 영향력이 사라졌고, 독립협회의 이권 양여 반대 운동과 민권 운동을 통해 일시적으로 외세가 배제되면서 황제권을 견제하는 요소가 제거된 상황이었다. 이런 시기에 독립협회에 의해 황제권을 제한하려는 시도가 부상하자 민중 세력마저 제거해 버린 것이다. 이후 고종은 황제권을 절대 권력으로 제도화하는 데 거칠 것이 없었다. 결국 다음 해 8월 17일 〈대한국 국제〉를 제정했다.

대한국 국제(大韓國 國制)

제1조 대한국은 세계 만국에 공인된 자주독립한 제국(帝國)이다.

제2조 대한제국의 정치는 과거 5백 년간 전래되었고, 앞으로 만세토록 불변할 전제 정치(專制政治)이다.

제3조 대한국 대황제는 무한한 군권(君權)을 향유하니 공법에서 말한바 정체(政體)를 스스로 세우는 것이다.

제4조 대한국 신민이 대황제가 향유하는 군권을 침해하는 행위가 있으면 이미 하고 안 하고를 막론하고 신민의 도리를 잃은 자로 인정한다.

제5조 대한국 대황제는 국내의 육해군을 통솔하고 편제(編制)를 정하며 계엄(戒嚴)과 그 해제를 명한다.

제6조 대한국 대황제는 법률을 제정하여 그 반포와 집행을 명령하고 만국 공통의 법률을 본받아 국내의 법률도 개정하고, 대사(大赦)·특사(特赦)·감형(減刑)·복권(復權)을 명령하니, 공법에서 말한바 율례(律例)를 스스로 정하는 것이다.

제7조 대한국 대황제는 행정 각부와 각부의 관제와 문무 관리의 봉급을 제정 혹은 개정하며 행정상 필요한 각종 칙령을 발표하니, 공법

에서 말한바 치리(治理)를 스스로 행하는 것이다.

　제8조 대한국 대황제는 문무관의 출척(黜陟)·임면(任免)을 행하고 작위(爵位)·훈장(勳章) 및 기타 영전(榮典)을 수여 혹은 박탈하니, 공법에서 말한바 관리를 스스로 선발하는 것이다.

　제9조 대한국 대황제는 각 조약국에 사신을 파견·주재하게 하고 선전 포고, 강화(講和) 및 제반의 조약을 체결하니, 공법에서 말한바 사신을 스스로 파견하는 것이다.

　〈대한국 국제〉 제정 이후 황제는 무한한 권력을 가지고 육해군을 통솔하며, 국내 법령을 제정 운용할 뿐 아니라, 대외적으로 조약 체결과 외교 관계를 주재하는 존재였다. 이에 근거하여 일본은 조약 체결의 시작과 끝을 주권자인 황제의 동의만으로 진행했다. 병합 조약 또한 같은 과정의 연장선에 있었다. 일본은 〈황제와 황실〉에 대해 전과 다름없는 특별한 배려를 보장해 주고, 〈한국 전반에 관한 일체의 통치권을 완전히 또 영구적으로 양여〉받을 수 있었다.

　〈병합조약〉 공포를 앞두고 통감부는 〈정치에 관한 집합 혹은 옥외에서 다중 집합 금지의 건〉을 공포하여 정치 활동을 금지했고, 헌병과 순사가 배치되어 삼엄한 분위기를 조성했다. 또 일본은 치밀한 정치적 계산 아래 〈병합〉이라는 단어를 사용했다. 즉 대등한 의미를 지니는 〈합방〉이나 〈합병〉이 아닌 〈병합〉이라는 단어를 사용해 대한제국이 폐멸되었다는 점을 명확히 드러내면서도 〈병탄〉이 주는 침략적 어감은 감추려고 했던 것이다.

　〈병합조약〉 체결을 통해 일본 정부는 대한제국을 일본 영토의 일부로 편입시키는 작업을 완성했다. 통감부는 22일 조인한 〈병합조약〉을 29일 관보에 게재했다. 일본은 대한제국의 국제법적 지위와 관련하여 최종적으로 관보 게재 당일 한국과 최혜국 대우 조관을 포함한 조약 관계를 맺고 있던 독일, 미국, 오스트리아, 벨기에, 중국, 덴마크, 프랑스, 영국, 이탈리아, 러시아 정부에 대하여 다음과 같은 〈한국 병합에 관한 선언〉을 통지했다. 병합 선언은 열강이 대한제국에서 누리고 있던 일체의 기득권과 특권의 보장을 선언한 것이었다. 마지막까지 일본은 열강들로부터 한국에 대한 병합을 인정받기 위한 최종적인 조치를 이행했다.

한국 병합에 관한 선언*

한국 병합의 건에 관하여 제국 정부는 한국과의 사이에 조약을 가지고 있고, 또 한국에서 최혜국 대우를 받기로 되어 있는 독일, 미국, 오스트리아, 벨기에, 중국, 덴마크, 프랑스, 영국, 이탈리아, 러시아의 각 정부에 대하여 다음의 선언을 하였다.

메이지 38년 한일협약이 체결되고, 이에 4년 유여, 그간 한일 양국 정부는 예의 한국 시정의 개선에 종사하여 왔다 할지라도 동국 현재의 통치 제도는 아직도 충분히 공공의 안녕질서를 유지할 수 없을뿐더러 중민(衆民)은 의구의 마음을 품고 적귀(適歸)할 바를 모르는 형편에 처하고 있으며 한국의 정밀(靜謐)을 유지하고 한국민의 복리를 증진하며 아울러 한국에 있어서의 외국인들의 안녕을 도모하기 위하

* 동북아역사재단, 『한일 조약 자료집 (1876~1910): 근대외교로 포장된 침략』, 동북아역사재단, 2020, 728-730면.

여서는 이때 현 제도에 대하여 근본적 개선을 가할 필요가 있음이 확연하게 되었다.

한일 양국 정부는 아상의 필요에 응하여 현재의 사태를 개량하고 또 장래의 안고(安固)에 대하여 완전한 보장을 주는 것이 급무임을 인정하여 일본국 황제 폐하 및 한국 황제 폐하의 승인을 거쳐 양국 전권위원으로 하여금 한 개의 조약을 체결하게 하였으며 전연 한국을 일본제국에 합병하기로 하였다.

해당 조약은 8월 29일부로 이를 공포하여 동일부터 시행할 것이며, 일본제국 정부는 동 조약의 결과, 한국에 관한 통치의 전부를 담당하기로 되었으므로 이에 다음의 방침에 의하여 외국인 및 외국 무역에 관한 사항을 처리할 것을 표명한다.

1. 한국과 열국의 조약은 당연히 무효로 돌아가게 되고 일본국과 열국의 현행 조약은 그를 적용할 수 있는 한, 한국에 적용한다. 한국에 재류하는 제 외국인은 일본법 권하에 있어서 사정이 허하는 한 일본 내지에 있어서와 동일한 권리 및 특권을 향유하며 그 적법의 기득권의 보호를 받는다.

일본제국 정부는 합병조약 시행 당시 한국에서의 외국 영사 재판소에 계속되는 사건은 최종의 결정에 이르기까지 그 재판을 속행시킬 것을 승인한다.

2. 일본제국 정부는 종래의 조약에는 관계없이 금후 10년간 한국에서 외국으로 수출하며 또는 외국에서 한국으로 수입하는 화물 및 한국 개항으로 들어오는 외국 선박에 대하여는 현재와 동률의 수출입

세 및 톤세를 부과한다.

한국에서 일본으로 이출하거나 또는 일본에서 한국으로 이입하는 화물 및 한국 개항에 들어오는 일본 선박에도 역시 금후 10년간 전항 (前項)의 화물 및 선박에 대한 것과 동률의 세를 부과한다.

3. 일본제국 정부는 금후 10년간 일본국과의 조약을 맺은 국가의 선박에 대하여 한국 개항 간(間) 및 한국 개항과 일본 개항 사이의 연안 무역에 종사함을 허한다.

4. 종래의 개항장은 마산포 외는 종전대로 이를 개항장으로 하며 다시 신의주도 개항장으로 하여 내외국 선박의 출입 및 이에 의한 화물의 수출입을 허한다. 제국 정부는 또 아르헨티나, 브라질, 칠레, 콜롬비아, 스페인, 그리스, 멕시코, 노르웨이, 네덜란드, 페루, 포르투칼, 태국, 스웨덴 및 스위스의 각 정부에 대하여 좌(左)의 선언을 하였다.

메이지 43년 8월 22일, 일본국과 한국 사이에 체결된 조약에 의하여 한국은 일본국에 병합되어 본일부터 일본제국의 일부를 형성하게 되었다. 금후 일본과 열국과의 현행 조약은 그를 적용할 수 있는 한, 한국에 적용할 것이며 현행 조약을 가진 열국의 신민 또는 인민은 한국에 있어서 사정이 허하는 한 일본 내지에 있어서와 동일한 권리 및 특전을 향유한다.

산업혁명 이후 전 지구를 대상으로 세력권을 확대했던 열강은 식민지 확보의 명분으로 〈주인 없는 땅〉과 〈야만 사회〉의 문명화를 내세웠다. 하지만 한국은 병인·신미양요를 통해 확인한 것과 같이 열강의 개방 압력에 치열하게 저항을 거듭했던 국가였다. 그 결과 비록 불평등성이 포함된 것이었지만, 서구 열강과 조약을 체결한 주권 국가로 인정받을 수 있었다.

주권 국가 대한제국을 식민지로 편입시키기 위해 일제는 한국과 조약을 체결하고 통상관계를 맺고 있던 국가에 대해 최대한 기득권을 보상해 주었다. 한국의 식민지화를 외교적으로 승인받기 위한 마지막 조치였던 것이다. 이상의 과정을 통해 일본은 대한제국을 식민지로 만들었다. 한국 정부의 주권은 국민이 아닌 황제에게 있었기 때문에, 황제의 서명으로 한국은 식민지가 되어 버렸다.

하지만 한국인은 이러한 상황을 바라만 보고 있지 않았다. 병합조약 이후 관료와 이름 없는 백성들 57명이 울분을 참지 못하고 음독과 단식을 통해 스스로 목숨을 끊었다.

대한이 문서로 망할 때 눈물을 뿌린 사람들은 대한이 정말 망해 가는 것에 피가 솟구칠 것이다. 융희 황제가 삼보(三寶)를 포기한 경술년(1910) 8월 29일은 곧 우리 동지가 삼보를 계승한 날이니, 그사이 대한의 삼보는 한순간도 빼앗기거나 쉰 적이 없다. 우리 동지들이 대한국을 완전히 상속한 사람들이다. 저 황제권이 소멸한 때가 바로 민권이 발생한 때다.

구한국이 끝나는 날은 곧 신한국이 시작하는 날이니 무엇 때문인가. 우리 한국은 오랜 옛날부터 한인(韓人)의 한(韓)이고 비한인(非韓人)의 한(韓)이 아니다. 한인끼리 서로 주권을 주고받음은 역사 이래 불문법으로 이어 온 국헌이다. 따라서 한인이 아닌 사람에게 주권을 넘겨주는 것은 그 근본부터가 무효다. 이는 한국민(韓國民) 천성이 절대 허락하지 않는다.

1910년 8월 29일 융희 황제가 주권을 포기하는 순간 그 주권은 우리 국민과 동지들이 돌려받은 것이다. 우리 동지는 당연히 삼보를 계승하여 통치할 특권이 있고 또한 대통(大統)을 상속할 의무가 있다. 2천만 생령(生靈)과 삼천리 국토와 4천 년 주권은 우리 동지들이 상속하였으니 우리 동지는 이에 대하여 절대로 피할 수 없는 무한 책임을 지게 된 것이다.

이 자료는 1917년 상하이에서 민족 대표들이 모여 발표한 〈대동단결 선언〉이다. 민족 대표들은 〈병합조약〉을 대한제국의 폐멸이 아니라 〈새로운 한국(新大韓)〉 출생의 시원으로 규정했다. 그리고 〈대동단결 선언〉은 1919년 〈대한민국임시헌장〉 제1조, 곧 〈대한민국은 민주 공화제로 함〉이라는 내용으로 부활했다. 비록 〈황제의 국가(제국)〉는 망했지만 〈백성의 국가(민국)〉를 지향하게 된 것이다. 냉정하게 역사적으로 평가하자면, 〈병합조약〉은 대한〈제국〉이 대한〈민국〉으로 전환하는 출발점이었다.

연도	제2차 헤이그 만국평화회의	한국
1905	• 주러시아 한국 공사 이범진, 헤이그 만국평화회의 초청장 접수(10. 9)	• 을사늑약 체결(11. 17) • 통감부 및 이사청 설치에 관한 칙령 (11. 22)
1906	• 네덜란드 정부, 초청장 접수	• 통감부 설치(2. 1) • 초대 통감 이토 히로부미 취임(3. 2)
1907. 1.	• 『대한매일신보』, 『런던 트리뷴』의 기사 인용 보도(1. 16)	• 국채 보상 운동 시작(1. 29)
1907. 3.		• 오적 암살단, 을사오적 습격 시작 (3. 25)
1907. 4.	• 고종, 헤이그 특사 중명전에서 접견(4. 20) • 이준, 서울역에서 출발(4. 22)	• 신민회 결성
1907. 6.	• 헤이그에서 제2차 만국평화회의 개최 (6. 15) • 베를린 도착(6. 19) • 헤이그 도착(6. 25) • 넬리도프 의장 방문 면담 실패(6. 29)	
1907. 7.	• 『만국평화회의보』, 이위종 인터뷰 기사 게재(7. 5) • 인터내셔널서클에서 이위종 〈한국의 호소〉 연설(7. 8) • 이준 사망(7. 14) • 『황성신문』, 이준의 자살설 보도(7. 19)	• 고종 퇴위(7. 21) • 한일신협약 체결 (7. 24)
1907. 8.	• 법부대신 조중응, 헤이그 사절에 대한 처벌 상주와 윤허(8. 8)	• 군대 해산(8. 1)
1907. 10~12.	• 헤이그 만국평화회의 폐막(10. 18)	• 13도창의군 결성 (12. 6)

[연표 10] 병합으로 가는 과정

연도	한국-일본	열강-일본
1907		• 불일 협약(1907. 6. 10): 프랑스-인도차이나/일본-조선에서의 권리 • 제1차 러일 협약(1907. 7. 30): 〈외몽고에 있어 청국의 현상 유지 및 영토 보전에 관한 문서〉
1908		• 루트-다카히라 협약(1908. 11. 30): 〈태평양 방면에 관한 미일 교환 공문〉
1909	• 〈병합에 관한 대한 방침〉(1909. 7. 6) • 통감부 간도 파출소 폐쇄(1909. 11. 2) • 일진회의 〈합방 성명서〉 발표(1909. 12. 4)	• 간도에 관한 일청 협약, 만주 5안건에 관한 협약(1909. 9. 4) • 코코프초프와의 회담 위해 이토 하얼빈행 → 안중근, 이토 사살(1909. 10. 26) • 미 국무장관 녹스, 영국에 만주 철도 중립화를 제의(1909. 11. 6) • 미국, 영·일·독·프·러 각국에 만주 철도 중립화를 제의(1909. 12. 18)
1910	• 안중근, 뤼순 감옥에서 「동양평화론」 집필(1910. 3) • 안중근, 사형 집행(1910. 3. 26) • 한국 경찰 사무 위탁에 관한 각서(1910. 6. 24) • 한일병합에 관한 조약 체결(1910. 8. 22) • 조선총독부 설치, 초대 총독으로 데라우치 마사타케 취임(1910. 10. 1)	• 제2차 러일 협약 체결(1910. 7. 4): 미 국무장관 녹스의 〈만주 철도 중립화〉로 표출된 미국의 만주 정책에 대항하여 러일 양국이 공동 전선을 구축

후기

이 책은 필자가 고려대학교에서 진행했던 〈핵심교양〉에서 사용한 강의안을 바탕으로 서술한 것이다. 학교에서 교양 교육 체제 개편을 통해 전임 교수들이 개설하는 교양 강의(〈핵심교양〉)를 2004년부터 시작하게 되었다. 처음에는 〈19세기 조선의 개방과 21세기 국제화 환경〉, 2015년 이후에는 〈근대 조선과 세계 – 《변방》에서 《중심》으로〉 강좌를 개설하여, 1860년대 중반부터 1910년까지 한국을 둘러싼 동아시아 국제 정세와 열강의 한국 인식을 중심으로 강의를 진행했다.

이 책을 저술하는 데 기반이 된 또 다른 활동은 2006년부터 5년간 대학원생들과 함께 『조약으로 본 한국 근대사』를 출간한 일이었다. 네 명의 박사 과정 학생과 10여 명의 석사 과정 학생들과 함께 공부하며 이룬 성과였다. 조약문을 원문과 하나씩 대조해 가며 번역한 것은 물론이고, 관련 사료까지 포괄하여 2010년 열린책들에서 펴냈다.

2011년부터 2018년까지 참여했던 〈근대 한국 외교 문서 편찬 사업〉도 이 책을 준비하는 과정에서 중요한 경험이 되었다. 근대사의 주요 사건을 설명하는 근거가 되는 외교 문서를 정리하는 작업에 공동 연구원으로 참여하여 해외의 많은 자료를 접할 수 있었다.

책을 마무리하면서 감사드려야 할 분들이 많다. 우선 (주)우신켐텍

박준구 회장님께 감사드린다. 필자가 학장으로 재직하던 시절, 회장님은 인문학의 발전을 위해 고려대학교 문과대학에 거금을 쾌척하셨다. 회장님의 인문학 부흥에 대한 열정과 〈박준구 기금〉의 지원 덕분에 이 책이 기획될 수 있었는데, 기대와 달리 원고 작성이 늦어져 심려를 끼쳤다. 또한 이 책이 출간될 수 있도록 여러 면으로 지원해 주신 고려대학교 한국사학과를 비롯하여 역사 계열 학과의 여러 선생님들께도 늦었지만 감사 인사를 드린다.

『조약으로 본 한국 근대사』를 함께 만들었던 대학원생들에게도 이 지면을 빌려 고맙다는 말을 전한다. 당시 박사 과정이었던 김소영, 성숙경, 한승훈, 김지형이 석사 과정 학생들을 잘 이끌었던 덕분에 외부의 지원 없는 장기간의 프로젝트를 잘 마무리할 수 있었다. 이제는 박사 학위를 취득하고 왕성하게 활동하는 이도 적지 않다. 학계에 기여하는 연구자가 되기를 바란다.

〈근대 한국 외교 문서 편찬 사업〉에서 공부하는 동안 교류했던 연구자들께도 감사드린다. 김용구 편찬위원장님을 모시고 동서양 각국의 외교 사료 전문가들이 펼치는 토요일 규장각 회의는 한국사 전공자의 시야를 세계로 확장하는 소중한 시간이었다. 특별히 간사를 맡았던 국립외교원의 김종학 선생님과 동북아역사재단의 최덕규 선생님으로부터 집필하는 동안 많은 도움을 받았다. 미완으로 남아 있는 〈근대 한국 외교 문서 편찬 사업〉이 속개되어 잘 마무리되기를 기대한다.

출판을 맡아 준 열린책들에도 고마움이 많다. 열린책들에서 2010년 첫 책을 출판한 것을 포함하여 지금까지 다섯 권의 책을 작업했다. 상업적 성과에 대한 의문이 가득한 책들을 계속 부탁드리는 것이 송구하지만, 그래도 매번 부탁드릴 수밖에 없다. 열린책들이 내놓는 결과물은 언제나 완벽했기 때문이다. 이번에도 역시 급한 부탁을 드렸고, 김영준 편집 이사, 인문 팀 김태권 차장님의 격려에 힘입어 출판에 이를 수 있었다. 난삽한 원고를 잘 정리해 주신 편집부 여러분께도 감사드린다. 앞으로 몇 권을 더 함께 작업할 수 있을지 모르겠지만, 기회가 닿는다면 언제든 함께하고 싶은 마음이다.

핵심교양 강의를 운영하고, 또한 이 책을 만드는 데 온 힘을 쏟아 준 제자 김형근 선생에게 고맙다. 내가 인터넷과 컴퓨터 이용에 서툰 탓에, 그에게는 책을 만드는 과정이 인고의 연속이었으리라. 그가 없었다면 핵심교양 운영도, 이 책도 제대로 제작하기 어려웠을 것이다. 20대 중반 때 만났는데 불혹의 나이를 넘어 버린 지금까지 선생의 일을 맡아 수고를 아끼지 않는 김형근 선생과 함께 출간의 기쁨을 나누고 싶다.

교수자의 입장에서 교양 수업은 전공 수업에서는 얻지 못하는 다른 종류의 희열을 얻는 공간이다. 〈수업을 통해 근대사에 더욱 관심을 가지게 되었다〉는 수강생들의 학기말 강의 평가는 여러 가지 고생에도 불구하고 매 학기 수업을 개설하는 이유로 충분했다. 특히 역사와는 조금 먼 분과 학문이라 여겨지는 공대나 이과 대학 학생들의 약간은 엉뚱한 질문들은 수업을 지탱해 가는 중요한 에너지였다. 근대사에 대한 자신들의 생각을 만들어 가는 학생들 덕분에 〈근대 조선과 세계〉는 여기까지 올 수 있었다. 약간 지나친 듯한 과제 분량에도 매번 최선을 다해 주는 학생들이야말로 책을 쓸 수 있었던 원동력이었다. 강의에 참여해 준 많은 학생들에게 고맙다는 말을 전한다.

그리고 40여 년 전 미숙했던 선생의 부실한 교양·전공 강의를 들어야 했던 여러 전공 분야의 공주사범대학 학생들. 충남 서산 서해서점을 근거지로 삼아 지역에서 〈원로 교사〉의 역할을 충실히 수행하고 있는 그 시절의 제자들에게도 고마움을 전한다.

참고 문헌

공통

강만길, 『고쳐 쓴 한국 근대사』, 창비, 1994.

김용구, 『세계 외교사』, 서울대학교 출판문화원, 2006.

다보하시 기요시 지음, 김종학 옮김, 『근대 일선 관계의 연구: 상·하』, 일조각, 2013, 2016.

동북아역사재단 한국외교사편찬위원회, 『한국의 대외 관계와 외교사: 근대 편』, 동북아역사재단, 2018.

동북아역사재단, 『한일 조약 자료집(1876~1910): 근대 외교로 포장된 침략』, 동북아역사재단, 2020.

와다 하루키 지음, 이웅현 옮김, 『러일전쟁 1·2: 기원과 개전』, 한길사, 2019.

外務省 編, 『日本外交年表竝主要文書: 1840-1945』, 原書房, 1965.

요시노 마코토 지음, 한철호 옮김, 『동아시아 속의 한일 2천년사』, 책과함께, 2005.

이시카와 쇼지, 히라이 가즈오미 엮음, 최덕수 옮김, 『끝나지 않은 20세기』, 역사비평사, 2008.

이태진·이상찬, 『조약으로 본 한국 병합: 불법성의 증거들』, 동북아역사재단, 2010.

장인성·김현철·김종학 엮음, 『근대 한국 국제 정치관 자료집 1: 개항 – 대한제국기』, 서울대학교 출판문화원, 2012.

조경달 지음, 최덕수 옮김, 『근대 조선과 일본』, 열린책들, 2015.

최덕수 외, 『조약으로 본 한국 근대사』, 열린책들, 2010.

1장 〈척화비〉의 시대

국사편찬위원회 편, 『한국사 37: 서세동점과 문호 개방』, 탐구당, 2000.

김용구, 『약탈 제국주의와 한반도: 세계 외교사 흐름 속의 병인·신미 양요』, 원, 2013.

박병선, 『1866 병인년, 프랑스가 조선을 침노하다』, 조율, 2013.

신효승, 「1871년 미군의 강화도 침공과 전황 분석」, 『역사와 경계』 93, 2014.

연갑수, 『대원군 집권기 부국강병 정책 연구』, 서울대학교 출판부, 2001.

우철구, 『19세기 열강과 한반도』, 법문사, 1999.

이영호,『개항 도시 제물포』, 민속원, 2017.

이헌주,『강위의 개화사상 연구』, 도서출판선인, 2018.

2장 강화도조약과 동상이몽

김종학,「근대 일본 외교의 〈무사상성〉과 조선 인식(1868~1894)」,『일본, 한국을 상상하다: 한국 인식의 역사와 현재』, 도서출판 선인, 2021.

김흥수,『한일 관계의 근대적 개편과정』, 서울대학교 출판문화원, 2009.

동북아역사재단 한일관계연구소 엮음,『조일수호조규, 근대의 의미를 묻다』, 청아출판사, 2017.

박한민,『조일수호조규 체제의 성립과 운영 연구(1876~1894)』, 고려대학교 대학원 박사학위 논문, 2017.

최덕수,『개항과 조일 관계』, 고려대학교 출판부, 2004.

현명철,『19세기 후반의 대마주와 한일 관계』, 국학자료원, 2003.

3장 서양과 체결한 최초의 조약

김용구,『세계관 충돌과 한말 외교사:1866~1882』, 문학과지성사, 2001.

김종학,『개화당의 기원과 비밀 외교』, 일조각, 2017.

송병기,『개방과 예속: 대미 수교 관련 수신사 기록(1880)초』, 단국대학교 출판부, 2000.

송병기,『근대 한중 관계사 연구: 19세기말의 연미론과 조청 교섭』, 단국대학교 출판부, 1987.

최덕수,「近代朝鮮人の海外留学と福沢諭吉」,『福澤諭吉年鑑』, 43, 2016.

최덕수,「세기를 넘은 읍소: 영남 만인소」,『내일을 여는 역사』 14, 2003.

한승훈,「조선, 〈금수〉와 통상을 허락하다: 조미·조영·조독수호통상조약(1882.5~6)」,『조약으로 본 한국 근대사』, 열린책들, 2010.

4장 임오군란은 최초의 〈해외 반일 운동〉이었나

김용구,『임오군란과 갑신정변』, 원, 2004.

최덕수,「개항 이후 일본의 조선 정책」,『1894년 농민전쟁 연구 3』, 역사비평사, 1993.

최덕수,「일본사의 〈위인〉, 한국사에서의 침략자 후쿠자와 유키치」,『역사비평』 39, 1997.

5장 거문도 점령 사건과 〈한반도 4강 체제〉

김용구,『거문도와 블라디보스토크: 19세기 한반도의 파행적 세계화 과정』, 서강대학교 출판부, 2009.

박은숙, 『갑신정변 연구』, 역사비평사, 2005.

박은숙, 『김옥균 역사의 혁명가 시대의 이단아』, 너머북스, 2011.

유바다, 「유길준의 〈중립론〉에 대한 국제법적 검토」, 『한국사학보』 68, 2017.

최덕규, 「러시아의 해군 정책과 한반도 남북 변경 위기(1885~1887) ― 거문도 사건과 조청 감계를 중심으로」, 『제국주의 유산과 동아시아』, 동북아역사재단, 2014.

최덕수, 「갑신정변과 외세의 함수 관계」, 『내일을 여는 역사』 16, 2004.

최덕수, 「야마카타 아리토모의 제국주의론과 조선」, 『제국주의 유산과 동아시아』, 동북아역사재단, 2014.

6장 동학농민전쟁과 열강

왕현종 외, 『청일전쟁기 한·중·일 삼국의 상호 전략』, 동북아역사재단, 2009.

최덕수, 「1894년 농민전쟁기 열강 세력의 동향」, 『1894년 농민전쟁 연구 5』, 역사비평사, 1997.

하라 아키라 지음, 김연옥 옮김, 『청일·러일 전쟁 어떻게 볼 것인가』, 살림, 2015.

한승훈, 『19세기 후반 조선의 대영 정책 연구(1874~1895): 조선의 균세 정책과 영국의 간섭 정책의 관계 정립과 균열』, 고려대학교 대학원 박사 학위 논문, 2015.

7장 제1차 헤이그 만국평화회의와 대한제국

김소영, 「Ⅲ. 조선을 둘러싼 열강 간의 교섭」, 『조약으로 본 한국 근대사』, 열린책들, 2010.

서영희, 『대한제국 정치사 연구』, 서울대학교 출판부, 2003.

서영희, 『일제 침략과 대한제국의 종말: 러일전쟁에서 한일병합까지』, 역사비평사, 2012.

최덕규, 『제정 러시아의 한반도 정책, 1891~1907』, 경인문화사, 2008.

최덕수, 「독립협회의 정체론 및 외교론 연구: 독립신문을 중심으로」, 『민족문화연구』 13, 1978.

최덕수, 「제1차 헤이그 세계평화회의(1899년)와 독립신문」, 『민족문화연구』 47, 2007.

최덕수, 『대한제국과 국제 환경: 상호 인식의 충돌과 접합』, 도서출판 선인, 2005.

8장 러일전쟁, 한반도에서 벌어진 열강의 전쟁

강성은 지음, 한철호 옮김, 『1905년 한국보호조약과 식민지 지배 책임 : 역사학과 국제법학의 대화』, 도서출판 선인, 2008.

김기정, 『미국의 동아시아 개입의 역사적 원형과 20세기 초 한미 관계 연구』, 문학과지성사 2003.

한철호, 「Ⅲ. 헐버트의 만국평화회의 활동과 한미관계」, 『헤이그특사와 한국독립운동』, 독립기념관 한국독립운동사연구소, 2007.

서영희, 『일제 침략과 대한제국의 종말: 러일전쟁에서 한일병합까지』, 역사비평사, 2012.

성숙경, 「Ⅳ. 일제의 대한제국 국권 침탈」, 『조약으로 본 한국 근대사』, 열린책들, 2010.

운노 후쿠주 지음, 정재정 옮김, 『한국병합사 연구』, 논형, 2008.

최덕규, 『근대 한국과 동아시아 변경 연구 : 글로벌히스토리 시선으로 본 변경 문제』, 경인문화사, 2016.

한철호, 『근대 일본은 한국을 어떻게 병탄(倂呑)했나』, 독립기념관 한국독립운동사연구소, 2016.

9장 1910년, 〈병합〉을 어떻게 기억할 것인가

국립고궁박물관 편, 『대한제국 1907 헤이그 특사』, 문화재청, 2007.

김원수, 『헤이그 만국평화회의 특사 외교와 국제 관계』, 독립기념관 한국독립운동사연구소, 2016.

도시환, 「1910년 〈한일병합조약〉 체결 강제의 역사적 진실 규명과 국제법적 조명」, 『국제법학회논총』 55, 2010.

서영희, 『일제 침략과 대한제국의 종말 : 러일전쟁에서 한일병합까지』, 역사비평사, 2012.

윤대원, 「데라우치 마사다케 통감의 강제 병합 공작과 〈한국병합〉의 불법성』, 소명, 2011.

이상찬, 「을사조약과 병합조약은 성립하지 않았다」, 『역사비평』 31, 1995.

이태진, 『일본의 한국병합 강제 연구』, 지식산업사, 2016.

최덕수, 「〈한국병합〉 전후 동아시아 국제 환경과 한인 언론의 세계 인식」, 『동북아역사논총』 30, 2010.

최덕수, 「Ⅶ. 국권 침탈에 관한 기본 조약」, 『한일 조약 자료집 (1876~1910) – 근대 외교로 포장된 침략』, 동북아역사재단, 2020.

최덕수, 「제2차 헤이그 평화회의(1907)와 대한제국 언론의 세계인식」, 『한국사학보』 30, 2008.

최정수, 「제2차 헤이그 평화회의와 미국의 〈세계 평화 전략〉: 〈국제경찰〉과 〈약한 국가〉 처리문제를 중심으로」, 『한국사학보』 30, 2008.

찾아보기

지은이 **최덕수** 고려대학교 사학과를 졸업하고, 동 대학원에서 박사
학위를 받았다. 한국 근대 정치사와 한일 관계사를 전공했다. 공주
대학교 역사교육과(1982-1994), 고려대학교 한국사학과(1994-
2017) 교수를 역임했으며, 현재 고려대학교 명예교수다.
저서로『개항과 朝日 관계』(고려대학교 출판부, 2004)와『대한제국
과 국제 환경』(2005, 선인), 공저로『조약으로 본 한국 근대사』(열린
책들, 2010),『근대 한국의 개혁 구상과 유길준』(고려대학교 출판문
화원, 2015)이 있다. 역서로는『끝나지 않은 20세기』(역사비평사,
2008),『조선의 개화사상과 내셔널리즘』(열린책들, 2014),『근대 조
선과 일본』(열린책들, 2015) 등이 있다.

근대 조선과 세계

발행일   2021년 8월 30일 초판 1쇄

지은이   **최덕수**
발행인   **홍예빈·홍유진**
발행처   **주식회사 열린책들**

경기도 파주시 문발로 253 파주출판도시
전화 031-955-4000 팩스 031-955-4004
www.openbooks.co.kr

Copyright (C) 최덕수, 2021, *Printed in Korea.*
ISBN 978-89-329-2142-6 03910